목회트렌드연구소시리즈 03

목회트렌드
2025

글과길

목회트렌드연구소시리즈 03

목회트렌드 2025

지은이	김도인 박윤성 이상갑 권오국 박혜정 김지겸 박종순
발행일	초판 1쇄 발행 2024년 10월 31일
발행인	김도인
펴낸곳	글과길
출판사	등록 제2020-000078호[2020.5.29.]
	서울특별시 송파구 삼학사로 19길 5 3층
	wordroad29@naver.com
편집	오현정
디자인	안영미
공급처	하늘유통
	경기도 파주시 광탄면 분수리 350-3
	전화 031—947-7777
	팩스 0505-365-0691
	©2024, Kim Do In allrights reserved
ISBN	979-11-988511-2-3 03230
값	22,000원

목회트렌드연구소시리즈 03

김도인   박윤성   이상갑   권오국   박혜정   김지겸   박종순

목회트렌드 2025

PASTORAL MINISTRY TREND 2025

글과길

추천사

존 칼빈은 1559년에 제네바아카데미를 설립하면서 유럽 전체 교회에 편지를 보냈다. "여러분은 통나무를 보내주십시오. 저희는 불붙는 장작을 만들어 돌려보내 드리겠습니다."

칼빈은 이 약속을 지켜서 제네바 아카데미를 통해 이런 목회자와 신학자로는 존 낙스 스코틀랜드의 종교개혁자 와 요하네스 보걸만 칼빈주의 5대 교리를 확립한 도르트 총회장 같은 이들이 배출되었다. 평신도 지도자로는 토마스 보들리 영국의 외교관, 정치가, 옥스퍼드대학교의 보들레이안 도서관의 설립자 등을 배출하였다. 유럽의 교회와 사회를 살리는 놀라운 일이었다. 한 사람의 기여가 역사와 신학의 페이지를 개혁하는 놀라운 일이었다.

저는 『목회 트렌드 2025』가 출간된다는 소식을 들으면서 대단히 기뻤다. 교회의 신인도가 떨어지고 교인 수가 줄어든다는 위기 속에 새로운 출구를 찾는 듯 한 마음이었다. 현대 사회의 트렌드를 읽어내고 교회가 사회에 대안을 제시하는 시도에 찬사를 보낸다.

2025년의 전망을 보니 가슴이 뛰며 다시 조국 교회에 소망이 있음을 바라본다. "리더십이 탁월한 목회, 여성과 함께하는 목회, 목회자의 문해력이 목회력ㄲ이다, 소그룹이 미래 교회를 만든다."라는 환부를 정확하게 찌르고 수술하는 집도의의 칼과 같은 분석력에 공감한다.

7인 공동 저자의 집단 지성과 영성에 경의를 표한다. 모든 신학생과 목회자들이 필독하기를 강력히 권한다.

박성규 목사 | 총신대학교 총장

우리 사회가 빠르게 변하면서 트렌드 레포트라는 이름의 책들이 쏟아져 나오고 있다. 이런 책들을 보면서 변화의 흐름을 읽고 사역에 일정한 도움을 받는다. 하지만 항상 뭔가 모를 아쉬움이 남게 된다. 총론만 있고 각론이 없는 느낌, 문제 제기는 날카롭게 해놓고 대안에 대해선 말끝을 흐리는 느낌 때문이었던 것 같다. 그런 점에서 이 책은 총론 뿐 아니라, 각론이 있다. 특히 저자들이 목회 현장을 섬기면서 나온 치열한 고민들이 묻어나는 대안들을 다루고 있어서 신선하다. 각자 섬기는 사역 현장에 실제적인 적용 점들을 생각하면서 읽으면 큰 유익이 있을 거라고 확신한다.

김태구 목사 | 캠퍼스 간사와 대표로 25년 사역(CMI), 한반도의 평화와 통일 운동에 관심을 가지고 통일부 산하 사)GKN 대표, 현재 학원복음화협의회 상임대표

프롤로그

불안의 시대에 한국교회는 어떤 고민을 하는가?

김애란의 소설 『이중 하나는 거짓말』에서 반복적으로 등장하는 문장이 있다.

"요즘 당신을 가장 불안하게 만드는 건 무엇입니까?"[1]

우리가 살고 있는 시대에 이 질문은 잘 어울린다. 어디를 봐도 불안으로 가득하다. 사회가 불안하면 사람들이 선택하는 것 중 하나가 자살이다.

프랑스 사회학자 다비드-에밀 뒤르켐은 자살의 사회적 원인에 관한 책을 썼다. 그는 유럽에서는 더 긴밀한 관계의 사람들로 이루어진 공동체일수록 도덕적 권위가 사람들의 욕구를 억제하는 기능이 강하고 자살 비율이 낮아지는 것이 일반적인 규칙이라고 지적한다.

뒤르켐의 사상에서 중심 개념은 아노미anomie[2] 인데, 이것은 널리 공유된 안정적인 규범과 규칙이 없는 무질서 상태를 가리킨다. 뒤르켐은 빠르고 혼란스러운 변화를 가져오면서 전통적인 종교의 지배력을 약화하는 현대성이 아노미를 조장하고, 따라서 자살도 부추긴다고 우려했다. 조너선 하이트는 뒤르켐의 말을 빌려 지금의 상태를 이렇게 말한다.

"사람들은 사회 질서가 약화되거나 해체된다고 느낄 때 해방된다고 느끼지 않는다. 반대로 길을 잃은 느낌이 들고 불안해진다."[3]

사람들이 여러 상황으로 불안해한다. 특히, 다음세대인 젊은이가 시대의 불안으로 돌파구를 비정상적인 곳에서 찾는다. MZ세대가 무속인을 찾아가 미래의 불안을 조금이나마 떨치려 한다.

다른 한편으로는 불안이 아니라 초긍정으로 나아간다. 시대와 더불어 삶이 불안하니 초긍정으로 생각하는 사람이 늘고 있다. 이를 뒷받침하는 것이 '원영적 사고'다.

2023년 9월, 아이돌 그룹 '아이브'의 유튜브 채널엔 멤버 장원영이

스페인의 한 빵집을 방문해 촬영한 영상이 올라왔다. 그녀는 먹고 싶은 빵을 사기 위해 줄을 섰는데, 바로 자기 앞에서 빵이 동이 나버린 상황이 되었다. 이때 장원영은 이렇게 말한다.

"새 걸로 준다. 아싸! 앞사람이 제가 사려는 빵을 다 사 가서 너무 럭키하게 제가 새로 갓 나온 빵을 받게 됐지 뭐예요? 역시 행운의 여신은 나의 편이야!"

빵이 다 팔려서 바로 받을 수 없게 됐을 때 불평하기보다 장원영처럼 '따뜻한 빵을 받게 됐으니 행운'이라고 받아들이는 것. 바로 이것이 최근 젊은 층 사이에서 핫한 '원영적 사고'다. '전화위복'轉禍爲福이나 '오히려 잘됐어'라는 긍정적 사고를 넘어선 초긍정적 사고의 흐름을 보여 주는 말이다. 원영적 사고에 MZ세대가 열광하는 것은 불안이 가중된다는 것의 다른 말이다.

전술한 김애란의 소설 『이중 하나는 거짓말』에서 한 질문인 "요즘 당신을 가장 불안하게 만드는 건 무엇입니까?"를 교회에 적용해 바꿔서 질문할 수 있다.

"요즘 교회가 가장 불안하게 느끼는 건 무엇입니까?"

아마 한국교회가 급격한 쇠락을 겪는 것일 것이다. 교회가 부흥기를 지나 급격한 쇠락기에 접어들었다. 10년 이내에 몇백만 명 정도 줄 것인지 가늠이 안 된다.

불안할 때 우리가 할 것은 마음을 모으는 것이다. 그 대상은 우리의 구주이신 하나님이시다. 한국교회가 부흥할 때는 하나님께 올인All in 했을 때다. 하나님께로의 올인을 회복해야 한다. 하나님께 올인하면 불안이 희망으로 바뀐다. 요즘 한국교회는 하나님께 올인하지 않는다. 목회자는 하나님 아닌 것에 올인한다. 교회는 하나님을 사랑해야 한다. 사랑할 때 올인이 가능해진다.

대문호 레프 톨스토이Leo Tolstoy가 전하는 것은 한결같이 사랑이다. 그는 '다른 사람을 위하는' 사랑을 말한다. 그러면서 그는 교회에 관해 이렇게 비판한다.

"사랑의 중심이 되어야 할 교회가 신의 이름으로 사람들을 괴롭히고, 예수 그리스도의 제자라는 그리스도인들이 스스로를 위하는 거짓 사랑으로 살아가고 있다."[4]

교회가 하나님께 올인하지 않으니 하나님의 이름으로 사람들을 괴롭힌다. 괴롭힘을 받은 사람들이 교회에 관심을 기울일 리 만무하다. 하나님의 교회는 하나님의 사랑, 그 하나에 올인해야 한다.

해리 포터 시리즈의 작가 조앤 롤링이 하버드대학에서 한 연설 내용은 다음과 같다.

"실패는 삶에서 불필요한 것들을 모두 제거해 주었습니다. 저는 실패한 제 자신을 있는 그대로 받아들이게 되었고 저의 모든 열정을 가장 소중한 한 가지 일에 쏟아붓게 되었습니다. 두려워했던 실패를 경험했기에 실패에 대한 두려움으로부터 자유로워졌습니다."

그녀는 실패를 통해 삶에서 불필요한 것들이 제거되었다고 한다. 한국교회는 추락을 통해 불필요한 것을 제거하고 있는가? 제거보다는 더 불필요한 것들에 올인하는 것은 아닌가 자문해야 한다. 그녀는 삶에서 불필요한 것들을 모두 제거한 뒤, 한 가지에 자신을 올인했다. 그것은 책 쓰기였다. 집필을 통해 실패에 대한 두려움으로부터 자유로워졌다. 즉, 한 가지 일에 올인해 열정을 쏟아붓자 불안하지 않게 되었다. 결국, 우리가 알듯이 대성공을 거두었다. 마찬가지로 교회는 하나님의 사랑에 올인하기 위해 역량을 쏟아부어야 한다.

어느 분야든 시대에 맞는 변화를 추구한다

교회가 세상에서 점점 작아지는 시대에 우리는 시대에 맞는 변화를 추구해야 한다. 세상은 시대에 맞는 변화를 꾀한다.

쇠락의 시대의 교회는 하나님의 사랑에 올인해야 한다. 목회자는 다음으로 세상 트렌드를 읽기에 올인해야 한다. 아니, 세상 트렌드 앞에서 이끌어야 한다. 그 흐름은 영적, 인격적, 품격 있는 흐름이다. 목회자가 세상 트렌드를 선도해야 비로소 짐승과 같은 삶이 아니라 인간과 같은 삶을 살게 된다. 지금까지 우리가 하나님께만 초점을 맞추었다면 이제부터라도 세상의 트렌드 선도에도 초점을 맞추어야 한다. 그리고 트렌드를 선도해 사람이 살 만한 세상으로 이끌어야 한다.

목회자는 세상이 어떻게 흘러가고 있는지 주의 깊게 관찰해야 한다. 세상의 중요한 한 축을 감당하는 음악도 그러하다. 김성현은 『오늘의 클래식』에서 이탈리아의 작곡가 루이지 노노를 이렇게 평가한다.

"이때에도 노노의 관심은 전자음악 자체가 아니라, 새로운 음악 장치를 통해서 새로운 시대의 목소리를 어떻게 반영하느냐 하는 구체적인 방법론에 놓여 있었다."[5]·

작곡가 루이지 노노는 새로운 음악 장치인 전자음악을 통해서 새로운 시대의 목소리를 어떻게 반영하느냐를 고민한다.

러시아 음악가 스트라빈스키는 안주하지 않고 변화를 추구한 작곡자다. 스트라빈스키는 자서전에서 "어느 신체 기관이 끊임없이 활동하지 않으면 쇠퇴하는 것처럼 작곡 역시 노력과 실행으로 계속하지 않으면 약해지고 둔해진다"[6]라고 적었다.

그는 이전 것과 단절하지 않고 끊임없이 새로운 것을 수용하면서 음악적 자산을 늘려 나갔다.

음악뿐 아니라 과학도 트렌드를 읽어 내고자 한다. 코페르니쿠스도 변화를 추구한 과학자다. 그는 생의 마지막 해인 1543년에 지동설을 발표한다. 르네상스 이전까지 유력한 것으로 받아들여졌던 천동설을 뒤집어 인류의 우주관 정립 및 과학의 발전에 지대한 영향을 끼쳤다.

코페르니쿠스처럼 의학계에 새로운 전환을 가져온 의학자는 베살리우스다.[7] 영국 과학사가 찰스 싱어 Charles Singer 는 16세기 의학자인 베살리우스를 이렇게 평가한다.

"베살리우스는 그의 시대가 낳은 매우 전형적인 산물이었다. 베살리우스의 지적인 아버지는 이미 오래전에 꽃피운 갈레노스의 학문이었다. 그의 어머니는 이제 막 싹이 돋아 꽃망울로 화하려는 새로운 예술미술이고 기술이었다. 이 두 가지가 함께 어우러지기 전까지 베살리우스는 어디에도 있을 수 없었다. 이제 이 두 가지가 융합하게 되었을 때 베살리우스의 존재는 필연이었다. 시대의 산물이 천재라면, 베살리우스는 바로 그 천재였던 것이다."

베살리우스는 당시 의학사에 전환을 가져왔다. 베살리우스는 15세기 가까이 이어져 온 고대 그리스 로마 시대의 학설을 깨뜨렸다. 그는 그리스 출신의 2세기 의사인 갈레노스의 가르침을 뒤집었다. 베살리우스는 동물과 인체 해부를 통해 갈레노스가 틀렸다는 것을 입증했다.

세상의 과학, 의학, 음악 등도 변화를 추구했다. 교회도 변화를 추구해야 한다. 교회는 변화에 수동적이다. 문제는 교회가 변화를 추구하지 않으면 더 이상 희망이 없다는 것이다.

하나님은 변화를 추구한 변화의 주인공이시다. 구약의 시대, 중간사 시대, 신약의 시대, 초대교회 시대로 변화를 만드셨다. 초대교회는 리더십 교체를 주저하지 않았다. 유대인에게 복음을 증거할 때는 베드로를 위시한 열두 제자가 앞장섰다. 유대를 넘어 로마에 복음을 증거해야 할 때는 바울로 변화를 주었다. 그 변화가 적중해 로마제국에 복음이 전해졌다.

한국교회는 변화를 꾀하지 않는다. 설교를 봐도 변화가 거의 없다. 제가 신학을 할 때는 정보를 가진 목회자가 설교를 잘했다. 10년이 지나니 설교 자료를 제공하는 곳에서 받아 설교하는 사람들이 많았다. 지금도 여전히 정보의 갈증에 빠져 있다. 인공지능 시대가 되자 인공지능으로 대변되는 챗GPT에 의존해 설교를 한다. 정보 출처가 챗GPT로 바뀌었을 뿐이다.

우리나라는 농업 사회에서 공업 사회로 변화했다. 또한, 공업 사회에서 서비스 사회로 변화했다. 서비스 사회는 다시 정보화 사회로 변화했다. 지금 한국의 전기차 배터리, 반도체, 2차 전지 등의 수준은 세계적이다. 끊임없는 변화를 추구한 덕분이다.

한국교회도 변해야 한다. 한국 사회는 동등함과 다양성이 주를 이룬다. 하지만 한국교회는 교조주의적인 색채가 강하다. 21세기이지만 한국교회는 여전히 독재 시대 정권의 모습과 닮아 있다고 하면 이것은 그저 기우인가?

명령 조직인 군대도 명령으로만 이루어지지 않는다. 간부와 병사가 대화를 통해 풀어 간다. 하지만 많은 교회가 대화가 아닌 하나님의 말씀을 빙자한 명령 체계를 유지하고 있다. 담임목사와 부교역자 간의 계층 구분이 정확하다. 서로 머리를 맞대고 대화와 토론, 더 나아가 숙론으로 풀어 가야 하는데 그렇지 않은 교회가 꽤 많다.

설교도 변화를 이루지 못해 'One Point' 시대에 여전히 'Three Point'가 대세로 자리 잡고 있다. 한국교회는 워런 버핏이 한 말이 적용되는 조직과 같다.

"사람이 가장 잘하는 것은 기존의 견해들이 온전하게 유지되도록 새로운 정보를 걸러 내는 일이다."

하나님의 말씀 외에는 새로운 세상의 정보를 걸러 내는 것이 아니라 받아들이지도 않는다. 하나님의 말씀을 시대의 언어에 맞게 각색하지 못하고 있는 상태다.

로마 시대의 정치가인 율리우스 카이사르가 이런 말을 했다.

"인간은 자기가 보고 싶다고 생각하는 현실밖에 보지 않는다."

한국교회에 잘 어울리는 말이다. 우리는 하나님 외에 세상 것은 보지 않으려 하는 경향이 강하다. 하나님의 말씀만 읽으려 한다. 세상은 그저 변화시킬 대상으로만 본다. 이런 확증 편향적 시각은 잘못된 것이다.

사도 바울은 고린도전서에서 어떤 것도 확증 편향적이지 않았다.

"유대인들에게 내가 유대인과 같이 된 것은 유대인들을 얻고자 함이요 율법 아래에 있는 자들에게는 내가 율법 아래에 있지 아니하나 율법 아래에 있는 자같이 된 것은 율법 아래에 있는 자들을 얻고자 함이요" 9:20 라고 했다.

교회는 확증 편향이론이 잘 들어맞는 조직과 같다. 교회는 자신이 생각하는 테두리에서만 보는 경향이 강하다. 교회는 교리에서만 벗어나도 정죄한다. 이를 인지심리학의 스키마Scheme 개념으로 설명할 수 있다. 기본적으로 사람은 각자의 지식, 경험 등에 따라 받아들인 정보를 선택적으로 수용한다는 것이 스키마의 기제다. 이를 바꾸려고 해야 교회에 희망이 있다.

세상 어떤 분야든 변화를 위해 몸부림친다. 변화가 엄청 빠른 시대에 교회는 외적 변화에 질질 끌려만 간다. 세상을 교회로 끌어들이기 위한 내적 변화에 집중해야 한다. 그 변화를 통해 세상을 이해해야 한다. 세상을 이해한 뒤, 교회는 세상을 교회의 영적 트렌드로 만들어 가야 한다.

목회자는 시대의 트렌드를 읽어야 한다

목회자에겐 해야 할 일, 하는 일이 너무 많다. 철저하게 자기를 관리하지 않으면 일에 치여서 살 수밖에 없는 실정이다. 이에 지혜롭게, 그러나 단호하게 자기 관리를 해야 한다.

목회자가 할 일은 설교, 목회, 심방, 행정 등 종류가 엄청나다. 그중 하나가 시대 흐름을 읽어 내는 것이다. 그리고 거기에 맞게 목회해야 한다. 뉴질랜드의 어느 한 교회에는 젊은이들이 많이 몰리고 있다고 한다. 그 이유가 시대를 읽고 목회에 접목하기 때문이란다.

많은 목회자가 시대 흐름 읽기를 탐탁하지 않게 생각하는 경향이 크다. 하나님은 구약의 시대, 중간사 시대, 신약의 시대만 만들지 않으셨다. 아브라함의 시대, 모세의 시대, 다윗의 시대 등도 만드셨다. 이런 것을 읽는 것이 트렌드 읽기이지 않은가?

최근엔 예전과 다르게 트렌드 변화가 극심하다. 시대 흐름이 너무 빠르다. 목회자는 적어도 세상이 어떤 흐름으로 가고 있는가는 알아야 한다. 트렌드를 읽음이 중요하다는 사실은 서점에 트렌드 책이 넘쳐 난다는 것을 통해 알 수 있다. 트렌드 읽기는 이제 필수가 되었다.

아트설교연구원에서는 2024년도에 『설교트렌드 2025』를 출간했다. 책의 내용은 '들리는 설교'다. 그리고 목회트렌드 시리즈도 『목회트렌드 2023』부터 출간하고 있다. 이런 사역을 시작하게 된 것은 트렌드를 읽지 않으면 안 된다는 절박함 때문이다.

교회는 세상의 트렌드를 만드는 곳이다. 하지만 트렌드를 만들기는커녕 문제만 만들고 있다는 기분이 든다.

김선태는 "트렌드를 못 만들면 따라가기라도 하라"[8]고 조언한다.

교회는 트렌드를 선도하던 곳이다. 고등학교를 다닐 때만 해도 연극, 율동, 찬양제와 같은 문화행사들은 교회와 대학 등에서만 했다. 교회가 세상의 트렌드를 선도했다. 지금은 교회가 트렌드를 선도하기는커녕 따라가기도 벅차다.

목회자는 트렌드 읽기가 정말 중요하다고 생각해야 한다. 트렌드 읽기가 정말 중요하다고 생각하면 교회의 미래를 위해 트렌드를 읽어, 대안을 고민하고 해결책을 찾을 수 있다.

트렌드란 사람의 관심 읽기다

목회자가 할 것 중 하나가 시대의 트렌드 읽기다. 트렌드란 다름 아닌 '사람들의 관심이 어디에 있는가'이다. 김선태는 『홍보의 신』에서 트렌드를 이렇게 말한다.

"지금 사람들이 가장 관심을 보이는 게 트렌드가 된다."[9]

사람이 관심을 보이는 게 트렌드라면 교회는 세상에 존재하므로 사람이 어디에 관심을 보이는지 유심히 관찰하고 살펴야 한다.

사람의 관심은 자신에게 유익이 있어야 한다. 이근상은 『이것은 작은 브랜드를 위한 책』에서 다음과 같이 말한다.

"브랜드 안에도 소비자가 자신에게 유의미하다고 느낄 만한 혜택이 존재해야 한다고 말한다.

마케팅에서 브랜드의 가치를 나타내는 표현 중에 "What's in it for me?"라는 문장이 있다. 브랜드 안에는 소비자가 자신에게 유의미하다고 느낄 만한 혜택이 존재해야 한다는 이야기이다. 당연한 소리처럼 들리지만 많은 브랜드가 자신의 "What's in it for me?"가 무엇인지 제대로 파악하거나 구현하지 못해 실패하곤 한다."[10]

사람이 자신에게 유익이 있어야만 관심을 보인다면, 교회는 하나님의 영광을 위해서도 존재해야 하지만 사람들의 유익도 고려해야 한다. 교회의 입장에서는 사람의 관심이 그렇게 중요해 보이지 않을 수 있다. 그러나 이 생각을 바꾸어야 한다고 확신한다.

어떤 조직이든 흐름을 읽지 못하거나, 사람의 관심은 자신에게 유익이 있어야 한다는 사실을 고려하지 않는다면 그 조직은 서서히 사라질 것이다. 교회에서 30대와 40대가 많이 떠났다고 한다. 가장 트렌드에 민감한 사람들이 교회를 떠났다고 할 수 있다. 자신에게 유익이 되지 않는다고 느낀 교인이 떠났다고 할 수 있다.

교회는 중요하다고 하는 것은 계속 밀고 나가야 한다. 그중 하나가 사람의 관심 읽기다. 일론 머스크가 이런 말을 한다.

"정말 중요하다고 생각하는 어떤 일이 있다면 그것을 계속 밀고 나가야 한다. 난 돈을 더 많이 벌기 위해 이 일을 하는 것이 아니다. 인류의 미래를 위해 정말 중요하다고 생각하기 때문에 하는 것이다."

목회자는 사람의 관심 읽기가 정말로 중요하다고 생각해야 한다. 교회는 세상의 트렌드 읽기가 정말 중요하다고 생각해야 한다. 사람의 관심 읽기가 정말 중요하다고 생각하면 교회의 미래를 위해 사람의 관심과 사람의 유익을 고민하고 해결책을 찾는다.

러셀 로버츠는『내 안에서 나를 만드는 것들』에서 이렇게 말한다.

"매 순간 훌륭한 선택을 하기 원하는가? 그렇다면 먼저 자신과 주변 사람들을 이해해야 한다."[11]

교회는 주변 사람들 마음과 그들의 유익을 이해하려 해야 한다. 그 이유는 교회는 지역사회를 위해 존재하기 때문이다. 교회가 지역사회에 제대로 존재하려면 주변 사람에게 관심을 갖고 그들을 이해하려고 해야 한다. 그럴 때, 매 순간 훌륭한 선택을 할 수 있다. 하나님의 영광을 위한 교회로 존재하게 할 수 있다. 사람들을 교회로 끌어들이는 방법을 찾을 수 있다.

변화에 굴복하지 말고 도전해야 한다

트렌드를 읽으려면 가져야 할 마음가짐이 있다. 사람과 세상에 어떤 변화가 일어나고 있는지 알고자 해야 한다. 그런 후 변화에 도전해, 변화를 선도해야 한다. 세상의 트렌드를 읽고 트렌드를 선도해야 하는 한국교회는 변화를 선도하기 위해 어떻게 할 것인가를 고민한 후 그 방법을 찾아야 한다.

문제는 교회는 변화를 그다지 좋아하지 않는다는 것이다. 예수님은 개혁적이셨다. 제가 소속된 교단인 합동은 개혁주의 교단을 자칭한다. 하지만 변화에 개혁적이지 않고 변화에 보수적이다. 교회는 변화에 도전적이어야 한다. 세상에 도발하지 말고 개혁에 도전적이어야 한다.

2024년 어느 날, 영어도 못하는데 홀로 40일간 동유럽 8개국을 여행했다. 책을 쓰기 위해 그리고 독서를 하며 여행했다. 다녀온 뒤 하나의 단어를 손에 쥐었다. 바로 '도전'이다.

동유럽을 여행하기 전 삶과 목회의 모토는 '버티기'였다. 다녀온 뒤엔 삶과 목회의 모토는 '도전'이 되었다. 적지 않은 나이에 영어도 못하고, 현지 음식도 잘 먹지 못하는데 혼자 15시간 동안 기차 타기, 7시간 버스 타기 등은 난관에 난관이었다. 영어를 못하는 상태로 하는 표 끊기는 험난한 여행을 예고하고도 남는다. 그 난관을 뚫고 나니 엄청난 자신감으로 차올랐다. 다시 30년을 도전하겠다는 도전 정신, 예수님의 개혁 정신이 선물로 주어졌다.

세상의 급격한 변화에 많은 목회자가 변화를 그저 바라만 본다. 변화하는 세상 앞에서 자포자기로 살아가는 것도 본다. 변화의 시기에 목회자는 더 도전적이어야 한다. 목회자는 전능하신 하나님을 믿으니 '지면 할 수 없지'가 아니라 '지면 끝이다!'라는 생각으로 세상에 도전해야 한다.

우리의 도전은 불가능에 대한 도전이 아니다. 가능성에 대한 도전이다. 우리는 전능하신 하나님을 믿는다. 전능하신 하나님을 백으로 삼고 과감하게 세상에 도전해야 한다. 세상의 트렌드에 도전장을 내밀어야 한다. 도전해야 성공이 있고 실패가 있다. 도전하지 않으면 이미 실패다. 도전할 때 희망을 쏠 수 있다.

조세희의 소설 『난장이가 쏘아 올린 작은 공』에서 '난장이'는 가진 것이 없어 아파트를 짓는 재개발지에서 쫓겨나야 하는 사람을 상징한다. '쏘아 올린'은 희망을 상징한다. 이 책에 이런 말이 있다.

"우리 다섯 식구는 지옥에 살면서 천국을 생각했다. 단 하루도 천국을 생각해 보지 않은 날이 없다."[12]

밀턴은 『실낙원』에서 희망을 이런 식으로 말한다.

"우리 다 함께 의논하자, 앞으로 어떻게 하면 적에게 가장 많은 해를 입히고, 어떻게 하면 우리가 잃은 것을 되찾고, 어떻게 하면 이 참화를 극복할 수 있겠는가. 그리고 희망 있다면 어떠한 새 힘을 얻을 수 있으며, 희망이 없다면 절망에서 어떠한 각오를 해야 하는지를."[13]

목회자는 희망이 있으면 도전한다. 희망이 없으면 도전하기 어렵다. 교회는 변화에 도전해야 한다. 우리는 전능하신 하나님을 믿기에 이미 희망은 찬란하게 펼쳐져 있다.

정주영 현대 회장이 한 유명한 말이 있다.

"해보기나 했어?"

한 번이라도 도전해 봤냐는 것이다. 교회는 변화를 위해 트렌드를 읽어야 한다는 마음으로 끊임없이 도전을 향해 전진해야 한다.

도전하는 자에게 기회가 주어진다. 이런 말이 있다.

"고수는 도전하고 하수는 안주한다."

맞는 말이다. 고수가 된 것은 도전을 통한 결과다. 고수는 어떤 일이 익숙해지면 새로운 것에 도전한다. 하수는 그 익숙함을 편안해하며 그 상태에 머물고자 한다. 도전하지 않으면 더 이상 발전이 없다. 늘 같은 모습만 보여 준다.

『해리 포터와 마법사의 돌』의 저자인 조앤 롤링은 출판사로부터 12번의 퇴짜를 당했지만 13번째 도전으로 출판사와 출간 계약을 할 수 있었다. KFC 창업자인 커넬 샌더스는 1,008번 거절당한 끝에 1,009번째 도전으로 KFC를 세웠다. 도전하지 않으면 결국 사라진다.

독일 음악가 요하네스 브람스가 선배 베토벤이 안겨 주는 무거운 중압감을 토로한 말이 있다.

"내 뒤로 거인이 뚜벅뚜벅 쫓아오는 소리를 항상 들어야 한다고 생각해 보게."

이런 중압감으로 그는 도전하지 않을 수 없었다. 도전을 통해 중압감을 떨쳐내고 위대한 음악가가 될 수 있었다.

교회는 위대한 하나님의 교회가 돼야 한다. 그러기 위해 예수님처럼 개혁적이어야 한다. 개혁적인 교회라는 말처럼 시대 트렌드에 도전적이어야 한다.

2025년도 한국교회는 네 가지에 집중할 것이다

한국교회는 리더십, 여성, 문해력, 소그룹이 더 중요해질 것이다.

리더십이 탁월한 목회, 여성과 함께하는 목회, 문해력이 목회력ヵ이다. 소그룹이 미래 교회를 만들어 낸다.

이 네 가지를 연구하고 분석하여 제시하는 목적은 교회의 내실을 기하는 것에만 있지 않다. 세상이 관심을 갖도록 하기 위해서다. 사람들은 차별화가 이루어질 때 관심을 갖는다. 교회는 세상과 차별되어야 한다. 초대교회가 사람들의 관심을 끌었던 것은 세상과 차별화가 이루어졌기 때문이다. 차별화가 이루어지려면 교회가 달라야 한다. 오두환은 『광고의 8원칙』에서 이렇게 말한다.

"5퍼센트가 되려면 95퍼센트와 다른 길을 가야 한다."[14]

교회는 하나님께 1퍼센트 안에, 아니 0.1퍼센트 안에 든다. 지금 교회는 세상에서 중간 정도에 위치하는 것 같다. 교회가 중간을 지나 최상위인 5퍼센트 안에 들려면 다른 길을 가야 한다. 교회가 세상보다 더하면 더했지 다르지 않다고 한다. 교회는 달라야 한다. 하나님의 교회이기 때문이다. 교회가 다르려면 적어도 세상에서 5퍼센트 안에 들어야 한다.

김도인 목사

'아트설교연구원'과 '글과길' 출판사 대표이다.
지천명 때 독서를 시작해 10년 만에 5,000여 권의 책을 읽은 독서
가이다. 설교자들에게 글쓰기로 설교를 가르치며 책 쓰기 코칭, 책
쓰기 여행 등의 프로그램을 운영한다.
저서로는 『설교는 글쓰기다』, 『나만의 설교를 만드는 글쓰기 특강』,
『설교는 글쓰기다 3』, 『설교는 인문학이다』, 『설교자와 묵상』, 『설교
트렌드 2025』 등 20여 권이 있다.
한국교회에 목회트렌드를 제시하는 『목회트렌드 2023』, 『목회트렌
드 2024』 등에 이어 『목회트렌드 2025』를 기획했다.

Contents

PASTORAL

MINISTRY

TREND

2 0 2 5

1 브랜드 교회

2024년 브랜드 교회, 목회자 브랜드를 만들었는가?

『목회트렌드 2024』에서 브랜딩을 다루었다. 이 책에서 한국교회는 트렌드를 따르지 말고 교회 브랜드를 만들어야 한다고 외쳤다. 교회는 그 교회만의 브랜드가 있는가? 1년 만에 자기 교회만의 브랜드를 만들 수 없다. 그럴지라도 자기 교회만의 브랜드를 만드는 준비는 해야 한다. 가정교회, 제자훈련 교회, 소그룹 교회, 전도에 특화된 교회, 말씀이 살아 있는 교회, 성경을 잘 가르치는 교회 등의 브랜드 교회여야 한다.

한 해를 돌아보면, 한국교회나 목회자는 교회와 개인 브랜드를 만드는 데 성공한 것 같지는 않다. 목회자들이 브랜드를 만들기보다는 마케팅에 열정을 불태웠기 때문이다.

교회와 목회자는 교회와 개인 브랜딩을 해야 한다. 지금이 브랜딩 시대이기에 그렇다. 초대 안디옥교회는 그리스도인이라는 브랜딩을 만들었지만 한국교회는 그렇지 못했다. 교회와 목회자는 교인을 교인답게 만들어 가는 브랜딩에 집중했지만 성공적인 브랜딩이 되기에는 시간이 짧았다.

브랜드가 되려면 교회는 세상에 감동을 주는 좋은 이미지여야 한다. 목회자는 세상에서 인정받는 이미지여야 한다. 목회자는 교회 브랜딩뿐 아니라 개인 시대에 맞는 목회자 브랜딩을 해야 한다. 지금은 이름 석 자가 브랜드인 시대다. 교회나 목회자가 브랜딩이 되면 사람들이 몰린다.

목회자는 자신만의 차별화된 브랜드를 갖고 목회해야 한다. 아트설교연구원 대표 김도인 목사는 코로나 때 목회자에게 개인 브랜드를 만들기 위해 성경 각 권 하나씩을 공부해 특화되어야 한다고 외쳤다. 이런 생각에 전적으로 동의한다. 자기만의 전문 분야를 갖고 목회해야 한다. 특히, 교회를 개척한다면 특화된 개인 브랜드는 필수적이다. 교인을 사랑하는 목회자, 한 사람의 영혼 구원에 열정이 남다른 목회자, 매일 전도하는 목회자, 성경 연구에 몰두하는 목회자, 한 분야를 10년 이상 연구한 목회자여야 한다.

한국교회 브랜드는 부정적이다

브랜드를 만들지 못하니 한국교회 브랜드는 부정적이다. 16년 동안 종교계를 취재한 「한겨레신문」의 조현 기자는 한국교회 브랜드를 이렇게 본다.

"순교를 당하면서 나라도 없는 어려움 속에서 하나님 나라 운동을 전
개했던 기독교인 선각자들을 도외시한 채 종교답지 않은 모습만을 브랜
드로 내세우고, 한국교회 상징으로 내세운 인물들이 오히려 비리나 추문
에 얽혀 교회 전체 이미지를 먹칠하는 악순환을 되풀이하고 있다."[15]

그는 각종 통계지표에서 나타나는 신뢰도 하락, 보수 기독교계의
분단 갈등 관계 조장, 대중의 잠재적 반감을 증가시키는 공격적 선교
도 부정적 인식을 확산시킨다고 말한다. 한국교회는 한국 사회에 선
한 영향력을 끼칠 수 있는 브랜드를 만들지 못했다.

MZ세대의 시각에서 바라보면 답을 찾기 힘들 정도로 심각하다.
MZ세대는 한국교회를 '정의'의 측면으로 바라본다. 정의의 측면으로
바라보면 한국교회는 정의와 거리가 멀다. 그들은 한국교회를 가진
자의 교회, 교인 수가 많은 목회자의 정의가 실종된 삶 등의 시각으로
바라본다. MZ세대의 눈에 교회는 기울어진 운동장을 연상시킬 뿐이
다. 교회는 공공성을 강조해야 한다. 또한, 지역사회로부터 신뢰를 회
복해야 한다.

김금희의 소설 『복자에게』에는 이런 말이 나온다.

"한국 사람들이 가장 싫어하는 게 특권이거든요. 공정성에 아주 과도하게 몰입해서 요즘에는 애들도요, 플러스마이너스를 노상 따져요. 친구가 결석했는데 출석으로 되어 있으면 그냥 그렇구나 하는 게 아니라 결국 자기한테 마이너스다 계산하고 가만 있지를 않아요."[16]

이런 것은 과거에도 있었다. 18세기 리스본 대지진 이후에 종교가 몰락한 이유는 오늘날 교회에 큰 교훈을 준다. 사회적 재난에 대해서 종교가 올바른 의미를 부여하고 위기 극복을 위해 역할을 제대로 해야 한다.

코로나19 시기에서도 정의는 실종 상태였다. 코로나19 초기인 1차 대유행 때 신천지라는 이단이 주목받았는데, 정통 교회들은 그것을 잘못된 신앙관에 기초한 탓이라고 여겼다. 그 후로 정통 교회들을 중심으로 확진자가 증가하자 교회는 매우 곤혹스러운 상황을 맞았다.

한국교회는 선교 역사가 100년이 넘었다. 100년이 지난 교회다운 모습을 갖춰야 하는데 그렇지 못하다. 한국교회는 양적으로 성장을 이루었다. 이제 질적인 성장을 이루어 사람들이 인정하는 가치를 보여 주어야 한다.

이근상은 『이것은 작은 브랜드를 위한 책』에서 "어느 정도 성장하면 질과 깊이가 되어야 한다"며 다음과 같이 서술한다.

"사람도 나무도 일정한 높이까지는 위로 성장한다. 하지만 '어느 시점'에 도달하면 높이는 더 이상 성장의 척도로서 역할을 하지 못한다. 높이의 성장이 어느 정도 완성되기 시작하면 이후의 키워드는 속도와 크기가 아니라 질과 깊이가 되어야 한다."[17]

한국교회가 질과 깊이로 가지 못한 결과, 통계청이 10년마다 실시하는 인구 센서스에서 1995년과 2005년 사이 개신교인은 14만 명이 줄어든 반면 천주교인은 219만 명, 곧 74퍼센트나 증가했다. 조현 기자는 그 배경을 가톨릭은 청렴성, 유연성, 정의 등의 이미지로 인한 호감도가 상승했지만 기독교는 그렇지 못했기 때문이라고 설명한다.[18]

한국교회는 교회의 브랜드를 위해 성경적인 비전으로 무장해야 했다. 예수님처럼 성경적인 비전을 가져야 한다. 예수님은 비전이 올바르고 명확했다.

"예수께서 나아와 말씀하여 이르시되 하늘과 땅의 모든 권세를 내게 주셨으니 그러므로 너희는 가서 모든 민족을 제자로 삼아 아버지와 아들과 성령의 이름으로 침례를 베풀고 내가 너희에게 분부한 모든 것을 가르쳐 지키게 하라 볼지어다 내가 세상 끝날까지 너희와 항상 함께 있으리라 하시니라."[19]

교회가 예수님의 비전을 가지면 브랜드가 된다. 마일스 먼로 Myles

Munroe 목사는 비전이 브랜드와 직결된다며 비전을 "Foresight with Insight based on Hindsight"라고 정의한다. 곧, "잘 만든 비전이 브랜드를 제대로 키운다"[20]는 것이다.

비전을 바르게 세우려면 브랜드만이 타깃에게 줄 수 있는 가치가 있어야 한다. 그 가치는 세 가지다.[21]

첫째, 비전이다. 왜 이 브랜드를 만들었나?
둘째, 미션이다. 이 브랜드 미션은 무엇인가?
　　　이것은 브랜드 임무, 특명을 말한다.
셋째, 이 브랜드가 타깃 페르소나에게 줄 수 있는 가치는 무엇인가?

카페를 창업할 때도 브랜드의 정체성을 고민한다. 이에 대해 허준은 이렇게 서술한다.

"카페를 창업할 때 무엇을 고민해야 할까? 첫 번째는 브랜드의 정체성이다. 내 카페는 충전소인가, 여가형인가를 명확하게 정하고 그것에 맞는 브랜드의 매장 전략을 준비해야 한다."[22]

카페조차도 브랜드의 정체성, 즉 비전을 고민한다. 그렇다면, 교회의 비전은 세상이 인정하는 브랜드가 되는 비전이어야 한다. 한국교회의 브랜드가 부정적인 상황에서 한국교회는 긍정적인 상황으로 바꾸기 위한 질 높은 교회, 영적으로 깊이가 있는 교회가 되도록 힘써야 한다.

브랜드는 변하지 않는가?

시대에 따라 사람들이 원하는 브랜드는 바뀐다. 망한 기업은 브랜드가 변했기 때문이다. 미국의 천연가스 기업 엔론, 일본 전자 기업 도시바, 한국의 대우그룹 등이 대표적이다. 망한 기업은 브랜드가 성장하고 생존해야 하는데 그렇지 못한 결과다.

브랜드가 변하는 이유는 본질과 소비자가 만나는 곳에서 브랜드가 탄생하기 때문이다. 이근상은 『당신의 브랜드는 브랜드가 아닐 수 있다』에서 이렇게 말한다.

"본질과 소비자가 만나는 곳에서 브랜드가 탄생한다."[23]

우리나라는 브랜드와 함께 일취월장했다. 한국은 1960년대는 최빈국이었다. 2020년대가 되자 선진국으로 진입했다. 최재천 교수는 『숙론』에서 미국 사회와 한국 사회를 비교함으로 우리나라의 브랜드가 변해 선진국에 진입할 수밖에 없는 이유를 다음과 같이 서술한다.

"'미국은 재미없는 천국이고 한국은 재미있는 지옥이다'라는 우스갯소리가 있다. 쓸쓸하지만 일리 있는 말이다. 가끔 미국을 방문할 때 옛 친구 집에 초대받아 가 보면 짐짓 시간이 멈춘 듯싶다. 세월은 어언 20년도 넘게 흘렀건만 똑같은 집에, 심지어 현관 앞에 놓은 깔개도 그대로인데 사람만 폭삭 늙었다. 그만큼 미국 사회는 별다른 기복 없이 안정적으로 흘러간다는 뜻인데 다른 한편으로는 숨이 턱 막힌다. 그에 비하면 우리나라는 겉모습은 말할 나위도 없거니와 문화적 분위기와 사회적 추세도 수시로 그리고 순식간에 변한다. 사회 변화의 속도와 갈등의 강도 및 폭 사이에 모종의 정비례 관계가 존재하는 것은 쉽게 예측할 수 있다. 좁은 국토에 천연자원도 그리 풍족하지 않은 나라가 세계사에서 가장 참혹했던 전쟁 중 하나로 기록된 한국전쟁을 겪으며 최빈국으로 전락했다가, 불과 반세기여 만에 세계 10위권 경제 대국으로 우뚝 서는 과정에서 우리 사회가 겪은 놀라운 변화의 속도와 규모는 전례를 찾기 어렵다."[24]

그는 한국의 놀라운 변화 속도와 규모는 전례를 찾기 어렵다고 말한다. 그는 한국의 놀라운 변화의 속도와 규모는 한국이란 브랜드를 선진국으로 올려놓았다고 본다.

브랜드의 변화도 한몫한다. 과거 선진국은 일찍 산업화를 시작한 나라다. 한국은 폐허에서 일어나 성실, 지식, 의지 등으로 브랜드를 창출했다.

이근상은 『이것은 작은 브랜드를 위한 책』에서 브랜드의 성공을 정의하는 표현도 달라졌다고 말한다.

"이미 브랜드의 성공을 정의하는 표현은 '점유율 1위의', '시장을 주도하는', '1등을 위협하는' 등의 순위를 나타내는 것 이외에도 '착한 소비를 위한', '새로운 라이프 스타일을 제안하는', '느림의 미학을 실천하는' 등의 수식어가 적지 않게 등장하고 있다. 하나의 잣대로 성공을 측정하던 시대는 지나갔다. 성공의 개념을 바꾸어 각자 자기만의 잣대를 만들어라. 일등이 될 수 있는 자신만의 형용사를 찾아라."[25]

그는 점유율, 시장 주도가 아니라 착한 소비, 새로운 라이프 스타일, 느림의 미학 등으로 개념이 바뀌었다고 말한다.

시대가 흘러 브랜딩이 과거와 다르게 변했다. 한국교회의 과거 브랜딩은 성장, 열정, 심방 등이다. 이젠 공정, 콘텐츠, 상식 등으로 바뀌어야 한다. 바뀐 브랜딩 개념을 교회 안으로 끌어들어야 한다. 교회의 브랜드는 교회다움, 즉 교회의 진정성을 보여 주어야 한다.[26] 교회의 빠른 성장과 효율성을 경쟁 패러다임으로 가지 않아야 한다.

브랜드를 갖추려면 혁신해야 한다

한 나라가 중진국에서 선진국으로 가려면 혁신이 필수적이다. 중진국 함정을 극복하기 위해 투자investment, 기술 도입 infusion, 혁신 innovation 등 3가지가 모두 필요하다는 '3i 전략'을 제시한다.

저소득 단계에서는 대규모 투자를 유치해 성장을 시작하지만, 중진국 단계에 들어서면 해외 기술 도입과 기술 혁신으로 고소득 국가의 문턱을 넘어야 한다는 것이다.

세계은행은 한국을 '3i 전략'을 모범적으로 적용한 사례로 소개한다. 보고서에 한국Korea이란 단어가 총 100회 언급됐다. <성장 슈퍼스타 한국: 한국은 어떻게 해외 아이디어와 혁신을 활용했나>라는 제목의 분석도 실렸다.

보고서에 따르면, 한국은 경제성장의 첫 단계인 '투자'부터 성공적으로 다졌다. 1950~1960년대부터 수출 장려를 통해 개방을 우선시했고, 글로벌 시장을 활용해 국내 기업을 경쟁에 참여하도록 했다.

중진국에 들어선 뒤에도 한국 정부는 '기술 도입'에 전력을 다했다. 연구·개발R&D 에 대한 세제 혜택과 기술 교육에 대한 직접 투자 등으로 기업의 생산성을 극대화했다는 것이다. 보고서는 "한국은 인적 자원에 막대한 투자를 했고, 발전에 필요한 기술 공급과 일자리 창출이 보조를 맞췄다"며 "한국보다 부유한 국가보다 더 효과적인 정책이었다"고 평가한다.

이어 마지막 단계인 '혁신'은, 1997년 외환위기 무렵에 이뤄졌다고 세계은행은 분석했다. 당시 한국은 전 국가적 위기를 극복하기 위해 금융과 재벌 기업에 대한 포괄적인 개혁을 추진했는데, 이것이 그간 관행적으로 이뤄진 기업 간의 담합을 완화하는 계기가 되면서 한국 경제에 전화위복轉禍爲福이 됐다는 지적이다. 한국은 '혁신'을 이뤄냈기 때문에 고소득 국가에 합류할 수 있었다고 분석한다.[27]

한국이 혁신했듯이, 교회도 혁신해야 한다. 교회가 혁신할 분야는 무궁무진하다. 몸의 목회에서 머리의 목회로 혁신해야 한다. 부교역자를 몸으로 하는 사역에만 몰아넣어 지적으로 성장하지 못하는 것을 혁신해야 한다. 부교역자가 목회에서 영적, 지적으로 함께 성장하도록 혁신해야 한다. 목회자 중심의 목회에서 교인 중심의 목회로 혁신해야 한다.

혁신할 때 중요한 것은 방향성이다. 방향성이 어떠냐가 혁신의 성패를 결정한다. 그 방향성은 정체성에서 나온다. 혁신의 정체성이 분명할 때 방향성도 분명해진다.

허준은 『저는 브랜딩을 하는 사람입니다』에서 "브랜딩은 기술이 아니라 방향성이다"라며 방향성의 중요성을 강조한다.[28]

방향이 브랜딩이기 때문이다. "브랜드도 정체성은 명확히 하고, 그것을 지켜서 목적지를 설정하고 나아간다면 그 모든 과정과 방향이야말로 브랜딩이다."[29]

교회가 교회다운 브랜드를 만들려면 혁신해야 한다. 기업은 혁신하지 않으면 망한다. 마찬가지로 교회도 이제는 혁신하지 않으면 망한다.

교회는 혁신을 통해 '티핑포인트'가 되도록 해야 한다. 티핑포인트
는 어떠한 현상이 서서히 진행되다가 작은 요인으로 한순간 폭발하
는 것을 말한다. 교회는 혁신을 통해 한순간 성령의 바람으로 세상에
서 바라는 브랜드가 명확한 교회로 우뚝 서야 한다.

교회는 신뢰를 회복하고 신뢰를 쌓아야 한다

김금희의 소설 『복자에게』에서 고모와의 대화에서 재미있는 이야기
를 한다. 이영초롱은 제주도에서 의사로 일하고 있는 고모를 따라 제
주도의 청보리가 많이 나는 고모리 섬으로 들어가려고 배를 기다리
고 있었다. 그때 고모가 이런 말을 한다.

"고모는 내가 말을 하든 안 하든 내버려 두었다. 대정항에 도착해 섬
으로 들어가는 삼랑호를 기다릴 때에야 '고고리에서 배 운전 제일 못하
는 사람이 누군지 아니?' 하고 말을 걸었다. 섬으로 들어가는 여객선 자
체를 처음 타 보는데 배 운전을 잘하는지 못하는지 어떻게 안단 말인가.
나는 선착장 사람들이 들고 있는 무겁게 장을 본 짐들을 보며, 그것이 암
시하는 생활의 불편과 고립감에 이미 기분이 걷잡을 수 없이 가라앉고
있었다. '삼랑호 선장이래. 파도도 못 넘고 자빠진다고 그래.' '뭐지. 근데

왜 여객선 선장을 시켜요?' 그러자 고모는 하하하하하 웃고는 그냥 주민들이 하는 농담이라고 했다. 하나도 안 웃긴다고 솔직히 말하자 고모는 '그렇지?'라며 선선히 동의했다."[30]

대정항에서 고고리로 가는 삼랑호 선장을 고고리 사람들은 신뢰하지 않는다. 고모가 "고고리에서 배 운전 제일 못하는 사람이 누군지 아니?"라는 질문에 스스로 한 대답이 이렇다. "삼랑호 선장이래. 파도도 못 넘고 자빠진다고 그래." 그렇게 말한 것의 결론은 간단하다. "그냥 주민들이 하는 농담이다"라고 말한다.

이 글을 읽으면서 신뢰가 얼마나 중요한가를 알게 된다. 이 소설의 한 대목은 마치 세상이 교회를 신뢰하지 못하는 것을 보는 듯해 씁쓸했다.

세상은 교회를 신뢰하고 싶어 한다. 지금의 교회 모습이 과거에는 크게 문제가 되지 않을 수 있다. 그러나 지금은 다르다. 지금도 교회 모습이 과거와 비슷할 수 있다. 문제가 되는 것은 세상이 교회에 요구하는 것이 업그레이드되었기 때문이다.

한국교회는 과거보다 신뢰도가 많이 하락했다. 곽승현 목사는 『격차의 시대 정이 있는 교회와 목회』의 <격차의 시대, 온정을 나누는 교회와 목회>에서 이렇게 말한다.

"한국교회 신뢰도는 초대교회와 비교할 수 없을 정도의 격차가 있다. 이 이격을 좁히는 것은 불가능해 보인다."[31]

한국교회의 신뢰도가 초대교회와 비교할 수 없을 정도로 격차가 벌어졌으므로 교회는 이 격차를 메꿔야 한다. 우리가 알듯이 루터의 종교개혁은 교회가 세상으로부터 신뢰를 잃었던 것에서 출발했다.

지금도 교회가 잃어버린 신뢰를 회복해야 한다. 박영호는 『시대를 읽다, 성경을 살다』에서 교회의 신뢰에 대해 이렇게 말한다.

"물론 이웃을 만나면서 '교회에 오십시오'라는 말만 앞세우는 것은 지혜롭지 못합니다. 먼저 친해져야 하고, 먼저 신뢰를 가져야 합니다."[32]

사이먼 시넥은 『나는 왜 이 일을 하는가』에서 "회사의 발전에는 능력보다 신뢰가 중요하다"며 다음과 같이 서술한다.

"대체로 회사 발전의 역사에는 능력보다 신뢰가 큰 역할을 해왔다."[33]

지형은 외 21명의 『격차의 시대 정이 있는 교회와 목회』에서는 한국교회가 신뢰의 격차를 좁혀야 한다고 말한다.

"교회의 미래가 신뢰에 달려 있다면, 교회는 신뢰를 회복하기 위해 남다른 노력을 기울여야 한다. 빈부의 격차, 교육의 격차보다 가슴 아픈 격차가 있다. 기독교에 대한 신뢰의 격차다. 코로나19 팬데믹 기간에 한국교회에 대한 호감과 신뢰도는 곤두박질쳤다. 2020년 1월에 측정한 한국교회 신뢰도는 32%였으나 2021년 1월 조사에 따르면 21%로, 1년간 무려 11%가 하락했다. 개신교인 70%는 한국교회를 신뢰하지만, 전도의 대상이 되는 비개신교인들의 한국교회 신뢰도는 9%로 나타났다. 개신교인과 비개신교인들의 기독교에 대한 신뢰도의 격차는 믿기 어려울 정도다. 코로나19가 한창인 2020년 8월에만 약 1만 5천 건이 넘는 기독교의 부정적인 뉴스가 쏟아졌다. 사실 코로나 이전부터 교회의 부정부패, 권위적 리더십, 사회적 물의를 빚은 수많은 사건이 매스컴을 탔다. 대중은 실망을 감추지 않았고 사회는 분노했다. 사회 곳곳에서 약자를 돌보며 정의와 공익을 수호했던 교회는 혐오 시설로 전락했다. 교회의 신뢰도는 이미 추락 중이었으나 코로나로 인해 급격히 가속화된 것이다."[34]

한국교회는 급격하게 가속화된 신뢰도 추락을 다시 추스르기 위해 전보다 더 많은 노력을 기울여야 한다.

사람들이 북두칠성, 나침판을 신뢰한다. 늘 바른 방향을 가르쳐 주기에 그러하다. 교회가 신뢰를 회복해야 한다. 세상이 교회를 신뢰하고 싶어 하기에 그렇다.

우리가 예수님을 믿는 것은 성경을 신뢰하기 때문이다. 예수님이 쌓으신 신뢰를 교회가 깎아내리면 안 된다. 교회는 세상으로부터 신뢰를 시급히 회복하고 무너진 신뢰를 서서히 쌓아야 한다.

한국교회는 세상으로부터 인정받는 브랜드를 지녀야 한다

한국교회는 브랜딩에 관심을 깊이 있게 기울여야 한다. 세상으로부터 좋은 이미지로 각인되도록 교회다움의 모습을 보여 주어야 한다.

브랜드는 고객에게 기억되고 싶다는 욕구가 있다. 교회도 사람들로부터 기억되고 싶다는 욕구가 있다. 사람들로부터 기억되고 싶을 때, 세상에서 좋은 교회가 되기 위해 힘쓴다.

"브랜드는 고객에게 기억되고 싶다는 욕구가 있다. 단, 브랜드에 있어서는 생사가 걸린 욕구다. 브랜드는 기억되지 못하면 소멸되는 운명이기 때문이다."[35]

한국교회는 지금부터라도 세상이 신뢰할 수 있는 교회다움을 지녀야 한다. 한국교회가 교회다움으로 브랜딩하기가 만만치 않다. 브랜드를 키우는 일은 하나의 인격체를 키우듯 오랜 시간 정성을 들여야 한다.

이근상은 『당신의 브랜드는 브랜드가 아닐 수 있다』에서 브랜드 키우기에 대해 이렇게 말한다.

"브랜드를 키우는 일은 하나의 인격체를 성장시키는 일과 같다. '어떤' 인격체로 키울 것인가 결정하고 그에 집중하라."[36]

교회는 브랜드를 키우는 일에 진정성 있게 임해야 한다. 브랜딩을 만들려면 진정성이 필요하기 때문이다.

한국교회가 교회를 브랜딩하려면 진정성이 있어야 한다. 진정성은 상황과 관계없이 통하기 때문이다. "진정성은 언제나 통한다"[37]고 한다. 진정성이 통하기 위해 한국교회는 진정성 있는 브랜드가 돼야 한다.

한국교회 브랜드는 세상에서 가장 아름다운 책을 만드는 출판사로 알려진 인도의 '타라북스'와 같아야 한다. 즉, 한국교회는 타라북스와 같은 브랜드를 가질 수 있어야 한다.

타라북스는 책을 주문하고 받아 보는 데 평균 9개월 걸리는 출판사다. 타라북스는 현재의 빠른 기계 방식을 따르지 않는다. 예전 방식 그대로 정성스레 편집하고 인쇄와 제본도 수작업으로 한다. 폐직물이나 헌옷을 가공해 종이를 만들고 그 위에 실크스크린으로 인쇄를 한 후에 손으로 꿰매 책을 만든다.

타라북스는 남인도의 첸나이Chennai에서 20여 년 전, 어린이 도서 전문 독립 출판사로 시작한 작은 출판사이다. 출판업의 중심지도 아닌 곳에서 어린이를 위한 그림책을, 그것도 느리게 만드는 작은 브랜드가 전 세계의 주목을 받고 있는 이유가 있다. 이들이 세상에서 가장 아름다운 책을 만들기 위해 노력하기 때문이다. 그리고 이 브랜드가 지향하는 '우리는 작게 존재한다'라는 철학에 많은 사람이 동의하기 때문일 것이다. 이들에게 중요한 것은 많이 팔리는 책을 기획하고 출판해서 양적 성장을 하는 것이 아니다. 좋은 내용의 아름다운 책을 만들고, 그 책을 만드는 사람들과의 관계를 소중하게 유지하기 위해서는 브랜드가 '작게' 존재해야 한다고 생각하는 것이다.

교회가 세상이 인정하는 브랜드가 되려면 교회를 바라보는 사람의 관점에서 봐야 한다. 이근상은 『당신의 브랜드는 브랜드가 아닐 수 있다』에서 이렇게 말한다.

"만든 사람이 아니라 쓰는 사람의 관점에서 보라."[38]

동시에 세상을 납득할 만한 교회가 돼야 한다. 한국교회가 교회를 브랜드화하려면 청중을 설득할 수 있는 설득력을 갖춰야 한다. 허준은 『저는 브랜딩을 하는 사람입니다』에서 이렇게 말한다. "설득력을 갖출 것."[39]

타라북스는 사용자 입장, 탁월한 설득력을 갖췄다. 그 결과, 세계가 인정하는 브랜드를 갖추었다.

헤밍웨이는 명저 『노인과 바다』를 400번 이상 고치는 과정을 거쳐서 이 세상에 놀라운 영향력을 주고 있다. 한국교회도 탁월한 브랜드를 만들기 위해 고치고 고치고 또 고치는 과정을 거쳐야 한다.

한국교회가 브랜딩되면 사람들에게 잊혀지지 않는다. 이것이 개교회 하나하나가 브랜딩되어야 하는 이유다. 교회는 사람들로부터 좋은 이미지로 브랜딩되어야 한다. 지금 교회는 나쁜 이미지로 브랜딩되어 있다. 그것을 바꿔야 한다.

2 콘텐츠 교회

2024년, 콘텐츠 교회로 준비를 했는가?

한국교회 위상의 추락 원인이 콘텐츠 때문이라는 생각이 드는가? 많은 목회자가 콘텐츠 때문이라고 생각하지 않을 것이다. 아마 많은 목회자는 교회 지도자의 리더십 상실, 교회 조직의 경직화, 목회자의 타락 등을 먼저 떠올리기 쉽다.

한국교회의 위상이 올라간 것이 콘텐츠 때문이라고 생각하는가? 성경은 세계적인 콘텐츠다. 예수님의 말씀, 모세가 쓴 모세오경, 사도 바울이 쓴 바울서신 등 세상과 견줄 수 없는 콘텐츠 때문이라고 생각해야 한다.

한국의 위상이 최빈국에서 선진국으로 올라간 것은 문화의 힘, 즉 K-콘텐츠 때문이다. K-콘텐츠가 한국의 위상을 확 바꾸었다. 지금은 세계 어느 나라를 가도 K-팝, K-드라마, K-웹툰, K-영화 등 한국 문화, 한국 음식 그리고 한국인을 좋아한다.

『목회트렌드』 시리즈는 첫 책인 『목회트렌드 2023』과 『목회트렌드 2024』에서도 콘텐츠를 다루었다. 교회의 쇠퇴 중심에 콘텐츠가 있다고 『목회트렌드 2024』에서 강조했다.

교회 콘텐츠를 대표하는 것은 설교다. 한국교회 설교가 이전보다 질적으로 떨어진다고 생각된다. 특히, 세상의 강의와 비교하면 설교는 수준이 많이 떨어진다.

어떤 분은 신학 관련 책은 몇 권만 읽으면 더 이상 읽을 필요를 느끼지 못한다고 말한다. 신학 책을 쓴 저자들 수준이 돌려막기 정도 수준이기 그렇다고 한다. 이에 비해 세상의 많은 책은 읽을 때마다 새롭단다. 다른 말로 콘텐츠 수준의 차이가 크다는 것이다.

2024년에 제4차 로잔대회가 말도 많고 탈도 많은 상태에서 끝났다. 수준이 이전 대회보다 높아야 하는데 낮아진 것 같다. 이것은 한국교회의 콘텐츠가 빈약한 데서 연유된다.

한국교회 콘텐츠가 빈약한 이유는 목회자들이 너무 바쁘기 때문이다. 목회에 바쁘기도 하지만, 외로움을 극복하기 위한 친교, 건강관리라는 명목으로 하는 지나친 운동, 총회, 노회 등의 바쁜 정치 일정 등이 있다.

심지어 설교를 준비하는 시간조차 마련하기 힘들 정도다. 그런 설교자에게 교회 콘텐츠인 좋은 설교를 기대할 수 없다. 한국교회의 설교 콘텐츠가 사람들의 관심을 끌지 못하고 있다. 세상 강의, 문화센터 등에도 밀렸다.

어떤 교수가 이런 말을 한다.

"한국 설교자 중에 설교를 들을 만한 설교자는 거의 없다."

설교자는 많은데, 수준 높은 설교를 하는 설교자는 찾기 힘들다. 인기 있는 설교자들은 지나치게 한쪽으로 치우쳐 있는 경우가 많다. 교회 콘텐츠를 대표하는 설교가 사람들로부터 관심을 끌지 못한다는 것은 콘텐츠가 빈약하다는 반증이다.

한국교회는 목회자 콘텐츠 성장에 힘을 쏟아부어야 한다. 목회자는 콘텐츠를 생산하는 통로인 독서와 글쓰기에 거의 관심이 없다. 책 읽는 목회자를 만나기가 하늘의 별 따기다. 글쓰기를 중요하게 여기는 목회자는 더 만나기 어렵다.

목회자는 사람들에게 양질의 설교 콘텐츠를 제공해야 한다. 특출난 설교자는 되지 못해도 세상과 견주어 손색은 없어야 한다.

목회자가 목회를 시작할 때 콘텐츠 준비는 거의 하지 않는다. 건물과 사람 준비만 한다. 이를 바꿔야 한다. 남다른 콘텐츠, 세상도 인정할 수 있는 콘텐츠를 준비해야 한다. 만약 교회를 개척한다면 적어도 자기가 사는 동네의 모든 교회 중에서 최고의 설교 콘텐츠로 준비해야 한다.

코로나19 이후 교회의 주축이어야 할 30대와 40대를 교회에서 찾아보기 힘들다고 한다. 교회에서 3040을 찾아보기 힘든 이유는 그들이 설교 콘텐츠에 실망했기 때문일 것이다.

한국교회에서는 이제 교회 비전을 제시할 콘텐츠를 만들 목회자도 찾기 힘들다. 양질의 콘텐츠를 만들 수 있는 목회자가 거의 없다. 한국교회는 콘텐츠를 만드는 목회자를 키워야 한다. 즉, 양질의 콘텐츠를 만드는 목회자 작가를 양성을 해야 한다. 작가 목회자를 키우는 것은 하루아침에 되지 않는다. 적어도 10년의 시간이 필요하다. 교회는 작가 목회자를 키우기에 관심을 가질 필요가 있다.

콘텐츠가 세상을 이끈다

조너선 하이트는 『불안 세대』에서 소셜 미디어 플랫폼들에서 발견되는 공통 특징을 네 가지로 제시한다. 그중 한 가지가 '사용자 제작 콘텐츠'다. 콘텐츠가 있어야 소셜 미디어 플랫폼으로 기능할 수 있다.

"소셜 미디어는 시간이 지나면서 진화했지만, 우리가 일반적으로 소셜 미디어의 분명한 예라고 생각하는 플랫폼들에는 공통되는 주요 특징이 적어도 네 가지 있다. 그 네 가지 특징은 사용자 프로필(사용자는 개인 정보와 관심사를 공유하는 개인 프로필을 만들 수 있다), 사용자 제작 콘텐츠(사용자는 텍스트 게시물, 사진, 영상, 링크를 포함해 다양한 콘텐츠를 제작해 많은 시청자와 공유할 수 있다), 네트워킹(사용자는 프로필을 팔로잉하거나 친구가 되거나 같은 그룹에 가입함으로써 다른 사용자들과 연결할 수 있다). 상호 작용성 (사용자들은 서로, 그리고 각자가 공유하는 콘텐츠와 상호 작용할 수 있다. 상호 작용에는 '좋아요' 누르기, 댓글 달기, 공유하기, DM 보내기 등이 포함된다) 이다. 페이스북, 인스타그램, 트위터(현 X), 스냅챗, 틱톡, 레딧, 링크드인처럼 원조 격인 소셜 미디어 플랫폼은 이 네 가지 특징을 모두 갖고 있으며, 유튜브(비록 유튜브는 사회적 연결 특징보다는 전 세계의 영상 라이브러리로 더 널리 사용되긴 하지만)와 현재 인기 있는 비디오게임 스트리밍 플랫폼인 트위치도 마찬가지다."[40]

교회도 교회다운 기능을 하려면 몇 가지를 갖춰야 한다. 신학, 교인, 건물 그리고 콘텐츠이다. 교회는 건물 짓기보다 오래 걸리는 콘텐츠 제작에 심혈을 기울여야 한다. 콘텐츠를 제작하려면 오랜 시간 동안 책을 읽고 사고력과 창의력 계발에 힘써야 한다. 이런 콘텐츠를 제작할 때 목회자가 먼저 갖출 것은 겸손이다.

자청은 『역행자』에서 자기 콘텐츠가 뛰어날 것이라고 착각하지 말라고 한다. 내가 좋아하는 내용을 남들도 좋아할 거라는 착각하지 말라고 한다. 이는 적절한 지적이다.

"콘텐츠를 만드는 사람들이 초기에 흔히 저지르는 실수가 있다. 바로 '자신의 머릿속에서 나온 것이 뛰어날 것이라는 착각' 그리고 '내가 좋아하는 내용을 남들도 좋아할 거라는 착각'이다."[41]

교회도 콘텐츠를 제작할 때 성경 자체가 세상에서 무조건 통할 것이라는 착각을 버려야 한다. 시대에 맞게 각색하지 않으면 안 된다.

세상에 통할 교회 콘텐츠는 서사적 콘텐츠여야 한다. 성경 자체가 서사적이다. 물건을 팔 때도 물건을 팔지 말고 이야기를 팔라고 한다. 이야기를 팔면 무조건 팔리기 때문이다.

가와카미 데쓰야는 『무조건 팔리는 스토리 마케팅 기술 100』에서 스토리를 "어둠 속에서 빛나는 북극성"이라고 한다.

"스토리는 어둠 속에서 빛나는 북극성이다. 이야기가 왜 효과적일까? 이야기를 통해 머릿속에 떠오르는 이미지를 공유할 수 있기 때문이다. 사람들은 같은 이미지를 공유하고 있으며 자연스럽게 그곳으로 함께 걸어가고 싶은 마음이 든다. 즉, 스토리는 어둠 속에서 빛나는 북극성 같은 역할을 한다."[42]

그는 스토리가 북극성 같은 역할을 한다고 말한다. 성경은 스토리가 있는 이야기 콘텐츠이다. 이 성경을 각색해 세상에서 통할 수 있는 이야기 콘텐츠로 만들어야 한다.

최근에 교회가 세상에 줄 수 있는 콘텐츠가 거의 없다. 유튜브 시대가 되자 그리스도인들이 교회 콘텐츠보다는 세상 콘텐츠에 애정을 보인다. 어떤 교인은 기독교 책은 거의 읽지 않는데, 그 이유가 읽을거리가 없기 때문이라고 한다.

목회자들과의 대화에서 독서에 관한 이야기를 했다. 목회자들은 독서를 거의 하지 않고 있었다. 이 말은 교회 콘텐츠를 만들어 낼 능력을 갖추지 못했다는 말이다.

세상에는 좋은 콘텐츠가 차고 넘친다. 교회는 그렇지 못하다. 독서해야 양질의 교회 콘텐츠를 만들어 낼 수 있다. 교회가 만들 그 콘텐츠는 서사적인 콘텐츠여야 한다. 가와카미 데쓰야는 『무조건 팔리는 스토리 마케팅 기술 100』에서 이야기의 힘을 이렇게 말한다.

"사람의 감정을 뒤흔드는 건 언제나 '이야기'다."[43]

교회는 이제 사람의 감정을 뒤흔드는 서사적 콘텐츠를 만들어야 한다. 세상을 이끄는 것은 콘텐츠이기 때문이다. 교회가 만들 콘텐츠는 사람의 감정을 뒤흔들 수 있을 만큼 서사적이어야 한다.

교회와 목회자는 세상을 능가하는 콘텐츠를 갖고 있는가?

챗GPT는 인간의 유익을 위해 만들어졌다. 그 인공지능은 인간의 명령에 따라 움직이는 것에 불과하다.

챗GPT 출현 후 목회자는 챗GPT에 이끌려 목회한다는 인식을 지울 수 없다. 목회자들을 만나면 자기만의 설교를 만드는 것은 뒷전이다. 챗GPT를 어떻게 쓸 것인가를 고민할 뿐이다.

어떤 목회자는 주위 목회자들에게 챗GPT를 배우러 오라고 전화가 온다고 한다. 자신이 배우지 않으면 뒤떨어지니 어떻게 해야 하나고 고민한다. 챗GPT를 잘 활용하는 모습에서 목회자가 챗GPT의 노예가 되는 것 같아 안타깝다.

교회의 콘텐츠, 목회자의 콘텐츠는 챗GPT보다 나아야 한다. 챗GPT는 구글에 있는 모든 자료를 모아둔 것이라고 한다. 목회자는 하나님의 자료를 시대에 맞게 접목해야 한다. 유행처럼 번지고 있는 인공지능 자료를 그대로 다운받아 쓰는 것이면 안 된다.

교회와 목회자가 챗GPT를 의존하고 있는가? 자기만의 콘텐츠를 만들 수 있는 역량을 갖추지 못했기 때문이다. 교회와 목회자가 세상과 차별화된 콘텐츠를 만들려 하지 않기에 그렇다.

목회자가 사람들이 챗GPT를 사용하는 것을 따라 사용하는 것은 동조 편향 때문이다. 동조 편향이란 "개인이 다른 사람들의 의견이나 행동에 맞추려고 하는 경향이다." 이 편향은 집단의 압력이나 다수의 의견에 동의하려는 욕구로 인해 발생하며, 개인의 독립적인 판단이나 행동을 방해한다.

사람들이 동조 편향을 선택하는 까닭은 가장 안전한 전략[44]이란 생각 때문이다. 교회나 목회자가 시대를 이끌 수 있는 콘텐츠를 만들려면 동조 편향이 아니라 우리만의 독창적인 콘텐츠를 계발할 능력을 키워야 한다.

교회나 목회자가 세상을 능가하는 콘텐츠를 만들려면 먼저 자기를 정확하게 봐야 한다. 하지만 자기를 정확하게 보기 힘들다. 오직 하나님만 가능하다. 그렇다면 목회자는 하나님을 더 의지해야 한다.

존 밀턴은 『실낙원』에서 하나님만이 자신을 정확하게 평가할 수 있다고 말한다.

"오직 하나님 이외에는 자기 앞의 선을 올바로 평가할 줄 아는 자가 없고, 오히려 최선의 것을 최악의 것으로 남용하거나 아니면 아주 비천한 용도에 악용할 뿐이다."[45]

김도인은 『인문학, 설교에 어떻게 활용할 것인가』에서 킬러 콘텐츠Killer contents를 만들라고 한다.

"우리가 설교에 답이 나올 때까지 반복해야 하는 이유가 있다. 자기만의 킬러 콘텐츠를 장착해야 하기 때문이다. 코로나19로 킬러 콘텐츠를 장착하지 않으면 생존도 쉽지 않은 환경이 만들어졌다. 유튜브 전성시대, 미디어 시대에 자기만의 킬러 콘텐츠가 없으면 생존도 쉽지 않기 때문이다. 만약 생존을 넘어 행복한 설교자가 되려 한다면 차별화된 킬러 콘텐츠로의 무장이 기본이다."[46]

교회와 목회자는 세상에 견줄 수 있는 콘텐츠를 만들 역량을 길러야 한다. 교회와 목회자는 세상에 영향을 줄 수 있는 콘텐츠를 만들어야 한다. 적어도 챗GPT에 의존하지 않는 교회와 목회자가 돼야 한다.

교회 콘텐츠는 철 지난 것으로 그득하다

교회와 목회자가 챗GPT에 의지하는 수준에 머무르니 교회 콘텐츠는 철 지난 것으로 그득한 것이 당연해 보인다. 시대에 어울리는 콘텐츠는 꾸준히 공부하는 목회자만이 만들 수 있다.

사람들이 도서관에서 공부는 하지만 독서는 그다지 하지 않는 것 같다. 공부하기 위해 16년 전, 꽤 도서관을 다닌 적이 있다. 독서하기 위해서 도서관에 가지 않았다. 도서관에서 독서하지 않은 이유는 신간이 많지 않았기 때문이다.

교회 콘텐츠도 철 지난 것으로 그득하다. 시대에 맞는 콘텐츠가 그리 많지 않다. 이는 교회가 발견 모드가 아니라 방어 모드를 추구하기에 그렇다. 발전 모드는 성장하고 싶어 한다. 스스로 생각해 콘텐츠를 만들어 기회를 창출하려 든다. 방어 모드는 위협에 방어하기 위해 안전을 추구하는 경향이 짙다. 시대에 맞는 교회 콘텐츠를 만들려면 방어 모드에서 발견 모드로 바꾸어야 한다.

발견 모드는 학습과 성장을 촉진한다.[47] 조너선 하이트는 미국의 대학 캠퍼스에는 '방어 모드'학생들로 가득하다고 한다. 교회도 방어 모드로 가득하다. 보수가 아니면 죽음을 달라고 하는 것만 같다. 세상을 개혁해야 한다고 말하지만, 현실은 세상과 멀리 떨어져 있기를 바란다. 시대를 거슬러야 한다고 말하지만, 우리가 가진 것을 고수하기에 급급하다.

학교 다닐 때 선생님에게서 듣던 말 중 하나가 "복습보다 예습이 중요하다"이다. 복습은 할 수 있었지만, 예습까지는 하기 어려웠다. 복습은 배운 것으로 하니 가능했지만, 예습은 배우지 않은 것이기에 쉽지 않았다.

이런 말이 있다. "성공은 선불이다." 어떤 일이든 먼저 대가를 치른다. 선수가 평소에 한 운동만큼 경기에서 결과를 얻는다. 영국 프리미어리그의 토트넘 홋스퍼에서 뛰는 손흥민 선수가 세계적인 골잡이가 되었다. 그는 과거 매일 양발로 1,000개의 슈팅 연습으로 이를 가능하게 했다.

좋은 결과를 얻으려면 먼저 지불해야 한다. 공부든, 운동이든, 대가를 지불한 뒤 원하는 결과를 얻으려 해야 한다. 다산 정약용이 유배지에서 500권의 책을 엮었던 것은 하나를 들어서 셋을 깨닫거나, 한 가지 행동을 해서 여러 가지 이익을 얻도록 하는 거일반삼擧-反三의 가르침 때문이다.

한국교회는 시대가 변하고, 사람이 바뀌었는데 예전 것을 지금도 습관적으로 사용 중이다. 시대에 맞게 개정해서 시대에 맞게 시용하지 못한다. 과거에는 텍스트만으로도 교인이 신앙생활을 할 수 있었다. 그러나 지금은 안 된다. 텍스트와 콘텍스트를 동등하게 활용한 콘텐츠를 생산해야 한다.

콘텐츠가 철 지난 것이 아니라 제철에 맞는 것이 되려면 시간 등을 선지불해야 한다. 교회가 따끈따끈한 콘텐츠를 만들려면 보이지 않는 것에 시간을 쏟아부어야 한다.

작은 변화로부터 교회 콘텐츠에 집중한다

변화는 사소한 것에서 시작된다. 교회의 변화도 사소한 생각 확장에서 시작할 수 있다. 김애란은 『이중 하나는 거짓말』에서 변화는 아주 사소한 것에서 시작되었다고 한다.

"변화는 아주 사소한 것에서 시작됐어. 세상 작고 흔한 그 이쑤시개부터, 반투명한 녹색 플라스틱 제품이었는데 네 아빠는 나무 소재보다 그걸 더 선호했어. 나이 들고 이에 자꾸 뭐가 낀다며 수시로 이를 쑤셨고, 그러다 언제부터인가 다 쓴 이쑤시개를 아무 데나 버리기 시작했어. 식탁 위며 책장 침대 프레임, 소파 팔걸이 등 대중없었지. 중요한 건 그게 어디든 휴지통은 아니었다는 거야. 휴지통이 아주 가까이 있을 때조차 그랬지. 그러다 보니 어느새 집에 버려지는 이쑤시개가 점점 늘어났어.

마치 나쁜 기운을 내뿜는 생명체인양 푸르스름한 빛을 발하며 집안 곳곳에 방치돼 있었지. 그런데 하루는 정신을 차리고 보니 그걸 내가 줍고 있더라. 그 녹색 조각들을 이삭 줍듯 허리 숙여 가며 매일 치우고 있더라고. 처음에는 나도 못 본 척하려 했어. 그런데 잘 안 됐고, 네 아빠에게 몇 번을 잔소리하고 부탁해도 소용없었지. 그러다 나중에는 그 녹색 비스무리한 것만 봐도 미칠 것 같았지. 그 사람, 왠지 일부러 그러는 것 같았거든. 나더러 주우라고, 허리 숙여 치우라고."[48]

사소한 것에서 변화를 만들어야 한다. 교회가 세상보다 나은 콘텐츠를 만들고자 하는 생각부터 시작해야 한다. 그 생각이 행동을 만들 때가 온다.

소수의 무리가 양질의 콘텐츠를 만들기 위해 함께해야 한다. 작은 결과를 만들기 위해 머리를 맞대야 한다. 언제가 변화는 사소한 것에서 시작된다. 독서를 소홀이 여겼다면 독서가 중요하다고 인식해야 한다. 콘텐츠에 대해 생각하지 않았다면 콘텐츠를 생각하면 된다. 작은 시작이 큰 결과를 만들어 낸다는 것을 알아야 한다.

야성이 있어야 교회 콘텐츠 개발에 뛰어들 수 있다

교회가 야성을 잃은 것 같다. 야성을 잃으니 교회의 추락에 대해 걱정

만 한다. 대한예수교장로회 예장 통합의 교인 수는 12년 연속 감소세
다. 2030년 160만 명까지 감소할 것으로 예측하고 있다.

2023년 말, 전체 교인 수는 지난해 203만 2682명에서 4.11퍼센트
9만 4700명 감소한 220만 7982명으로 집계됐다. 교인 수가 지속적으
로 감소하면서 교회 수 역시 증가세를 멈추고 처음으로 감소세로 돌
아섰다. 총회 산하 교회 수는 9,473개이다. 2023년보다 3개가 줄었다.
전체 교회 중에선 교인 수 200명 이하의 소형 교회가 83.5퍼센트 5,199
개 로 대부분을 차지한다. 100명 이하의 교회가 72.3퍼센트 6,549개 로
대부분이다. 특히, 전체 교인 수 0-14명인의 교회는 1,470개, 15-29명
인의 교회는 2,421개로, 전체 교회의 41.07퍼센트이다. 통합 교단으
로 봤을 때, 교인 수 감소, 교회 수 감소, 목회자 수 감소, 즉 3대 감소
현상이 뚜렷하다.

이를 뒤집기 위해서는 하나님의 은혜가 있어야 한다. 그리고 한국
교회에 야성이 있어야 한다. 유영만 교수는 육성급 六性급 인재론을 펼
친다. 정성, 근성, 탄성, 감성, 지성, 야성으로 그중 하나가 야성이다.

정유정은 '작가의 말'에서 "종종 야성을 잃어 가는 시대에 사는 게
아닌가 싶을 때가 있다"[49]라고 썼다. 그녀는 이 책을 소개하면서 "욕
망과 추구의 기질에 나는 '야성'이라는 이름을 붙인다"고 한다. "이 소
설은 '견디고 맞서고 끝내 이겨 내고자 하는 인간의 마지막 욕망'에 대
한 이야기다. 자기 삶의 가치라 여기는 것에 대한 추구의 이야기이기도

하다. 이 욕망과 추구의 기질에 나는 '야성'이라는 이름을 붙였다." [50]

콘텐츠 개발이 쉽지 않다. 시대가 요청하는 콘텐츠 개발은 더 어렵다. 교회는 세상에 필요한 콘텐츠에 관심 갖도록 유도해야 한다. 그러기 위해 야성을 지닌 목회자가 나와야 한다. 독기를 품고 하나님을 위해 콘텐츠를 만들겠다고 해야 한다.

목회자는 시대가 요구하는 콘텐츠 개발의 야성을 회복해야 한다. 현대교회는 신앙의 야성을 잃어버렸다. 목회자는 세상 리더보다 더 치열하게 사는 야성을 잃어버렸다. 풍요해진 교회와 목회자의 삶이 야성을 잃게 한다. 야성은 삶이 힘들고 고난이 깊을 때 더 강력해진다. 야성은 온실보다 광야에서 더 어울린다. 맹수는 죽을 때 죽더라도 기가 죽지 않는다. 멍멍이도 맹수가 나타나면 주인을 지키기 위해 먼저 왕왕 짖는다.

목회자가 카페에서 대화는 하더라도 죽기 살기로 콘텐츠를 만들려 하지 않는다. 교회에 많은 예배와 프로그램은 있지만 자기가 만든 것이 아니다. 남이 만든 것을 편하게 가져다 사용한다. 목회자는 자기 교회에 맞는 콘텐츠를 만들어 사용해야 한다. 그러기 위해서는 편한 길이 아니라 힘든 길, 모두가 가고자 하는 길이 아니라 외롭지만 하나님께서 주신 야성으로 길을 만들어서 혼자라도 그 길을 걷고자 해야 한다.

목회자는 야성의 사람이어야 한다. 콘텐츠를 만들려면 야성을 지녀야 한다. 야성이 있으면 자기 한계를 돌파한다. 자기 한계를 돌파한 사람이 세상이 놀라는 콘텐츠를 만들 수 있다. 교회가 지성다운 지성을 만들려면 야성이 있어야 한다. 지성 없는 야성은 야만만 된다. 이런 말이 있다. "지성 없는 야성은 야만이고, 야성 없는 지성은 지루하다."

교회와 목회자는 지성 없는 야성이 아니라 지성 있는 야성으로 세상이 관심을 보이는 콘텐츠를 만들어야 한다.

3 소통하는 교회

시대를 읽고 시대를 담아내야 한다

한국교회는 세상과 소통을 잘하는가? 우리 입장에서는 잘한다고 말할 것이다. 세상 입장에서는 그렇지 않다는 것이 중론이다.

사람을 만나다 보면 기독교가 싫다는 사람이 꽤 있다. 그들은 교회가 보여 준 모습이 종교답지 않다고 말한다. 공정해야 할 교회에 불공정한 것이 많다고 한다. 모범이 되어야 할 교회가 그렇지 못하다고 말한다. 특히, 교회의 강요적인 전도법이 많이 거슬린다고 한다. 그 말은 교회가 소통을 잘 못한다는 뜻이다.

교회는 과거처럼 사람들에게 다가가면 안 된다. 수준 높은 모습으로 다가가야 한다. 현재 한국교회가 가진 모습이 아니라 세상이 기대하는 것 이상의 수준으로 다가가야 한다. 그래야 소통을 잘하고 있다고 말할 수 있다. 이를 위해 교회는 시대를 읽고, 시대에 맞게, 더 나아가 시대보다 더 높은 영적 수준을 지녀야 한다.

복음 전파하는 방법도 시대에 맞게 변해야 한다. 이전에 먹혔던 말로 하는 전도가 아니라 삶으로 하는 전도를 해야 한다. 즉, 세상과의 소통 방식을 달리해야 한다. 시대는 수준 높은 교양과 수준 높은 문화의 옷을 입고 삶으로 소통할 것을 요구한다.

하나님을 일방적으로 믿으라는 것이 아니라 우리가 삶으로 교회가 세상에 어떤 유익이 되는지 보여 주어야 한다. 예수님만이 구원자라고 말만 하지 말고 구원을 받는 사람이 예수님을 삶으로 구현하는 것을 삶으로 보여 주어야 한다. 선포, 정당성 발표가 아니라 논리에 맞는 설득, 사람의 마음을 얻는 감동이 넘치는 것을 삶으로 보여 주어야 한다.

어떤 분과 대화를 나눴다. 그는 교회가 세상이 원하는 일을 할 때 공적이어야 한단다. 이에 그 공적인 길, 선한 일을 끝까지 하는 곳이 교회여야 한다고 힘주어 말했다. 그러자 이런 물음이 되돌아왔다.

"왜 교회가 세상보다 더 수준이 낮게 존재하는가?"

사람이 교회를 향해 이렇게 말하는 것은 교회가 세상과 시대와 역행하는 소통을 하기 때문이다.

한재욱 목사는 『인문학을 하나님께 4』의 서론에서 "시대를 이해하고, 시대를 활용하고, 성경으로 시대를 넘어서"라고 한다. 교회는 먼저 시대를 이해해야 한다. 시대를 이해할 때 성경으로 시대를 넘어설 수 있다.

교회는 시대를 읽고 시대를 담아낼 수 있게 앞선 모습을 보여 주어야 한다. 그러면 교회는 세상과 소통을 잘하게 된다. 하나님은 인간과 소통을 잘하셨다. 그러므로 교회도 세상과 소통을 잘하는 것이 당연하다.

교회가 소통을 잘하려면 시대 상황을 정확히 알고 꿰뚫어야 한다. 만약 교회가 시대를 이해하려 하지 않거나, 본질만 강조하면 곤경에 처할 것이 뻔하다. 교회는 극단적 근본주의를 취하는 경향이 짙다. 조금은 시대를 이해하고 받아들일 필요가 있다. 교회가 시대 상황을 정확히 알고 꿰뚫지 못하면 코로나19로 시작된 교회의 무너짐은 더 가속될 것이다.

한재욱 목사는 시대를 이해하지 못해서 곤경에 처해 1세기도 가기 전에 초라한 모습을 보인 찰스 스펄전 목사가 섬기던 메트로폴리탄 태버너클교회를 언급한다.

"100여 년 전, 영국의 찰스 스펄전 목사님이 섬기던 메트로폴리탄 태버너클은 세계 최대의 교회로, 최고 수준의 회중, 최고의 건물, 최고의 설교가를 갖춘 교회였다. 그 교회가 1세기도 가기 전에 초라한 모습이 되었다. 여러 이유가 있겠지만, 런던도 바뀌고 사람들도 바뀌었으나 교회만 바뀌지 않았기 때문이다. 시세를 몰랐던 것이다."[51]

지금 한국교회도 100년쯤 되자 세상으로부터 격리당하고 있다. 이전에 한국교회를 대표했고 세상과 소통을 잘했던 교회들이 세상으로부터 지탄받고 있는 것은 교회들이 하나같이 영국의 태버너클교회를 뒤따라가고 있기 때문이다.

교회가 시대를 읽지 못하면 태버너클교회처럼 도태된다. 사이먼 사이넥은 『나는 왜 이 일을 하는가』에서 성공을 오래도록 지속하고 혁신을 이루며 변화에 걸맞은 유연성을 발휘하고 싶다면 "WHY를 아는 것이 유일한 길"이라고 말한다. 그는 시대에 맞게 변화를 이루지 못한 미국 철도회사의 예를 든다.

"1800년대 후반 철도회사들은 미국에서 가장 규모가 큰 기업이었다. 기념비적인 성공을 거두고 미국의 지리 상황까지 바꿔 놓은 그들에게 WHY를 기억하는 일은 더 이상 중요하지 않았다. 대신 그들은 철도 WHAT 자체에 집착하기 시작했다. 관점이 좁았던 탓에 결정 폭도 좁아진 철도회사들은 모든 자금을 선로와 침목에 투자했다. 하지만 20세기가 시작되던 무렵 새로운 운송수단은 바로 비행기였다. 큰 규모를 자랑하던 철도기업들은 모두 쓰러졌다. 만약 그들이 기업의 성격을 철도 사업자가 아닌 대중교통 사업자로 정의했다면 어땠을까? 그랬다면 다른 행보를 보였을 것이다. 놓칠 뻔한 기회를 잡았거나, 오늘날 모든 항공사를 소유했을지도 모른다."[52]

시대에 맞게 변화하지 못한 거대한 철도회사가 모두 쓰러졌다. 한국교회도 시대에 맞게 변화해야 한다. 시대를 담아낸 교회여야 한다.

이런 무장으로 시대와 소통할 수 있어야 한다. 교회가 세상과 소통하려면 하나님을 사랑하듯, 세상을 사랑해야 한다. 하나님을 귀하게 대하듯, 세상도 귀하게 대해야 한다. 세상을 정복할 대상으로 보지 않고 협력 파트너로 바라봐야 한다. 그러면 영적인 정복은 저절로 이루어진다.

교회는 세상의 변화를 바라만 보지 않아야 한다. 세상의 변화만 따라가지 않아야 한다. 작금의 교회는 어떻게 성경에 입각한 교회의 모습을 담아낸 변화를 이끌 것인가를 모색해야 한다.

21세기의 세상은 너무 급격하고 빠르게 변화한다. 교회는 급격하지 않을지라도 세상과 큰 격차는 보이지 않은 채 변화해야 한다. 그리고 시대를 읽고 시대를 담아내야 한다.

시대를 성경에 근거해 제대로 읽어야 소통이 가능해진다

시대마다 소통하는 방식이 다르다. 교회가 이전에는 일방적인 선포로도 소통할 수 있었다. 그래도 교회가 희망이었기에 사람들이 교회에 물밀듯 밀려왔다. 이제는 다르다. 사람들은 이제 교회가 이 사회에 적합한가 하는 경계와 의심의 눈길을 보낸다. 시대에 맞지 않은 소통을 한 결과이다.

교회는 세상과의 소통 방식을 바꾸어야 한다. 우리의 패를 보여 주고

떠들면 안 된다. 우리의 패는 보여 주지 않고 그들과 대화해야 한다. 세상은 교회가 접근하면 전도하려고 한다고 패를 금방 읽는다. 지금은 그런 방식으론 안 된다. 교회가 가진 최상의 장점인 사랑을 세상에 묵묵히 보여 주어야 한다. 세상이 감동할 때까지 사랑을 드러내야 한다.

교회는 소통하려 하지 않고 말하려 한다. 말하기와 대화는 소통 방식이 딴판이다. 말하기는 'Speaking'으로, 국어사전는 이것을 "자기의 의사 생각. 느낌. 의견 를 상대편이 알아들을 수 있도록 말로 표현하는 일이다"라고 정의한다. 대화는 영어로 'talk about conversation'으로, "마주 대하여 이야기를 주고받는 것"이라고 한다.

교회는 성경에 근거해 세상과 소통해야 한다. 소통은 말하기가 아니라 대화하기다. 교회가 대화하려면 먼저 경청해야 한다. 경청한 뒤 세상과 이런저런 주제로 '커뮤니케이션' communication해야 한다.

말하기와 대화하기는 소통하는 방식에도 차이가 크다. 교회의 소통은 시대에 따라 그 방식을 다르게 해야 한다. 즉, 산업화 사회와 정보화 사회의 소통 방식이 달라야 한다.

지금은 인공지능 시대다. 교회는 인공지능 시대에 맞는 소통 방식을 갖춰야 한다. 인공지능 시대의 소통 방식은 사람 이전에 인공지능과 먼저 대화하는 것으로 바뀌었다.

얼마 전 인터넷이 되지 않아 통신사에 전화하니 사람이 받지 않고 인공지능인 AI가 받는다. AI가 대화자와 소통을 시작한다. 기초적인 소통은 AI로 충분할 정도다. 사람과의 대화가 필요할 때는 AI가 통신 회사 직원과 대화할 수 있도록 연결해 준다. 보험회사 등에서도 사람이 전화를 걸지 않는다. AI가 먼저 전화한 뒤 사람과 소통이 필요하다고 생각되면 연결해 준다.

제4차 산업혁명 시대에 우리 속을 파고든 것 중 하나가 메타버스다. 메타버스로 인해 우리가 사는 지구촌 외에 또 다른 디지털 지구촌, 즉 '디지털 환경의 지구촌'이 되었다. 이런 디지털 환경에서도 소통이 중요하다.

인공지능 시대에는 지구촌은 물론 디지털 환경의 지구촌과의 소통도 중요하다. 우리 사회는 인공지능, 디지털 등을 활용한 말하기보다는 대화를 통한 소통이 더 중요해졌다. 이 말인즉, 사람을 통한 소통이 더 중요하다는 것이다. 인공지능 시대에는 마음과 마음이 연결되는 대화를 통해 소통이 이루어져야 한다.

교회는 세상의 소통 방식을 이해해야 한다. 교회는 대화보다는 말하기 소통 방식을 취하고 있다. 말은 많이 하지만 감정과 마음이 오가는 대화는 적다. 이런 시대에 교회는 말하기식 대화가 아니라 대화다운 대화를 통한 활발한 소통 방식을 택해야 한다. 세상과 라포가 형성된 대화로 소통해야 한다.

교회는 세상과의 소통에서 두 가지 방식을 취해야 한다. 먼저는 하나님 마음에 들게 소통해야 한다. 다음으로 세상의 마음에 들게 소통해야 한다. 교회는 하나님과의 소통에는 문제가 전혀 없다. 교회는 하나님 마음에 들게 소통한다. 어머니가 자식을 키우는 데 어머니 마음에 들게가 아니라 하나님 마음에 들게 키운다.

정채봉은 『간장종지』의 <어머니>라는 글에서 어머니는 하나님 마음에 들게 자식을 키우고 있는가 묻는다. 어머니가 하나님 마음에 들게 자식을 키우고 있다면, 그것은 하늘을 마음에 품고 있기에 가능하다고 말한다.

"어머니는 하늘을 품에 안고 있는 사람이다.
그러므로 이 땅에 사는 동안 하나님 대신 자녀를 돌보게 되는 것이다.
어머니!
당신은 당신 마음에 들게 아이를 키우고 있는가?
아니면 하나님 마음에 들게 키우고 있는가요?"[53]

교회도 어머니처럼 하나님을 마음에 품어야 한다. 목회자는 교회를 하나님의 마음에 들게 키운다. 다음으로 할 것이 있다. 목회자는 세상 마음에 들게 하나님 대신 교회를 키워야 한다. 그러려면 교회는 하나님 마음을 품어야 한다. 세상에 대해 열려 있어야 한다.

소설가 앤 나폴리타노의 『헬로 뷰티풀』에는 이런 구절이 있다.

"내 마음은 열려 있어."[54]

우리 교회는 세상과 소통할 수 있도록 마음이 열려 있어야 한다. 제4차 산업혁명 시대에는 사람과의 대화를 통한 소통 능력이 중요하다. 인공지능 시대에 교회에는 세상과의 소통 능력이 중요하다. 교회의 소통은 성경에 근거해야 한다. 그리고 세상과의 소통 능력이 있어야 한다. 교회는 세상이 마음이 들도록 소통도 할 수 있어야 한다.

교회가 세상과 소통하지 못하는 이유는 무엇인가?

교회와 세상과의 소통을 방해하는 원인이 있다. 그것은 교회 입장만 생각하는 경향이다. 삶에서도 소통이 중요하다. 소통이 안 되면 삶의 미래가 어둡다. 원하지 않는 엉뚱한 길로 갈 뿐이다. 자기 입장만 생각하면 소통 단절로 다른 사람의 삶이 불행해진다.

정유정의 소설 『영원한 천국』에는 아버지와 아들의 소통 부재로 아들이 자신이 원하지 않는 직업을 선택한 이야기가 나온다.

"나는 카이로의 람세스 힐튼호텔 로비에 앉아 있었다. 바하리야사막으로 나를 데려다 줄 기사를 기다리는 중이었다. 옆에선 아버지가 10분째 나를 설득하고 있었다. '내일 아침에 나랑 같이 홍해로 가자. 네가 좋아하는 바닷새를 실컷 보고.' 원, 별 이상한 말씀을 다. 나는 바닷새를 좋아하지 않았다. 좋아하는 사람은 아버지겠지. 아버지는 본인이 좋아하는 걸 나도 좋아한다고 착각하는 버릇이 있었다. '기사가 지금 오는 중이래요.' 너무 매정하게 들리지 않도록 나는 어조를 누그러뜨렸다. '아직 안 늦었다. 취소해.' 아버지는 늘 이런 식이었다. 대학에 갈 때, 논문 주제를 정할 때, 학위를 따고 진로를 선택할 때, 연구 분야를 결정할 때…. 덕택에 나는 좋아하지도 않는 텃새 연구자가 되었다. 본래 연구하고 싶었던 건 사막여우였는데.”[55]

아들은 아버지의 강력한 요구로 텃새 연구자가 되었다. 이것은 소통의 부재로 인한 결과다. 아버지의 일방적인 강요의 말이 빚어낸 부작용이다. 아버지는 아들에게 자신이 좋아하는 바닷새를 실컷 보러 홍해로 가자고 한다. 아들은 아버지의 말이 분명한 착각이라고 말한다. 이런 결과는 아버지와 아들 간에서 소통이 원활하지 못한 데 따른다.

교회와 세상과의 소통이 원활하지 않다. 이유 중 하나를 소설 속의 아버지에게서 찾을 수 있다. 아버지처럼 교회는 세상에게 그냥 받아들여야 마땅하다고 강요하기 때문이다.

교회는 세상과의 소통에서 우리 것만 강요하고 있지는 않은가? 교회는 세상과의 관계에서 세상이 받아들이도록 강요하는 경향이 있다. 무조건 예수님을 믿으라고 한다. 예수님을 믿을 근거인 교회로서의 책임은 보여 주지 못하면서 말이다. 그러니 세상은 교회에 대한 거부감만 커졌다. 교회는 세상이 소통하기 원할 때까지 먼저 자격을 갖추어야 한다.

사람들은 "교회는 세상과 소통하려 하지 않는다"라고 말한다. 실제로 교회는 세상과 소통하려 한다. 노력도 많이 기울인다. 하지만 세상이 느끼는 것은, 교회는 세상과 소통하지 않고 일방적으로 받아들일 것을 강요한다고 느낀다. 교회는 세상과 소통하지 않는 것이 아니라 잘 못하는 것이다.

교회가 세상과 소통을 잘 못하는 까닭은 하나님께서 세상보다 우월하다는 것을 교회가 착각하기 때문이다. 하나님은 세상보다 우월하시다. 그렇다고 교회도 세상보다 우월할까? 그렇지 않다. 세상은 교회를 수준이 낮다고 평가하고 있다.

언젠가 어떤 분이 신학교의 수준을 서울의 유명 대학교와 비교하며, 교회 지도자들의 수준을 폄하하는 것을 들은 적 있다. 과거에는 신학교를 아무나 입학할 수 없었다. 지금의 신학교는 맘만 먹으면 누구나 입학이 가능하다.

1970년대 신학대학교는 입학이 꽤 어려웠다. 1976년도 예비교사 기준으로 대학별 순위를 보면 총신대학교가 입학하기 어려운 순위인 23위이다. 그밖에 서울신학대학교가 26위, 장로회신학대학교가 32위이다. 지금도 좋은 대학교인 숙명여자대학이 22위이었고, 전북대학교, 중앙대학교, 홍익대학교 등이 그 아래 위치했다.

교회가 한국 사회 리더 중 하나가 될 수 있었던 이유 중 하나는 신학대학이 지적으로 우수한 학생이 입학할 수 있었기 때문이다.

1901년 평양에 설립한 한국장로교회의 첫 신학교인 평양신학교는 미국인 선교사인 마포삼열 Samuel A Moffett: 1864-1939 에 의해 설립되었다. 당시 한국에는 대학교가 몇 군데 있지 않았다. 당시 4년제 공부를 할 수 있다는 것은 1퍼센트 안에 들어갈 수 있는 조건이었다. 이런 것들에 비춰 봤을 때, 신학대학교의 수준 높은 학생들로 인해 한국교회는 1970년대, 1980년대, 1990년대 부흥기를 맞았다고 말할 수 있다. 이때 목회자는 세상과 소통할 수 있는 리더라고 말할 수 있다.

목회자는 한국 사회의 리더다. 리더는 다른 사람보다 넓은 안목, 깊은 사고력, 독서 능력, 세상의 다양성을 받아들이는 능력, 세상의 것을 교회화할 수 있는 능력이 있어야 한다. 그러려면 먼저 지적인 능력을 갖춰야 한다.

얼마 전, 어떤 권사님과의 대화에서 목회자나 교인들이 독서를 거의 하지 않는 것이 안타깝다는 말을 들은 적 있다. 독서를 하지 않으니 편협한 사고를 할 수밖에 없다. 교회와 맞지 않으면 정죄하기에 바쁘다. 자기 것만 최고로 여기고 다른 것은 하찮게 여기는 교조주의에 빠질 확률이 높다.

목회자에게 교조주의적인 모습을 쉽게 찾아볼 수 있다. 목회자가 세상과 소통 능력을 갖추지 않으면 독단적, 폐쇄적, 교조적, 이데올로기적 사람이 된다. 가장 무서운 것은 종교적 이데올로기를 가진 사람이다. 이런 사람이 되면 자기 말만 맞다고 주장한다.

이광주는 『교양의 탄생』에서 이를 먼저 보여 준 사람이 루터라고 말한다. 루터는 자신에 대해 이렇게 이야기했다. "나의 양심은 신의 말씀에 붙잡혀 있다." 그리고 루터는 자기 자신이 시대의 정신이며 진실이라는 확신을 갖고 행동했다.[56]

하나님은 세상의 답이다. 교회는 세상의 답이라고 목회자는 일갈한다. 그러면서 세상과 소통하려 들지 않는다. 한국교회는 세상에 답을 주는가? 목회자는 그렇다고 말할 것이다. 세상은 그렇지 않다고 답한다.

교회는 세상의 목소리에 귀를 기울이는가? 세상의 다양한 견해를 받아들일 능력이 있는가? 세상이 요구하는 질문에 답을 할 수 있는가? 교회는 세상이 요구하는 것을 받아들이고 교회 안에서 소화한 뒤 즐거운 소통을 할 수 있어야 한다.

소통은 말처럼 쉽지 않다

교회가 소통이 안 되는 이유는, 소통은 원래 안 되는 것이 정상이기 때문이다. 최재천 교수는 『숙론』에서 동물들을 연구하면서 "소통은 원래 안 되는 게 정상"이란 결론을 도출했다고 한다.

"평생 동물들의 대화를 엿듣느라 귀 기울인 연구자로서 나는 우리 사회의 소통 부재에 관해서도 나름 깊이 숙고해 왔다. 오랜 숙고 끝에 얻은 결론은 싱겁기 짝이 없는 것이었다. '소통은 원래 안 되는 게 정상'이라는 게 내가 얻은 결론이다. 우리는 너무나 쉽게 소통이란 조금만 노력하면 잘되리라 착각하며 산다. 동물행동학자들은 오랫동안 동물 소통을 상호 협력적 행동으로 이해했다. 그러나 1978년 존 크레브스와 니컬러스 데이비스는 『행동생태학: 진화적 접근』(*Behavioral Ecology: An Evolutionary Approach*)에서 소통을 기본적으로 송신자(sender)가 수신자(receiver)를 조종하려는 의도적 행위로 규정하며 전혀 새로운 관점을 제시했다. 소통은 협력이 아니라 밀당의 과정이다. 그렇다면 소통은 당연히 일방적 전달이나 지시가 아니라 지난한 숙론과 타협의 과정을 거쳐 얻어지는 결과물이다."[57]

그는 "소통은 원래 안 되는 게 정상"이라는 싱겁기 짝이 없는 결론을 내린다. 교회도 세상과 소통이 안 되는 게 정상인가? 교회가 하나님과는 소통을 잘한다. 하지만 세상과의 소통보다만 잘 할 뿐이다.

하나님께서 이스라엘을 책망하신다. 하나님은 이스라엘에게 순종하지 않으면 뽑아 버리겠다고 하신다.

'그들이 순종하지 아니하면 내가 반드시 그 나라를 뽑으리라 뽑아 멸하리라 여호와의 말씀이니라'(렘 12:17).

교회도 하나님과 소통을 잘한다고 말하기 곤란하다. 그렇다고 세상과 소통을 잘하는가? 세상과도 소통을 잘한다고 말하기 어렵다. 교회가 소통을 못 하는 것은 어차피 세상과 세계관이 다르기 때문인가? 그런 것도 있지만 교회가 세상을 품을 만한 여력이 없기 때문이다.

최재천 교수는 『숙론』에서 소통이 잘되는 것은 신기한 일이라고 한다.

"거듭 강조하지만 소통은 원래 안 되는 게 정상이다. 잘되면 신기한 일이다. 소통이 당연히 잘되리라 착각하기 때문에 불통에 불평을 쏟아내는 것이다. 소통은 안 되는 게 정상이라 해도 우리가 하는 거의 모든 일의 어느 순간에는 반드시 소통이 필요하다는 데 문제가 있다. 일찍이 아리스토텔레스가 우리를 가리켜 사회적 동물이라고 규정했다. 소통은 아무리 어렵더라도 반드시 이뤄 내야 한다. 힘들어도 끝까지, 될 때까지 열심히 최선의 노력을 다해야 한다. 이제 우리 사회가 숙론을 통한 소통을 배워야 할 때다."[58]

소통은 원래 잘 안 되는 것이기에 숙론을 통해 소통해야 한다고 말한다. 그는 누가 옳은가가 아니라 무엇이 옳은가를 찾으라고 말한다.

교회는 세상과 소통할 때 교회가 늘 옳다고 한다. 세상과 소통하려면 교회가 늘 옳다가 아니라 무엇이, 어떤 것이 옳은가로 바꿔 소통해야 한다. 최재천 교수는 어떤 것이 옳은가로 바꿔 소통하는 것이 제대로 된 대화라고 한다.

교회는 세상과 대화를 한 번이라도 제대로 한 다음 소통의 여부를 따져야 한다. 그리고 세상과 제대로 할 수 있는 소통의 방법을 찾아야 한다. '교회가 옳은가, 세상이 옳은가?'가 아니라 예수님의 사랑이 제대로 된 세상 사랑 방식임을 부각시켜야 한다.

교회가 소통다운 소통을 하려면 하나님의 마음, 곧 사랑을 장착해야 한다. 톨스토이의 『사람은 무엇으로 사는가』에서는 하나님께서 사람들 속에 무엇이 있는지 알아내라고 한다. 알아낸 것은 다름 아닌 '사랑'이었다.

"난 사람들 속에 사랑이 있다는 걸 깨달았어요."[59]

예수님 안에 사랑이 있음을 말하고, 교회 안의 사랑을 세상에 보여주면 제대로 된 대화를 시작할 수 있다. 제대로 된 소통이 가능해진다.

교회는 '팬 퍼스트' 시대에 맞게 소통해야 한다

세상은 바야흐로 '팬 퍼스트'의 시대라고 한다. 한국 축구대표팀도 클럽축구와 마찬가지로 팬들의 소비에 의해 가치를 높이고 유지하는 상품이 된 지 오래다. 팬이 있어야 축구가 존재한다.

대한축구협회는 팬과 소통이 되지 않고 있다. 회장인 정몽규는 4번째 연임을 하려고만 한다. 지금이 팬 퍼스트 시대인 것을 명백하게 보여 준 사건이 있다. 2024년 서울월드컵경기장에서 열린 2026 북중미 월드컵 아시아 3차 예선 B조 1차전에서 팔레스타인 96위과의 경기에서 였다. 팬들은 "대한민국!"을 외치지 않고 "정몽규 나가!"를 외쳤다. 팬 퍼스트를 무시하고 홍명보 감독을 국가대표팀 감독으로 선임하자 팬들이 보인 반응이다.

기업도 상품을 판매하려면 소비자에게 신뢰를 얻어야 한다. 기업을 소비자가 믿을 수 있는 상품으로 만들어야 한다. 소비자는 신뢰할 수 있는 상품을 계속 찾는다. 하지만 홍보와 다른 제품이라면 등을 돌린다.

정몽규 회장이 잘못이 있다면 공개적으로 사과하고 문제점을 진단한 뒤 고쳐야 한다. 그것이 팬 퍼스트 시대의 리더의 자세다. 하지만 정 회장은 5개월이 넘게 눈과 귀를 닫고 있다. 오히려 그동안 자신의 회사를 KFA 공식 파트너사로 들였다. 사실상 무주공산이나 다름없던 아시아축구연맹 AFC 집행위원으로 선출되었다. 소통이 없는 리더는 이제 더 이상 팬들의 신임을 받을 수 없다. 그의 위치는 오래 지속되기도 힘들다.

개인도 팬 퍼스트 시대에 맞게 살아야 한다. 소통은 다른 사람과만 하지 않는다. 자신 안에서도 소통해야 한다.

'토스트 아웃' Toast out이란 말이 있다. 토스트 아웃은 겉보기엔 아무 문제가 없지만 피로감·무기력함에 빠진 상태다. 토스트 아웃은 극도의 신체적·정신적 피로 상태에 빠져 모든 에너지가 방전된 '번아웃' Burnout: 탈진증후군의 전조 증상으로, 감정적 탈진 상태라고도 불린다. 토스트 아웃 상태가 된 것은 자신의 내면 목소리에 귀를 기울이지 않았기 때문이다.

개인도 팬 퍼스트 시대에 지역사회에 존재해야 한다. 동시에 교회는 팬 퍼스트 시대에 맞게 세상과 소통할 수 있는 능력을 갖춰야 한다. 교회가 추락하는 이유가 교회의 성장과 부흥에 있어 토스트 아웃에 걸렸기 때문은 아닌지 체크해야 한다. 늘 교회 입장만 생각하지 말고 교회 밖인 세상을 더 주시해야 한다.

세상은 교회가 공공성의 역할을 하는가 늘 체크한다. 이것이 교회가 세상의 기준에 부합되는 공공성 회복에 경주해야 하는 이유다. 그러려면 교회는 팬 퍼스트 시대의 소통 방법을 고민하고 숙론해야 한다.

4 창의적 교회

교회는 창의적 교회여야 한다

도로시 세이어즈는 『창조자의 정신』에서 이렇게 말한다.

"'하나님이 천지를 창조하셨다!' 하나님과 인간의 공통된 특징은 '무엇인가를 만들려는 욕망과 능력'이다."[60]

하나님과 인간의 공통된 특징이 무엇인가를 만들려는 욕망과 능력이라면, 하나님의 창조적 정신은 이미 인간에게 내재되어 있다. 그렇다면, 교회는 창의적인가?

창의적이어야 하는 교회는 창의적이지 않다. 따라쟁이라고 정의할 수 있다. 창의성의 시대에 교회는 세상을 따라하지만 말고 창의적이어야 한다.

창조적인 교회가 되지 않으면 교회에는 희망이 없다. 지금보다 못한 교회가 될 것이다. 마찬가지로 세상이 창의적이지 않으면 희망이 없다. 그런 세상은 서서히 사라진다.

박주용은 『미래는 생성되지 않는다』에서 "인류가 창의성이 없다면 지금보다 못한 세상이 된다"고 한다.

"어느 날 인간의 모든 창의성이 사라진다면 우리는 어떠한 모습이 될까? 지금보다 나은 미래를 기대할 수 없는 현실을 생각하며 암울해질 것이다. 잘해야 겨우 오늘과 똑같을 내일, 자칫 잘못하면 그보다도 훨씬 못한 내일이 기다릴 테니까. 전 인류가 불임이 되어 서서히 멸종을 향해 가는 미래를 그린 영화 <칠드런 오브맨>(Children of Men, 2006)의 우울하고 차가운 분위기가 떠오르기도 한다. 동물들조차 똑같은 자극이 반복되면 싫증을 내며 새로운 것을 찾아 나서는데, 문명을 더 이상 발전시킬 수 없게 된 인간의 슬픔은 오죽하겠는가?"[61]

창의성이 없으면 문명이 발전되지 못한다. 세상은 하나님의 창의성으로 우리가 살고 있는 지구가 되었고, 우주가 되었다. 하나님이 창의성의 하나님인데 교회가 창의적이어야 하는 것은 당연하다.
김애란의 소설 『이중 하나는 거짓말』에 이런 문장이 있다.

"꿈에서 깨는 기분은 늘 좋지 않다."[62]

그녀는 꿈에서 깨는 기분은 늘 좋지 않다고 한다. 꿈에서 깨는 것만 좋지 않은가? 추락하고 있는 한국교회도 좋지 않다. 추락을 멈추게 하는 것은 교회의 영성이다. 그것도 창의적 영성이다.

교회에 창의성이 없으면 진짜 좋지 않다. 창의성이 없으면 구태의연한 방식만 답습한다. 교회의 창의성은 다른 것이 아니라 목회자의 설교, 교회의 운영, 목회자의 사역, 교인들의 생각 등도 창의적이어야 한다. 교회가 구태의연한 방식만 답습하면 세상에 점점 더 뒤처진다.

교회의 창의성이 세상보다 못하면 세상을 하나님의 나라로 만들려고 할 때마다 큰 벽에 부딪힌다. 교회가 세상을 하나님의 나라로 만들려면 하나님처럼 교회도 세상보다는 창의적이어야 한다.

하나님께서는 창의적이셨다. 그렇다면 교회도 창의적이어야 한다. 대한민국은 창의적이고자 무던히 노력 중이다. 우리나라가 최빈국에서 선진국으로 진입할 수 있었던 것은 창의성이 뒷받침되었기 때문이다.

나라마다 인재를 필요로 한다. 인재란 다름 아닌 창의적인 사람이다. 최재천 교수도 『숙론』에서 미래 사회가 원하는 인재는 단연코 '창의적인 인재'라고 한다.

"굳이 4차 산업혁명을 들먹이지 않더라도 미래 사회가 원하는 인재는 단순히 학력이나 스펙이 좋은 인재가 아니라 단연코 창의적인 인재다. 후진국에서 선진국으로 도약하기 위해 이른바 추격자(fast follower) 전략으로 무장하고 일하던 시절에는 다소 순종적이더라도 성실하고 열정적인 학생들을 양산해야 했다. 그 시절에는 콩나물시루 같은 교실 환경, 학생 인권 부재, 경쟁 일변도의 시험제도 등은 그저 감내해야 할 필요악 정도로 받아들였다. 2014년에 출간된 교육학자 이혜정 박사의 『서울대에서는 누가 'A'를 받는가』에는 충격적 조사 결과들이 나온다. '나의 비판적 사고력이 수용적 사고력보다 높은가 낮은가'라고 물은 조사에서 전체 1,111명의 응답자 중 '높다'고 답한 학생은 28.2퍼센트에 불과한 반면, 낮다고 답한 학생은 무려 64.2퍼센트에 달했다. 창의적 사고력과 수용적 사고력을 비교해 달라는 질문에서는 전체 1,110명의 응답자 중 창의적 사고력이 더 높다고 답한 학생은 불과 23.3퍼센트였고, 낮다고 답한 학생은 69.9퍼센트였다. 더욱 충격적인 점은 학점이 높은 학생일수록 비판적 사고력과 창의적 사고력이 수용적 사고력보다 낮다고 답한 비율이 월등하게 높다는 사실이었다. 서울대에서 4.3 만점에 4.0 이상의 학점을 받은 최우등생들은 거의 예외 없이 스스로를 비판적이고 창의적인 인재가 아니라 지극히 수용적이고 기껏해야 성실한 인재쯤으로 자평한다."[63]

성실한 인재로는 안 된다. 교회에도 성실한 인재는 차고 넘친다. 창의적인 인재를 찾아보기 어렵다. 교회가 추락에서 성숙으로 방향을 잡으려면 창의적인 목회자와 교인이 있어야 한다. 지금 찾기 어렵다면 교회가 길러내야 한다.

교회에는 창의적 인재가 많아야 한다. 그리고 교회가 창의적이어야 한다. 교회의 미래는 창의성에 달려 있다. 애덤 스미스는 "국가 부富의 진정한 원천은 국민들의 창의적 상상력에 있다"라고 했다.

국가의 현재와 미래도 창의성이 결정한다. 교회의 현재와 미래도 창의성에 의해 결정된다. 하나님의 창의성이 기독교가 세계 최대 종교가 될 수 있게 했다. 마찬가지로 교회가 이 시대를 앞에서 이끌려면 교회가 다른 조직보다 창의적이어야 한다.

창의력은 연결 능력에서 나온다

교회는 창의적이어야 한다. 교회에는 창의적 인재가 많아야 한다. 그러면 '창의성이란 무엇인가?'란 문제가 대두된다. 스티브 잡스는 "창의성은 연결이다"라고 정의한다. 그는 알고 있는 것을 연결하는 것이 창의성이라고 한다.

한 발 더 나간 요한 하리는 『도둑맞은 집중력』에서 창의력에 관해 다음과 같이 서술한다.

"창의력은 이미 그곳에 있었던 두 가지를 새롭게 연결하는 거예요."[64]

창의력은 딴생각으로의 연결이라고 한다. 퀘벡 몬트리올에 있는 맥길대학의 신경학 및 신경외과 교수인 네이선 스프렝 Nathan Spreng은

"창의력은 뇌에서 새로운 무언가가 등장하는 것이 아니"라고 말한다. 네이선은 창의력을 딴생각으로의 연결이라고 정의한다.

"생각이 꼬리를 물고 더욱 활짝 펼쳐지게 하고, 이를 통해 더 많은 연결이 이뤄진다. 계속 자신이 풀고자 했던 수학 문제에만 초점을 두었거나 정신이 완전히 산만했다면 앙리 푸앵카레는 해결책을 떠올리지 못했을 것이다. 그가 답을 떠올리는 데는 딴생각이 필요했다."[65]

즉, 딴생각으로 이미 그곳에 있었던 두 가지를 새롭게 연결하는 것이다.

우리가 할 것은 생각들을 연결하는 것이다. 생각은 연결을 통해 발생하기 때문이다. 허정원은 『생각의 공간』에서 생각은 연결을 통해 발생한다고 말한다.

"모든 생각은 연결되어 있다. 일과 삶과 사생활의 분리는 자연스러움을 보이지만, 생각의 공간에는 경계가 없다. 창의성의 발현은 이런 경계 또는 공간에서 생각들이 연결되며 일어난다."[66]

교회가 창의성을 발휘하려면 신학 외에 연결할 수 있는 어떤 것을 받아들여야 한다. 이미 있는 신학과 성경에 새로운 회로인 인문학 등을 연결해야 한다.

창의력은 다양성에서 나온다

창의력은 연결에서 나온다. 그리고 창의력은 다양성에서 나온다. 창의성의 용어 정의는 이렇다.

"창의성은 새로운 생각이나 개념을 발견하거나 기존에 있던 생각이나 개념들을 조합하여 새로이 생각해 내는 특성이다."

새로이 생각해 내려면 다른 것, 즉 다양성이 전제되어야 한다. 다양성으로 무장해 창의력을 발휘하면 차별화를 가져올 수 있다. 한국은 서양과 동양을 잘 버무리는 나라이다. 우리나라를 대표하는 음식은 비빔밥이다. 비빔밥은 다양한 재료를 사용해 만든다.

다양성을 받아들인 결과, 한국은 선진국을 추격하는 나라에서 다른 나라들을 이끄는 선도자가 될 수 있었다. 2021년 7월 2일 스위스 제네바에서 열린 제68차 유엔무역개발회의UNCTAD United Nations Conference on Trade and Development 에서는 우리나라를 개발도상국에서 선진국으로 상향한다고 발표했다. 개발도상국에서 선진국으로 지위가 상승한 것은 유엔무역개발회의가 설립된 1964년 이래 최초이자 국제 사회가 우리나라를 선진국으로 인정한다는 공식 선언이었다. 이제 우리는 더 이상 추격자Fast Follower 가 아니라 선도자First Mover 다.

선도자가 되려면 창의력을 갖춰야 한다. 다양성을 근간으로 만들어진 창의력 말이다. 창의력 있는 나라가 되려면 교육이 바뀌어야 한다.

최재천 교수는 『숙론』에서 개발도상국의 교육으로는 선도 국가의 지위를 유지할 수 없다며 잣대의 다양성에 대해 언급한다.

"개발도상국의 교육으로는 선도 국가의 지위를 유지할 수 없다. 그러나 대한민국의 교육제도와 현실은 개발도상국 사고방식에서 한 치도 벗어나지 못하고 있다. 미래는 창의성을 갈망하건만 학교에 가면 갈수록 창의력이 고갈되는 우리 교육의 역설과 모순을 어떻게 받아들여야 하나? 놀이터에서 천방지축 뛰놀던 우리 아이들이 학교라는 거푸집을 거쳐 나오면 잘 깎여 한데 묶인 연필 자루들이 된다. 차이라고는 연필의 길이와 뾰족하거나 뭉툭한 정도일 뿐 놀랄 만치 균일한 제품들로 다듬어진다. 집단 창의성(collective creativity)은 다양성에서 나온다. 하나의 잣대로 모든 걸 재는 상황에서는 다양성을 기대하기 어렵다. 잣대가 다양해야 창의성이 돋아난다."[67]

한국교회는 교육을 강조한다. 그러나 성경 암기 교육에 머무르고 있다. 교회는 성경 외에는 다른 것을 받아들이는 데 거부감이 크다. 다양성을 이루지 못하니 창의력이 발휘될 수 없다.

해외를 가면 머리가 그 나라에 맞게 새롭게 세팅이 된다. 다른 것,

즉 다양성을 받아들이는 순간 창의적인 머리가 된다. 그러므로 교회는 성경 안에서라는 한계는 분명하겠지만 성경 안에서 다양성을 받아들여 창의력이 있어야 한다.

창의력은 남과 조금 다른 것이다

KAIST 교수인 박주용은 『미래는 생성되지 않는다』에서 창의성을 고민하다가 베토벤의 창의성을 알게 되었다고 말한다.

"창의성의 의미를 고민하다 베토벤이 남긴 말들을 찾아보니, 베토벤은 창작과 창의성에 대해 상당히 신비주의적인 인식을 갖고 있었다는 인상을 받았다. 베토벤에게 음악이란 '모든 인류의 지혜와 철학보다 높은 차원의 진실을 보여 주는 것'이었고, 공기의 떨림은 '인간의 영혼 속으로 말을 하고 있는 신의 숨결'이었기에 그는 음악가의 역할이 '신의 목소리를 듣고 입술을 읽어 그를 찬양하는 신의 자식들이 태어나게 하는' 것이라고 말했다. 창작의 과정을 설명해 달라는 요청에는 '주변에 으르렁거리고 폭풍우처럼 몰아치는 영감들이 내 손끝에서 비로소 악보에 기록되는 과정'이라고 답했다고 한다."[68]

베토벤이 악성이 된 것은 창의성 때문에 가능했다. 창의성이 그를 최고의 음악가로 만들었다. 당시 예수님의 설교는 창의적이었다. 누구도 사용하지 않은 비유 설교로 청중을 예수님 앞으로 끌어당겼다. 교회가 사회를 선도하려면 창의적이어야 한다. 창의적이란 말에는 앞서간다는 의미가 포함된다. 앞서가는 것은 남과 다르기에 가능하다. 교회가 세상과 다른 생각을 하면 창의적으로 된다.

최근에 소설 한 권을 읽었다. 김애란의 『이중 하나는 거짓말』이다. 이 소설에는 생각해 보지 못한 창의적인 생각이 담겨 있다. 주인공 채운은 2년 전 전학 갔을 때 선생님이 한 말을 떠올린다. 선생님은 전학 온 채운에서 자기소개를 하라고 한다. 자기소개를 할 때는 다섯 문장을 말해야 한다. 그 문장들은 나와 연결되어 있어야 하고, 네 개만 진실이어야 한다. 네 개 중 하나는 거짓말이 있어야 하는데, 이를 친구들이 추측해서 맞춰야 한다. 그 내용은 다음과 같다.

"그날 담임은 칠판에 전입생의 이름을 쓴 뒤 그애에게 자기소개를 해보라고 했다. 담임이 반 아이들에게 알려 준 건 그애의 출신 지역과 전입 사유가 전부였다. 담임 말로는 갑자기 운동을 관두게 되어서 라는데 강제 전학인지 아닌지 알 수 없었다. 가끔 그런 친구들이 있었다. 새 도화지 사듯 학교를 갈아 치우는, 그리고 관심과 의구심을 품은 채 전입생을 바라봤다. 담임은 전입생에게 구체적인 자기소개를 주문하며 '대신 규칙이 있는데 지금부터 선생님이 하는 말을 잘 듣고 따라줘'라고 했다.

– 너희는 이미 해 봐서 알지?

아이들이 활달한 듯 무성의한 '네' 소리를 냈다.

– 규칙은 간단해.

담임이 여유로운 태도로 주위를 둘러봤다.

– 다섯 문장으로 자기를 소개하면 되는데, 그중 하나에는 반드시 거짓 말이 들어가야 해. 소개가 끝나면 다른 친구들이 어떤 게 거짓인지 알아 맞힐 거고. 그럼 나머지 네 개는 자연스레 참이 되겠지? 선생님 말 이해 했어?

전입생이 난처한 미소를 짓자 담임은 그럴 줄 알았다는 듯 노트북을 열고는 허리 숙여 마우스를 딸각였다. 곧이어 칠판 옆 대형 모니터에 단 정한 문구가 떴다.

이 중 하나는 거짓말."[69]

전학을 온 아이는 자기소개를 할 때 거짓말이 아닌 정직하게 말해 야 한다. 김애란 작가는 남과 조금 다른 생각으로 창의성이 무엇인가 를 보여 준다.

교회는 남과 조금 다른가? 과거 교회는 세상과 달랐다. 세상이 생 각하기 어렵지만 창의적인 사역을 많이 했다. 지금 교회는 세상과 다 르지 않다. 도리어 세상보다 못하다. 교회는 세상보다 더 창의적인 사 역을 할 수 있도록 역량을 길러야 한다.

창의적인 목회자가 되어야 한다

목회자는 창의력을 요구하는 시대에 창의적인 목회자여야 한다. 대한민국은 추격자를 벗어나 선도자로 나아가고 있다. 교회는 추격자에 머물고 있다. 추격자를 벗어나 선도자가 되려면 '신독'愼獨을 할 수 있어야 한다. 신독은 '스스로의 인격 완성'을 꾀하는 것이다.

목회자에겐 자신의 인격과 영성의 완성을 위해 신독의 시간이 필요하다. 신독이 안 되면 홀로 있는 시간이라도 가져야 한다. 최재천 교수는 『숙론』에서 25년 동안 줄잡아 국문 저서 50권과 역서 20권 출간을 가능하게 한 것은 '혼자 있음'이라고 말한다.

"나는 해가 떨어지면 거의 외부 활동을 하지 않는다. 그래서 내게 강연을 요청하는 곳에서는 애써 낮에 일정을 잡는다. 나는 종종 대한민국 남성들의 생산성 저하는 '밤무대 때문이다'라는 우스갯소리를 한다. 애꿎은 회식과 이어지는 술자리로 인해 저녁 시간을 허송하는 것은 물론, 이튿날에도 숙취로 인해 제대로 기능하지 못하는 일이 허다하다. 직접 쓰거나 편집한 영문 서적 일곱 권을 비롯해 나는 1999년부터 2024년까지 25년 동안 줄잡아 국문 저서 50권과 역서 20권을 출간했다. 이른바 '밤무대'를 뛰었으면 절대로 해낼 수 있는 일의 양이 아니라고 생각한다. 개인적인 창의성은 주로 홀로 있으며 몰입할 때 나타난다. 황동규 시인은 외로움과 '홀로움'을 구별한다. 그는 '홀로움'을 '환해진 외로움'이라고 묘사한다. 스스로 선택한 혼자 있음은 사무치는 외로움이 아니라 혼자서도 충만한 '홀로움'이다. '홀로움'은 말하자면 '자발적 외로움'이다. 자발적이고 철저한 자기 시간 확보가 창의성과 생산성을 담보한다.

　시간 관리에 관한 한 나만의 독특한 노하우를 하나 더 갖고 있다. 나의 조금은 남다른 생산성은 스스로 '홀로움'을 추구하는 시간 관리 외에도 '미리 하기'에 기인하는 바가 크다."[70]

　목회자가 창의적이려면 '자발적 외로움'의 시간을 가져야 한다. '자발적 외로움'을 택해 살아간다. 사람 만나는 것을 즐겨하지 않는다. 자발적 외로움이 지금의 모습으로 만들었음을 알기에 그러하다. 홀로 카페, 홀로 책을 쓰는 여행을 즐긴다. 여행을 가는 것도 주로 홀로 간다. 누군가와 함께하면 창의적이고 생산적인 사역을 준비하기 어렵다.

　창의적인 목회자는 자기만의 시간을 확보한 사람이다. 자신의 성장과 성숙을 위한 시간 갖기를 즐긴다. 그러나 목회자들은 혼자 있는 시간 갖기를 힘들어한다. 이단 교주도 사람들을 자기 조직으로 끌어들이고 강단에 서기 위해 스스로를 가두며 홀로 있는 시간을 갖는다고 한다. 하나님의 진리를 맡은 목회자가 홀로 있는 시간을 갖지 못하면 창의성이 더 많이 요구되는 작금에는 선도자 교회가 아니라 추격하는 교회에 머물 수밖에 없다. 세상의 유행과 풍조를 따라갈 수밖에 없다.

목회자는 자발적 외로움을 추구해야 한다. 자발적 외로움을 추구할지라도 '스몸비'로 살아가면 안 된다. 스몸비는 '스마트폰 좀비' Smartphone Zombie의 약칭이다. 스몸비는 주변을 살피지 않고 길을 걷는 사람들을 이르는 말이다. 주로 스마트폰만 쳐다보며 주위에 집중하지 않고 느리게 걷는 보행자를 뜻한다. 산만한 보행자는 사고를 유발하기 때문에 이들은 주요한 안전에 대한 위협으로 보고되고 있다.

목회자도 유튜브, 틱톡 등 스몸비로 살아가는 사람이 많다. 스마트폰 중독의 위험성을 외치지만 책과 담을 쌓은 목회자가 많다. 이런 목회자로부터 창의적인 교회를 기대하기 어렵다.

목회자는 사고가 신학적 사고로 매몰되기 쉬운 상황에 처해 있다. 목회자는 신학적 사고에만 매몰되지 않도록 주의해야 한다.

박현정은 『창의성의 결정적 순간 33가지』에서 이렇게 말한다.

"우리 인지는 갖춤새 효과(Mental Set)가 있어 같은 사고를 반복하다 보면 사고가 매몰되어 고착되어 버린다."[71]

신학만 공부함으로 동일한 사고를 하기 쉬운 목회자는 고착된 사고를 하지 않기 위해 이질적인 것들과 접촉할 기회를 잡아야 한다.

목회자는 K-팝이 걸어온 길을 걸어 창의적인 목회자가 돼야 한다.

박현정은 『창의성의 결정적 순간 33가지』에서 팝과 결합한 K-팝의 창의성에 대해 말한다.

"어렸을 때부터 Pop을 즐겼는데 언제부턴가 Pop이 아니라 K-Pop이 세계적인 것이 되었다. Pop과 결합한 K-Pop이 믿을 수 없을 만큼의 세계적인 인기를 구가하고 있는 것이다. 이는 오리지널 팝에 한국적인 고유의 것을 결합하여 표현함으로써 오리지널 팝에 없는 탁월한 개성을 표현했기 때문이다."[72]

창의적인 목회자는 신학적인 것에 인문학을 융합해 탁월한 우리만의 것을 세상에 보여 주어야 한다. 목회자가 창의적이지 않으면 교조주의에 빠진다.

레터럴 리더십으로 창의성의 무대를 만들어야 한다

교회를 말할 때 주로 쓰는 용어가 있다. '하나님 나라의 파수꾼', '하나님의 교회', '복음 전도의 선봉' 등이다. 이런 용어들이 빛을 발하려면 교회가 창의적이어서 세상이 교회를 다르게 볼 때 가능하다.

세상은 이미 창의성을 중요하게 여긴다. 회사에서는 창의성이 핵심 요소가 되었다.

김범준은 『예쁘게 말하는 네가 좋다』에서 제프 베이조스 Jeff Bezos 의 일화를 소개한다. 2021년 2월, 그는 아마존의 CEO직을 사퇴하면서 구성원에게 이메일 보내는 것으로 업무를 끝냈다. 그가 그 이메일을 통해 구성원들에게 마지막으로 요청한 것은 세 가지다. 그 세 가지는 독창성, 창의성의 지속적인 발휘다. 다음은 그가 보낸 이메일의 일부이다.

"오늘날 우리는 130만 명의 재능 있고 헌신적인 임직원을 고용하고 있고, 수억 명의 고객과 회원사를 위해 일하고 있으며, 세계에서 가장 성공한 기업 중 하나로 널리 인정을 받고 있습니다. 이게 어떻게 가능했던 것일까요? 독창성 덕이죠. 독창성이야말로 우리 성공의 근간입니다. 남들이 보면 미친 짓을 우린 함께했고, 그걸 정상으로 만들어냈죠. (중략) 아마존처럼 훌륭한 창의력 실적을 보유한 기업을 저는 모릅니다. 이 순간에도 우리가 가장 독창적이라고 생각해요. 우리의 이런 창의력을 나처럼 자랑스러워하길 바랍니다. 당연히 그래야 마땅하거든요."[73]

제프 베이조스가 아마존의 CEO직을 사퇴하면서 구성원에게 재차 강조한 것은 창의성이다. 이에 설교자들을 가르칠 때 매번 '낯설게'를 강조한다. 설교가 매번 창의적이지 않으면 교인들이 하나님의 자녀로 사는 데 한계가 뚜렷해지기 때문이다.

한국교회 리더 중 창의성을 말하는 사람이 많지 않은 것 같다. 교회는 하나님처럼 창의적이어야 한다. 목회도 창의적이어야 한다. 목회가 창의적이려면 연구, 고민, 기도해야 한다. 특히, 많은 세상의 사례를 들여다봐야 한다.

세상은 시간이 흐르고, 해가 바뀌면서 업그레이드된다. 사람들의 지력, 교양, 삶의 방법 등이 업그레이드된다. 교회도 업그레이드돼야 한다. 한국교회만의 특징을 살린 창의적인 목회로 업그레이드돼야 한다.

교회가 창의적이려면 목회자가 업그레이드돼야 한다. 또한, 목회자의 리더십이 바뀌어야 한다. 교회는 섬김의 리더십을 강조한다. 하지만 교회에서 드러나는 리더십은 종적인 리더십이다. 교회가 창의성을 발휘하려면 종적인 리더십에서 횡적인 리더십으로 변해야 한다. 이를 레터럴 리더십 lateral leadership 이라고 한다. 『최재천의 곤충사회』에서는 "레터럴 리더십에서 오히려 창의성이 발휘된다"[74]고 한다.

요즘은 기업도 이런 리더십을 장려하려고 굉장히 애를 쓴단다. 최재천 교수는 이 리더십 활용에 대해 다음과 같이 말한다.

"자연에 널려 있는 아이디어들은 이미 오랜 세월 동안 자연 선택의 혹독한 검증을 거쳤으며, 더욱 신나는 것은 거저라는 점이다."[75]

교회는 레터럴 리더십을 발휘하고 있는가? 2024년 로잔대회 중 하나가 대형 교회 일변도로 진행되었다고 한다. 레터럴 리더십이 아니라 종적인 리더십이다. 레터럴 리더십은 홀로가 아니라 함께함으로 발휘된다. 큰 교회와 작은 교회가 함께해야 한다.

교회의 리더십은 담임목사, 당회의 종적인 리더십이다. 이런 리더십에서 나오는 것은 결국 말도 많고 탈도 많아질 뿐이다.

다른 사람과 함께함으로 얻어지는 레터럴 리더십이 발휘되려면 목회자가 인격과 지성을 넓혀야 한다. 창의성은 '지성'의 활동성이 어느 정도 위치에 도달함으로 발휘된다. 창의성은 지적인 호기심과 탐구심이 뒷받침돼야 한다.

2부
2025년
전망

1장
Leadership Ministry
리더십이 탁월한 목회가 절실하다

1 리더십 교체를 고민한다

리더십 바통 터치는 영광스런 계주여야 한다

최근 한국교회는 영적 리더십 바통 터치 문제로 무너짐을 계속 경험한다. 지난 몇 년 동안 개교회가 한 교단을 망가뜨리기도 했다. 최근에도 리더십 문제로 한 초대형 교회가 어려움을 겪었다. 그 원인이 뭘까? 아마도 장거리 계주를 단거리 경주처럼 생각하기 때문이 아닐까?

마라톤을 100미터 달리기하듯 하는 사람은 없다. 완주하지 못할 것이기 때문이다. 목회와 리더십 바통 터치는 단거리 경주가 아닌 장거리 계주와 같다.

단거리 경주는 개인기에 의존한다. 독주에 가깝다. 교회의 장거리 계주는 공동체에 기초한다. 합주에 가깝다. 장거리 계주는 혼자만 잘해서는 안 된다. 함께 잘해야 한다. 각자가 자기에게 주어진 구간을 최선을 다해 달리고 바통을 다음 주자에게 잘 물려주어야 한다.

한국교회 초창기 영적 선배들의 영적 계주는 고난을 두려워하지 않는 계주였다. 그들은 명예로운 은퇴를 했다. 그분들에게 있어 예수님을 믿는다는 것은 죽음을 의미하기도 했다.

그 뒤를 이은 분들의 계주는 화려했다. 세계에서 가장 큰 교회들이 한국에 우뚝 세워졌다. 영광스러운 계주였다. 문제는 화려한 건물이 세워지면서 바벨탑을 쌓기 시작한 것이다. 하나님 한 분만이 왕이셔야 하는데 화려한 예배당 건물을 짓고는 조물주 위에 건물주처럼 자신이 왕이 된 이가 많았다. 바통을 넘겨주어야 하는데 끝까지 움켜쥐고 넘겨주지 않았다. 조물주 위에 건물주처럼 행세하면서 자신도 영적으로 죽은 인생이 되고 자신을 따르는 여러 추종자도 죽게 했다.

바벨탑을 쌓으며 건물에 갇힌 교회는 점점 숫자와 더 많은 재정 쌓기에 빠져 그것이 하나님을 위한 일인 것처럼 했지만, 실상은 부요하다 하나 가난한 영적인 초라함을 드러냈다. 그들은 영적 부패의 웅덩이에 깊이 빠지면서 악취를 풍기기 시작했다. 불신자 전도를 막아 버렸다. 목회자가 은퇴 후에 상왕 노릇을 하면서 교회나 교단을 좌지우지하는 것은 아주 위험한 일로 자신뿐 아니라 추종자들까지 위험하게 만든다.

M교회의 세습 이후 장로교 ○○교단은 집단지성을 상실했다. 패거리 문화가 곳곳에서 발견된다. 특정한 패거리에 들어가지 못하면 총회장이나 교단의 보직에 임명되지 못하는 일들이 이어졌다. 실력이나 영성이 아닌 인맥이나 줄이 중요해져 버렸다. 한국교회의 비극이다.

목회자들의 무지와 무식한 일들로 말미암아 교인들이 고통을 당하고 있는 것은 참 죄송한 일이다. 교회의 대부분 문제는 목회자들의 죄악에서 비롯됨을 뼈저리게 성찰하고 반성할 필요가 있다. 이런 일들을 경험하면서 하나님과 역사 앞에서 인간의 연약함과 죄성을 정직하게 직면해야 한다.

목회자 리더십에 주목해야 하는 이유

목회자는 목회자 한 사람의 일로 끝나지 않는다. 한 사람의 목회자가 어떠한가에 따라서 그가 속한 공동체에 영향력이 흘러간다. 선한 영향력이든 악한 영향력이든 목회자는 그가 속한 공동체의 리더이므로 영향력이 흘러간다. 그래서 목회자 리더십에 주목해야 한다.

1) 리더십 교체에 대한 성경적 관점

하나님은 모세가 여호수아에게 리더십을 넘기실 때 모세의 흔적이나 영향력을 차단하셨다. 동시에 여호수아는 모세의 좋은 점을 계승하여 하나님 앞에서 묻고 듣는 경청의 시간으로 자신의 시대에 주어진 일을 감당한다. 평생 약속의 땅으로 가기 위해서 광야 40년을 출애굽의 지도자로 살았던 모세는 무척 억울해 보인다. 출애굽의 여정마다 불평, 불만, 불신앙에 찌들대로 찌든 백성들을 인도해서 가나안 땅 입성을 앞두고 있는데 그 땅을 바라보고 자신은 역사의 무대 뒤로 사라져야 한다.

신명기 34장 4-6절은 이렇게 기록한다.

'여호와께서 그에게 이르시되 이는 내가 아브라함과 이삭과 야곱에게 맹세하여 그의 후손에게 주리라 한 땅이라 내가 네 눈으로 보게 하였거니와 너는 그리로 건너가지 못하리라 하시매 이에 여호와의 종 모세가 여호와의 말씀대로 모압 땅에서 죽어 벳브올 맞은편 모압 땅에 있는 골짜기에 장사되었고 오늘까지 그의 묻힌 곳을 아는 자가 없느니라.'

하나님께서 모세에게 약속의 땅을 바라보게 하신다. 그러나 그 땅에 못 들어가게 하신다. 모세의 시대는 모세의 시대로 마감하게 하신다. 모세가 하나님께 따질 이유는 충분히 많다. 그의 수고와 헌신은 엄청났다. 그의 고생은 헤아릴 수 없다. 그러나 그는 조용히 역사의 뒤안길로 사라진다. 역사의 주인은 하나님이시기 때문이다.

모세는 알았다. 내가 한 것이 아니라 하나님이 하셨기에 그는 묻지 않는다. 따지지도 않는다. 하나님을 이용하지도 않는다. 하나님의 주권을 인정하며 다음세대의 일은 다음세대에게 맡긴다.

이어지는 여호수아 1장 1-5절에서 하나님께서는 새로운 시대를 여호수아에게 열어 가게 하신다.

'여호와의 종 모세가 죽은 후에 여호와께서 모세의 수종자 눈의 아들 여호수아에게 말씀하여 이르시되 내 종 모세가 죽었으니 이제 너는 이 모든 백성과 더불어 일어나 이 요단을 건너 내가 그들 곧 이스라엘 자손에게 주는 그 땅으로 가라 내가 모세에게 말한 바와 같이 너희 발바닥으로 밟는 곳은 모두 내가 너희에게 주었노니 곧 광야와 이 레바논에서부터 큰 강 곧 유브라데강까지 헷 족속의 온 땅과 또 해지는 쪽 대해까지 너희의 영토가 되리라 네 평생에 너를 능히 대적할 자가 없으리니 내가 모세와 함께 있었던 것 같이 너와 함께 있을 것임이라 내가 너를 떠나지 아니하며 버리지 아니하리니.'

새로운 지도자에게 새로운 영감과 비전을 보여 주신다. 새로운 약속을 하신다. 새로운 도전을 하게 하신다. 그리고 함께하시겠다고 약속하신다. 모세와 여호수아의 리더십 바통 터치는 성경적이었다.

2) 나쁜 리더십 교체의 5가지 유형

한국교회의 추락은 목회자의 탐욕에서 비롯되었다. 모세와 여호수아의 사례가 아니라 교회를 회사처럼 또 정치 집단처럼 변질시켜 버렸다. 교회가 크면 클수록 그 권력의 힘을 끝까지 붙잡고 놓아 주지 않는다. 패거리를 만들고 어둠의 일들을 벌인다. 우리는 나쁜 리더십 유형을 주의해야 한다. 한국교회에는 5가지 리더십 교체의 나쁜 유형이 있다.

첫째, 세습이다.

교회는 사유 재산이 아니다. 교회는 예수 그리스도의 몸이다. 교회는 성도의 연합이요, 개인이 사리사욕을 위해서 이용할 수 없는 영적 자산이고, 공적인 자산이다. 부, 명예, 권력을 대물림하듯 목회지를 대물림하는 교회는 아니다. 교회가 세습되면 전도의 문이 막힌다. 세상의 질타를 받는다. 세습하지 않으려면 후임은 내 자식이어야 한다는 생각을 버려야 한다. 이런 생각을 가질 때 교회가 산다.

둘째, 정치적 거래를 하는 유형은 한국교회를 병들게 한다.

교회나 노회, 총회에 힘 있는 소수의 사람이 있다. 그들은 그 힘으로 교회를 섬기는 것이 아니라 자신들의 이익을 추구한다. 그들의 이익 추구로 주어진 힘을 과시하기 시작하면 그 힘은 변질된다. 힘 있는 소수의 사람이 하는 정치적 뒷거래는 위험하다. 특히, 돈이 오고 간다면 그것은 악마의 유혹이다.

셋째, 교인들이 제외된 결정들은 위험하다.

교회가 후임을 결정할 때 교인들의 생각과 뜻이 반영되어야 한다. 그러나 교인들의 뜻과는 괴리감이 있는 결정을 하는 교회는 분쟁과 분열로 가기 쉽다. 후임 청빙 과정에 교인들을 참여시키는 것이 바람직하다.

넷째, 은퇴 후 상왕 노릇은 위험하다.

교회마다 은퇴 후에는 후임 목회자의 새로운 시대에 맞는 새로운 도전과 응전이 필요하다. 그런데 뒤에서 조정하고 훈수를 둔다면 허수아비 목사에 불과해진다. 그러면 새 포도주를 새 부대에 담아내지 못한다.

다섯째, 사리사욕을 추구하는 지도자는 위험하다.

전임자나 후임자는 교회를 섬기기 위해서 존재한다. 그런데 교인들의 헌금과 후원으로 사리사욕을 채우는 악한 이들이 있다. 교인들의 헌금을 자신의 쌈짓돈처럼 사용하는 목회자는 교회를 망가뜨리고, 무너뜨린다. 그러면 어떻게 할 것인가?

3) 좋은 리더십 교체의 5가지 방향

교회가 사는 길은 건강한 리더십의 교체에 있다. 좋은 리더십 교체를 고민해야 하고 좋은 리더십 교체를 위한 프로세스가 필요하다. 어떤 리더십 교체가 필요할까?

첫째, 건강한 성도의 참여이다.

교회는 개인이 움직이는 회사가 아닌 그리스도의 몸의 지체인 유기체들의 모임이다. 그렇다면 청빙 절차를 성도 모두가 참여하는 방식으로 진행해야 한다. 한 사람의 의견이 아닌 전체의 기도와 투명한 진행 과정이 필요하다. 그 과정에 교회가 집단지성을 발휘할 필요가 있다.

둘째, 투명한 청빙 과정이 필수이다.

많은 문제가 생기는 교회는 밀실에서 결정을 한다. 한두 사람이 결정하고 그것을 일방적으로 통보한다. 그래서 어둠의 거래가 생긴다. 어둠의 일들이 생긴다.

절차가 투명하게 진행되면 마귀가 틈타지 못한다. 시작부터 끝까지 공개적이고 투명한 방식의 기준과 절차와 방식을 고민해야 한다. 지금은 왕정 시대가 아닌 민주주의 시대이다. 교회는 투명성을 확보하여 목회자 청빙 과정에서 마귀가 틈타지 않게 하는 것이 지혜이다.

셋째, 전인격적인 관점의 담임목회자 청빙이 필요하다.

담임을 청빙할 때 설교를 잘하지만 인성이 나쁘거나 사리사욕을 추구하는 목회자를 경계해야 한다. 양의 탈을 쓴 이리이기 때문이다. 교회는 전인적인 관점에서 담임목회자를 청빙해야 탈이 생기지 않는다. 정말 좋은 목회자는 하나님 앞에 신실하고 사람 앞에 진실한 목회자로 계속 배우고 성장하는 유형이다. 교만하고, 오만하고, 거만한 유형은 극히 조심해야 한다.

넷째, 좋은 전통을 유지하며 새 부대를 만드는 작업이 교회를 건강하게 한다.

많은 후임 목회자가 실수하는 것이 있다. 전임자의 사역 행적을 자꾸 지우려 한다. 도리어 지우려 하지 말고 배우려 해야 한다. 강점은 배워 강화하고 약점은 최소화해야 교회가 건강해진다. 전임 목회자는 적이 아닌 최고의 중보 기도자이기 때문이다. 최고의 영적 후원자이기 때문이다.

다섯째, 하나님의 선하시고 기뻐하시고 온전하신 뜻을 공동체적으로 추구하는 것이 필요하다.

교회마다 역사가 다르다. 전통이 다르다. 다름을 틀림으로 해석하지 말고 다양성과 창조성의 기회로 보는 관점이 필요하다. 각각의 은사와 은혜가 하나님의 선하시고 기뻐하시고 온전하신 뜻과 만나면 시너지 효과가 난다.

S교회는 담임목회자 청빙 시 교인들의 의견을 담아내고자 했다.

당회와 안수집사회 회장, 권사회 회장, 남녀선교회 회장, 청년부 회장이 함께 위원회를 구성해 청빙의 기본 토대를 마련했다. 전임 목사님에게 몇 달간 안식월을 드려서 후임 선정이 투명하고 공정하게 진행되도록 했다. 또한, 노회나 여러 다양한 정치적인 영향력이 미치지 않도록 차단했다. 지원자 100명 가운데 1차 서류를 통해서 세밀하게 살피는 과정을 거쳤다. 이 과정에서 10명으로 압축을 했다. 전인적인 관점에서 다각도로 살피면서 5명으로 압축했다. 그 5명은 동일한 본문으로 5주 동안 설교를 했고 교인 전체가 참여하는 투표를 통해 다시 2명으로 압축했다. 그리고 각각 본문을 자유롭게 정해서 설교를 한후, 다시 투표를 통해서 최종 결정을 하고 청빙을 했다. 이렇듯 전 교우의 뜻이 반영되어서 정치적이지 않고, 청빙 과정이 투명하니 분쟁과 분란이 없다.

바통 터치 리더십은 하나님의 갑절의 영감이 주어져야 한다

열왕기하에서 우리는 리더십 바통 터치를 하는 엘리야와 엘리사를 만난다. 엘리야는 탁월한 하나님의 사람이었지만 리더십 바통 터치는 순적하게 하지 못했다. 하나님께서는 엘리사를 후계자로 세우셨지만 엘리야는 어떤 이유에서인지 엘리사에게 영적 리더십을 승계하는 행동은 하지 않았다.

엘리야는 자신의 마지막이 가까워지자 선지자들이 있는 곳들을 여행한다. 길갈에서 벧엘로, 다시 여리고로, 다시 요단으로 간다. 학자들 가운데 이 여행을 엘리야가 자신의 후계자를 찾아다닌 여정으로 해석하기도 한다. 그러나 더 설득력 있는 것은 이 여정은 이스라엘이 약속의 땅에 들어가는 장소와 관련된다는 견해이다. 엘리야는 여행하는 과정과 절차를 거치면서 엘리사에게 영적 리더십 바통을 넘겨 주었다.

엘리야와 엘리사의 리더십 바통 터치는 엘리야에 의해서 이루어지기보다는 하나님에 의해서 이루어졌다. 엘리야는 리더십 바통 터치를 위한 어떤 행동을 취한 적이 없었기 때문이다. 그렇다면 리더십 바통 터치가 어떻게 가능했을까?

엘리야를 계속 묵상하면 엘리야는 자신의 후계자가 어쩌면 엘리사가 아닐지도 모른다고 생각했을 수 있다. 성경에는 리더십 바통 터치의 과정이 나타나지 않기 때문이다. 그리고 세 군데로 다니면서 선지생도들을 만나면서 혹시 하나님이 말씀하시면 그 뜻에 따르겠다고 결심하고 후계자를 찾는 마지막 여행을 하는 것처럼 보인다.

엘리야는 선지자들을 만나는 여행을 갈 때마다 이렇게 말한다.

"너는 여기 머물라."

엘리야는 엘리사를 동행시키려고 하지 않았다. 사리사욕에 치우치지 아니하는 모습이다. 그러나 그때마다 엘리사는 이렇게 말한다.

'여호와께서 살아 계심과 당신의 영혼이 살아 있음을 두고 맹세하노니 내가 당신을 떠나지 아니하겠나이다'(왕하 2:2, 4, 6).

시종일관 충성된 모습이다. 그 사람의 진정성은 일관성 있는 모습에서 검증된다. 그 사람의 충성됨은 한결같음으로 드러난다. 태도와 자세가 그 사람의 전부인데 엘리사는 변함이 없다.

엘리야는 하나님께서 엘리사를 취하실 것을 알고 있었다. 그런데도 끝까지 헌신한다. 이것은 쉬운 일이 아니다. 세상은 자신에게 손해가 되고 이익이 되지 않으면 순식간에 배반한다. 배도한다. 배신한다. 그러나 엘리사에게는 하나님을 사랑하는 마음이 있었기에 엘리야를 끝까지 사랑과 존중으로 따른다. 어쩌면 이 과정이 리더십 검증의 과정이었을는지 모른다.

결국, 마지막 순간이 찾아온다. 엘리야와 엘리사의 마지막 대화를 들어보면 리더십 바통 터치의 진수가 엿보인다.

'건너매 엘리야가 엘리사에게 이르되 나를 네게서 데려감을 당하기 전에 내가 네게 어떻게 할지를 구하라 엘리사가 이르되 당신의 성령이 하시는 역사가 갑절이나 내게 있게 하소서 하는지라'(왕하 2:9).

엘리사는 성령이 하시는 역사가 갑절이나 있기를 구한다. 엘리야를 통해 일하신 하나님의 임재와 역사가 계속 이어지기를 갈망한다. 오늘날 목회자가 동산과 부동산을 세습하려고 하지 않고 이렇게 간구하는 것이 필요하다.

"당신의 성령이 하시는 역사가 갑절이나 내게 있게 하소서."

이러한 엘리사의 요청에 대해 엘리야는 그 응답의 몫은 전적으로 하나님의 영역으로 맡긴다. 그리고 자신은 하나님께로 깨끗하게 퇴장한다.

오늘날 한국교회 리더십 바통 터치의 해법은 바로 이것이 아닐까. 떠나는 이는 자기 뜻대로 하려고 하지 않고 하나님께 의지, 의탁한다. 후임의 문제도 깔끔하게 하나님의 영역으로 맡긴다. 새롭게 따르는 이도 순수하게 하나님 앞에 쓰임 받기를 갈망하면서 영적인 은혜, 성령의 역사를 갈망한다. 그렇게 한다면 세습으로 교인들에게 상처를 주고 추악한 권력욕으로 교단을 무너뜨리는 일을 하지 않을 것이다.

이제 우리 삶의 자리를 성경에 비추어서, 시대상에 비추어서 성찰해야 한다. 우리는 하나님의 주권을 얼마나 인정하는가? 하나님 역사의 지평에서 내가 모든 것을 하려고 하기보다는 역사의 주관자이신 하나님의 주권을 확실히 인정해야 한다. 자녀에게 세습하려고 하기보다는 자녀의 미래도, 목회지도 하나님의 영역에 맡기고 중보로 지지하는 것이 필요하다. 무엇보다 부, 명예, 권력의 세습보다는 여호수아처럼 말씀 앞에 서는 목회자, 엘리사처럼 갑절의 영감을 구하며 성

령의 일하심을 갈망하는 태도가 소중한 바통 터치의 영역임을 기억
해야 할 것이다. 인간은 한 시대를 살지만 하나님과 하나님의 백성은
영원을 사는 존재이기 때문이다.

이상갑 목사

산본교회 담임이다.
청년사역연구소 대표, 학원복음화협의회 중앙위원,
OM선교회 이사이다.
저서로는 『설레임』『바이블정신』『결국 말씀이다』 등이 있다.

2 바통 터치의 리더십은 후임자의 자세가 관건이다

리더십은 후임자에게 아름답게 바통 터치돼야 한다

한국교회는 세계적으로 괄목할 만한 부흥을 이뤘다. 개신교 역사 100여 년 만에 한국교회는 세계 교회사에서 찾아볼 수 없을 성장과 발전을 이뤘다. 하나님께서 한국교회를 축복하고 은혜를 부어 주신 결과다.

한국교회의 성장은 하나님이 주신 특별한 은혜다. 그 특별한 은혜 가운데 가장 큰 은혜는 1세대 한국교회를 이끌었던 교회 리더들의 탁월함이다. 개신교의 개혁을 이끌었던 루터, 칼빈, 츠빙글리에게 견주어도 결코 뒤지지 않을 훌륭한 리더들은 한국교회가 자랑하는 신앙의 유산이다.

한국교회의 1세대 리더들의 헌신은 아름다웠다. 그들은 기도하는 리더들이었다. 1세대 부흥의 현장을 이끈 설교자들의 설교는 영혼들의 심금을 울렸다. 신유와 은사들이 넘쳐났고 설교자들은 각각의 분야를 선도해 나가는 교회 리더들이었다.

1세대 교회 성장과 부흥을 이끌었던 지도자들이 은퇴 시기에 맞춰 위기가 시작되었다. 교회가 스스로 그 위기를 자초한 리더십 바통 터치의 위기다. 교회가 부흥을 통해 가시적으로 얻게 된 물질적인 부요와 목회자에 대한 과도한 맹신의 결과로 담임목회자의 위상도 자연스럽게 높아져 갔다. 담임목회직은 하나님의 부르심이라는 가장 중요한 본질적 위상과 함께 사회적으로도 보상이 따르는 위치가 되었다. 한국교회는 이 지점에서 위기가 시작되었다. 정확하게 말하면 위기를 자초했다. 그 위기는 목회직의 부자 세습으로 절정에 이르렀다.

소명을 가지고 아버지의 목회와 사역을 위임받는 것 자체를 비난할 수 없다. 하지만 누가 보아도 부족한 역량의 자녀에게 리더십이 이양되면서 교회 내에서도 자성의 목소리가 흘러나오기 시작했다. 결국, 교회는 스스로의 문제점을 인식하고 리더십 이양의 투명성을 높이기 위한 여러 가지 노력을 해 왔다. 하지만 이런 노력에도 불구하고 여전히 법을 악용한 리더십 교체에 있어 공정을 요구하는 젊은 세대가 교회를 떠나게 만드는 큰 원인을 제공했다.

교계는 부자간 세습의 문제를 각성하고 자성의 목소리를 높여 왔지만, 몇몇 대형 교회는 교회법을 무시하고 부자 세습을 감행하여 결국 교회는 스스로 자생할 수 있는 능력을 상실해 버렸다. 이렇게 부자 세습은 여전히 강행되고 있다. 교회는 후임자 결정 과정과 후임자를 청빙한 후, 전임과 후임의 갈등, 전임과 청빙위원회의 갈등, 후임과 당회의 갈등, 후임과 교회의 갈등 등 리더십 교체 문제 앞에서 해결책을 내놓는 것이 불가능해 보였다.

전임 목회자와 후임 목회자의 리더십 교체가 단순히 전임 목회자만의 문제가 아닌데도 한국교회의 구조상 전임 목회자는 언제나 가해자가 되었다. 당연히 후임은 늘 불쌍한 피해자가 되어왔다. 그래서 공공연하게 원로가 목회지에 남아 있는 교회 청빙은 험지 중에서 험지 목회지요, 피해 가야 할 제1순위 목회지가 되어 버린 현실을 마주했다.

2024년 한국교회에 비교적 건강한 교회로 알려진 한 대형 교회 후임자의 사태는 다시 한번 리더십 이양과 교체라는 큰 암초를 만난 느낌을 준다. 서두에서 밝혔듯이 원로 목사의 위치는 늘 일방적 가해자 측으로 오해되거나 매도되면 안 된다.

후임자도 책임감을 갖고 전임 목회자의 사역을 계승해 아름다운 리더십 바통 터치를 이뤄야 한다.

엘리야의 리더십

엘리야와 엘리사는 성공적인 리더십 이양의 대표적인 모델이다. 엘리야는 하나님의 부르심에 따라 엘리사를 선지자로 선택한다. 엘리사는 즉각적으로 그의 부름에 순종하여 엘리야를 따른다. 엘리야가 엘리사를 후계자로 염두에 두고 불렀는지는 분명하지 않지만, 그 순간부터 그들은 전임 선지자와 후임 선지자로서 함께 등장한다.

'엘리야가 거기서 떠나 … 엘리사를 만나니 … 그가 이르되 나를 따르라'(왕상 19:19-21).

엘리야는 당시 이스라엘에서 가장 강력한 카리스마를 지닌 선지자였다. 성경은 엘리야의 성장 배경이나 그의 삶에 대한 세부적인 설명을 제공하지 않지만, 이스라엘의 영적으로 암울한 시대적 상황에서 그가 등장했음을 강조한다.

엘리야와 엘리사가 성경에 등장하는 시기를 감안할 때, 그는 비교적 일찍 엘리사를 제자로 불렀는데, 이는 리더십 계승의 준비 과정이었음을 시사한다. 그 후 엘리사는 충성스럽게 엘리야를 따른다. 엘리야는 엘리사에게 자신을 떠날 것을 수차례 권면한다. 하지만 엘리사는 엘리야의 명을 거절한다.

'엘리야가 그에게 이르되 청하건대 너는 여기 머물라 여호와께서 나를 벧엘로 보내시느니라 하니 엘리사가 이르되 여호와께서 살아 계심과 당신의 영혼이 살아 있음을 두고 맹세하노니 내가 당신을 떠나지 아니하겠나이다'(왕하 2:2).

엘리사가 엘리야로부터 리더십을 계승 받기 위한 목적으로 엘리야를 끝까지 따랐는지는 알 수 없다. 하지만 엘리사는 엘리야의 마지막 순간을 목격한 유일한 증인이다. 그가 죽지 않고 살아 하늘로 승천한 사건의 유일한 목격자요 증인이다.

엘리야의 승천 후 엘리사는 엘리야의 겉옷을 받아 그의 사명을 계속 이어 간다. 엘리사는 엘리야가 승천하기 전, 엘리야에게 갑절의 영감을 요구한다.

엘리야와 엘리사의 리더십 계승에서 가장 중요한 요소는 하나님으로부터 오는 영감, 즉 영적인 능력이다. 이들은 동일한 성령의 능력을 통해 영적인 교감과 은혜를 공유할 수 있었다. 엘리야의 승천 이후 엘리야의 겉옷을 주워 들었던 엘리사는 엘리야의 능력을 공유했음을 입증한다.

'엘리야의 몸에서 떨어진 그 겉옷을 가지고 물을 치며 이르되 엘리야의 하나님 여호와는 어디 계시니이까 하고 그도 물을 치매 물이 이리 저리 갈라지고 엘리사가 건너니라'(왕하 2:14).

이후 엘리사는 여리고 맞은편에 엘리야를 찾아 나선 선지자 50인과 마주한다. 이들도 동일하게 엘리야의 행적을 좇던 선지자들이다. 이들은 엘리야를 찾아 어디든지 갈 준비가 되어 있던 사람이다. 어느 골짜기든 어느 산이든 엘리야를 찾을 수 있는 곳이라면 엘리야를 위해 충성을 다할 수 있는 이들이었다. 엘리사의 승천에 대한 증언에도

50인은 끝까지 강청하여 결국 사흘 밤낮을 엘리야의 행적을 찾아 나선다. 성경의 증언을 살펴보면 엘리사뿐 아니라 엘리야를 열열히 따랐던 선지자들이 많았음을 알 수 있다. 하지만 엘리야의 승천을 직접 목격한 증인은 엘리사가 유일하다.

리더십 계승을 준비하는 엘리야

엘리야는 리더십 계승을 완벽하게 준비한다. 엘리야는 북이스라엘의 왕 아합과 그의 아내 이세벨이 바알 숭배를 도입하여 이스라엘의 신앙을 위협하는 시기에 등장한 예언자였다. 당시 이스라엘은 영적으로 타락해 있었고, 하나님을 경외하는 사람들이 소수에 불과했기 때문에, 강력한 영적 리더십이 절실히 필요했다.

엘리야의 리더십은 무엇보다도 대결적이고 권위 있는 리더십이다. 엘리야는 하나님의 능력을 나타내는 기적을 통해 이스라엘 백성에게 하나님의 살아 계심을 증거한다. 특히, 갈멜산에서 850명의 바알과 아세라 선지자들과의 영적 대결은 그 상징적 절정을 이룬다 열왕기상 18장. 이 사건에서 엘리야는 하나님께서 참된 신임을 드러내는 기도를 통해 하늘에서 불이 내려오는 기적을 보여 준다. 그는 결국, 바알 선지자들을 처단했다. 이러한 대결적 리더십은 타락한 시대에서 이스라엘 백성에게 하나님을 다시금 인식하게 하고 우상 숭배를 중단시키는 데 결정적인 역할을 한다.

엘리야의 리더십은 주로 극적인 기적과 직접적인 대결을 통해 나타났다. 그의 시대가 요구한 강력한 카리스마적 리더십의 표본이다. 아합과 이세벨이 권력을 쥐고 바알 숭배를 강요하는 시대적 배경 속에서, 엘리야는 단호하고 권위 있는 방식으로 하나님의 뜻을 이루는 것이 필요했다.

한국교회 1세대 목회자들에게선 이렇게 강력한 엘리야의 리더십을 보여 준 사례가 많다. 한국전쟁 이후, 산업화를 거치면서 한국교회에 강력한 부흥기에는 강력한 리더십이 교회 공동체에 필요한 리더십 모델이었다.

엘리사는 강력한 리더십을 계승한 준비를 마쳤다. 엘리야의 엘리사에게로의 리더십 이양은 모두에게 환영받았다. 한국교회 리더십도 누구에게나 동의되고, 환영받는 리더십 교체가 돼야 한다.

리더십 바통 터치 준비를 마친 엘리사

엘리사의 리더십은 엘리야의 리더십과 다른 점이 많다. 엘리사 역시 그의 사역 초기부터 갈등과 대결의 상황에 직면하기도 했다. 성경의 여러 본문에서 엘리사는 엘리야와는 다른 방식으로 이러한 도전에 응답했지만, 때로는 엘리야처럼 강력한 대결을 선택하기도 했다.

엘리사는 엘리야가 하늘로 승천한 후 그의 뒤를 이어 선지자의 사명을 수행하게 됐다 열왕기하 2장. 이때 엘리사는 엘리야의 능력을 계승받기를 요청하였고, 엘리야의 겉옷을 받아 그의 뒤를 이었다. 엘리사의 초기 사역은 바로 엘리야와의 영적 계승을 상징하며, 이를 통해 그는 백성에게 자신이 엘리야의 후계자임을 증명해야 하는 것이다.

성경에서 엘리사는 다양한 기적을 행하며 사역을 시작하였지만, 열왕기하 2장 23-24절에서는 갈등과 대결의 순간을 맞닥뜨린다. 엘리사가 벧엘로 올라가던 도중 젊은 아이들이 그를 조롱하며 "대머리야, 올라가라!"고 외쳤고, 이에 엘리사는 하나님의 이름으로 저주를 내렸다. 그 즉시 두 마리의 암곰이 나와 그들을 찢어 죽였다.

'엘리사가 거기서 벧엘로 올라가더니 그가 길에서 올라갈 때에 작은 아이들이 성읍에서 나와 그를 조롱하여 이르되 대머리여 올라가라 대머리여 올라가라 하는지라 엘리사가 뒤로 돌이켜 그들을 보고 여호와의 이름으로 저주하매 곧 수풀에서 암곰 둘이 나와서 아이들 중의 사십이 명을 찢었더라'(왕하 2:23-24).

엘리사의 갈등 상황은 규모나 목적에서 다르다. 대머리 조롱 사건에서 엘리사가 보인 반응은 그를 무시하고 조롱한 아이들에 대한 즉각적인 하나님의 심판을 요구한 것이었다. 이는 엘리사의 권위와 사역을 인정하지 않는 자들에 대한 하나님의 강력한 대응을 보여 준다.

이 사건은 우상 숭배자와의 대규모 대결이 아니라, 선지자의 권위를 조롱하는 이들에 대한 엄중한 심판이라는 의미다. 엘리사는 엘리야처럼 거대한 대결을 치르지는 않았지만, 이 사건을 통해 그는 선지자로서의 권위를 확립하게 된다.

대결 양상의 차이 분석을 통해서 본 후임들의 준비

엘리야의 대결은 주로 우상 숭배자들과의 대규모 영적 대결이었다. 그의 대결은 하나님과 이방 신들 사이의 명백한 대결이었다. 이를 통해 이스라엘의 신앙을 회복하는 것이 주된 목적이었다.

엘리사의 대결은 주로 개인적인 도전과 권위의 대결이었다. 대머리 조롱 사건은 엘리사의 리더십을 인정하지 않는 이들에게 경고였다. 이는 보다 개인적이고 즉각적인 심판의 의미를 띤다.

후임을 준비하는 후임자들이라면 가장 먼저 자신들의 리더십이 하나님으로부터 나왔음을 보여 주는 영적 권위가 필요하다. 후임의 리더십을 단시간 인정하지 않는 이들이 얼마든지 교회 공동체 안에 존재한다. 엘리사의 단점을 부각시키며 엘리사의 캐릭터에 대한 도전의 양상을 보여 준다. 결국, 엘리야에게는 하나님에 대한 도전과 신의 영적 권위에 대한 도전이었다면 엘리사에게는 개인의 영성과 사역의 준비에 대한 도전 양상이다.

엘리야가 주로 영적 대결과 강력한 기적을 통해 대중적으로 하나님의 능력을 증명하는 데 중점을 두었다면, 엘리사는 대결적 요소보다는 치유와 회복에 중점을 두었다. 여전히 그 과정에서 자신의 권위를 확립하고 보호하는 데 주의를 기울였다. 특히, 그를 조롱한 이들에 대한 하나님의 심판은 그의 사역 초기부터 자신이 단순한 인간 지도자가 아닌 하나님의 대리자임을 입증하는 사건이었다.

결론적으로 엘리야와 엘리사는 각기 다른 시대적 배경과 사역의 필요성에 따라 서로 다른 방식의 대결적 리더십을 보였다.

엘리야는 대규모의 영적 전투를 통해 하나님의 주권을 세우는 강력한 대결적 리더십을 발휘했다. 엘리사는 주로 치유와 회복의 사역에 집중했으나, 대머리 조롱 사건을 통해 선지자로서의 권위를 확립하는 데 중요한 대결을 겪었다.

두 선지자의 대결 양상을 비교해 보면, 그들의 리더십은 시대적 상황과 요구에 따라 다르게 발현되었음을 알 수 있다. 엘리사는 엘리야와 마찬가지로 기적을 행했지만, 그의 기적은 주로 백성들을 치유하고, 회복시키는 데 초점이 맞춰져 있었다.

예를 들어, 나아만 장군을 고치는 기적 열왕기하 5장 이나 죽은 아이를 살리는 기적 열왕기하 4장 등은 엘리사의 사역이 백성들의 일상적인 문제와 고통을 해결하는 데 중점을 두고 있음을 보여 준다. 엘리사는 엘리야처럼 대규모의 대결을 통해 하나님의 권능을 증명하기보다는, 일상 속에서 하나님의 돌보심을 증거하는 사역을 한다. 이는 엘리야의 강력한 영적 리더십을 통해 우상 숭배가 어느 정도 진정된 이후, 백성들에게 실질적인 회복과 치유를 제공해야 했던 시대적 요구에 부합하는 리더십이었다.

1세대 한국교회를 이끌었던 리더들이 한국 사회 전반에 하나님의 강력한 능력과 역사를 증거하여 한국교회의 부흥을 이끌었다면, 다음세대 리더들은 일상 속의 깊숙한 곳까지 실질적인 하나님의 역사를 증거하는 섬세함이 필요하다.

엘리야와 엘리사의 리더십 계승은 단순한 역할의 이전이 아니라, 각 시대에 맞는 리더십 유형을 상징한다. 엘리야의 강력한 대결적 리더십은 혼란과 대결의 시대에 적합한 리더십이었다. 엘리사의 치유와 회복의 리더십은 이후의 시대에서 백성들에게 더 필요한 리더십이었다. 이 계승은 하나님께서 각 시대에 필요한 리더십을 준비하시고, 그것을 통해 그분의 백성을 이끄신다는 중요한 메시지를 전달한다.

엘리야와 엘리사의 리더십 변화를 통해 우리는 리더십이 단순히 한 가지 방식으로만 작동하지 않으며, 각 시대와 상황에 따라 그 형태와 방식이 달라질 수 있다는 점을 깨달을 수 있다.

리더십의 계승은 시대적 상황에 맞는 리더십의 변화를 보여 주며, 하나님의 일하심이 특정 개인에게만 국한되지 않고, 그분의 계획 안에서 다양한 방식으로 나타난다는 것을 상기시켜 준다.

모세: 정복자인가, 순응자인가?

모세는 정복자로 길러졌다. 모세는 정복자의 리더십 안에서 자랐다. 그는 가장 강력한 정복 국가였던 애굽의 가장 강력한 정복 군주의 교육과 리더십 안에서 자랐다. 그는 애굽의 왕자로 40년간 정복자의 삶을 살았다. 그는 자신의 사명을 깨닫고 이스라엘 백성들을 이끈다. 그는 여전히 정복자였다. 그가 정복자의 리더였을 때 그는 사람을 죽였다.

성경에서 '정복자' 이미지를 가진 리더십 모델은 주로 강력한 군사적, 정치적 권위를 통해 이스라엘 백성을 이끌었던 지도자들에게서 발견된다. 이러한 리더십은 백성을 외부의 적으로부터 보호하고, 하나님의 약속을 성취하는 데 중요한 역할을 했지만, 이를 통해 나타난 한계 또한 존재한다.

모세는 이스라엘에 있어 가장 강력한 리더십을 보여 주었다. 모세는 60만 명을 이끌었다. 40년간 광야에서 이스라엘 백성들을 이끌 수 있었던 것은 그가 광야의 사람이었기 때문이다.

광야의 리더십은 공동체의 리더십이다. 광야의 리더십은 생존을 위한 리더십이다. 광야는 가장 기본적인 생존의 장소다. 광야는 머무는 장소가 아니다. 광야를 지나 가나안으로 가기까지 힘을 아끼고 생존해 내야 한다.

모세는 이런 생존에 필요한 광야 교회의 조직을 그의 아버지 이드로에게 배운다. 이드로는 모세의 장인으로 그는 모세에게 광야에서 중요한 리더십 모델을 계승한다. 출애굽기 18장은 이 모습을 잘 보여준다. 모세와 장인 이드로와의 상호 작용은 목회자와 평신도 리더십의 상호 작용의 모델로 설명 가능하다.

이드로: 지혜로운 조언자

이드로는 모세가 백성들의 문제를 스스로 모두 해결하려는 것을 보고 그가 너무 많은 일을 짊어지고 있다고 지적한다. 광야에서는 짐을 비워야 한다. 혼자서 모든 짐을 지고 광야를 건너갈 수 없다. 광야를 통과하기 위해서 짐을 나누어 지는 지혜가 필요하다. 이것을 알았던 이드로는 모세에게 그가 모든 일을 혼자 감당하는 것이 비효율적임을 말한다. 백성들이 가지고 오는 문제들을 효율적으로 나누는 것이 필요했다. 이것은 단순히 조직 관리의 측면을 넘어 자신의 한계를 인식하고 다른 사람들과 함께 일하는 능력을 개발해야 함의 강조이다. 광야에서는 이런 역할을 할 수 있는 길잡이가 반드시 필요하다.

광야에서 살아남는 방법은 지혜로운 조력자를 곁에 두는 것이다.

그렇지 않으면 탈진하여 모래사막에서 최후를 맞이할 수밖에 없다. 그는 모래사막에서 짐을 나누는 방법을 배워야 했다. 모세는 광야에서 지혜로운 조력자를 곁에 두는 노하우를 터득한다.

모세의 역할: 겸손한 수용자에서 정복자 리더를 세운다

모세는 하나님과 직접 소통한 뛰어난 지도자다. 또한, 이드로의 조언도 기꺼이 받아들인다. 모세의 이 두 가지는 후임의 리더십 계승에서 매우 중요한 요소다. 지도자는 배워야 한다. 먼저 광야를 통과하고 광야에서 삶을 살았던 전임자에게 광야에서 살아남는 법을 배워야 한다. 배울 수 있는 지도자는 살아남을 수 있다. 배우는 지도자는 성장할 준비가 되어 있다. 배우는 지도자는 배움을 전수할 수 있다. 사람이란 이끌려 봐야 이끌 수 있다.

모세는 이드로의 제언을 수용하여 천부장, 백부장, 오십부장, 십부장을 세운다. 일을 분산시키는 동시에 일을 집중시킨다. 이는 리더가 중요한 전략적 결정을 내리는 동시에, 일상적인 문제는 다른 사람들에게 위임할 수 있어야 함을 가르쳐 준다.

모세와 이드로의 관계에서 아버지의 역할은 지혜를 전달하고, 리더가 자기 역량을 초과하지 않도록 돕는다. 이드로는 모세에게 직접적으로 개입하지 않고 조언자로서의 역할을 충실히 수행했다. 이런 것은 아버지나 선배 리더가 후배 리더를 지도할 때 어떻게 그들의 성장을 돕고 리더십을 계승시킬 수 있는지를 보여 준다.

한편, 모세는 자신의 부족함을 인정하고 조언을 받아들임으로써, 리더로서 더욱 성숙하고 효과적인 역할을 한다. 모세는 애굽의 정복자 위치에서 내려와 수용과 순응하는 리더의 모습을 보여 준다. 모세는 가나안에선 정복자의 리더십이 필요하다고 생각했기에 여호수아를 다음세대 리더로 세운다. 가나안에 들어가기 위해서 정복자의 리더십이 필요했기 때문이다.

리더십의 계승은 교회에서도 중요한 원리로 적용될 수 있다. 특히, 지도자들이 그들의 리더십을 나누고 새로운 리더를 세우며, 공동체의 건강한 성장을 도모하는 과정에서 지혜롭고 경험이 많은 조언자의 역할은 필수적이다.

정확한 리더십 모델이 필요한 장소에 정확한 리더를 세울 수 있어야 한다. 후임을 준비하는 후임자들은 자신이 목회해야 하는 장소가 애굽인지, 광야인지, 가나안인지 정확하게 분별할 수 있어야 한다. 이런 콘텍스트를 이해하지 못하면 광야에서 칼을 휘둘러 봐야 제풀에 지쳐 쓰러질 수밖에 없다.

가나안에서는 몸을 낮추어서는 안 된다. 가나안에서는 칼을 들어야 한다. 돌격하고 정복해야 한다. 필요하다면 강력한 돌파력으로 온 힘을 한곳에 집중시켜 전력을 다해야 한다. 돌파하지 못하면 가나안

정복자들의 밥이 될 뿐이다. 가나안에 들어가 가나안에 순응하기만 하면 가나안에 동화되고 만다. 결국, 가나안의 우상에 굴복하게 되고 순응자는 도태되고 만다.

가나안에 입성하기 위해 강력한 정복자가 되어야 좋은 리더다. 결국, 여호수아가 가나안의 리더가 된 이유는 간단하다. 정복자로서 애굽에서 살았던 리더이기 때문이다. 정복자로서 애굽을 나와 정복자의 야성이 남아 있기 때문이다. 40년간 광야에서 순응자의 삶을 살았던 2세대 이스라엘로는 가나안을 정복할 수 없었기 때문이다.

여호수아: 정복자 리더십의 전형

여호수아는 성경에서 대표적인 정복자 이미지를 가진 지도자 중 한 명이다. 그는 모세의 후계자로서 이스라엘 백성을 이끌고 가나안 땅을 정복하고 하나님의 약속을 성취하는 데 결정적인 역할을 했다.

여호수아의 리더십은 강력하고 전략적이며, 전쟁을 통해 이스라엘을 가나안의 적들로부터 보호하는 것이 그의 주된 임무였다. 출애굽한 후 모든 전쟁에서 여호수아는 선봉에 섰다.

성경은 여호수아의 승리를 강조하면서도, 그가 하나님의 명령에 순종할 때만 성공할 수 있었음을 상기시킨다. 여호수아는 여리고성의 무너짐과 같은 기적적인 승리를 통해 이스라엘을 이끌었지만, 아간의 죄로 인해 아이성에서 패배한 사건은 하나님의 명령을 따르지 않았을 때의 정복자 리더십의 한계를 보여 준다여호수아 7장. 이는 정복자 리더십이 외적인 승리를 가져올 수 있지만, 하나님과의 관계 회복 없이 지속 가능하지 않음을 시사한다.

강력한 외적 리더십은 하나님과의 소통과 관계에서만 성공할 수 있음을 보여 주는 사건이 더 있었다. 기브온 족속과의 사건이다. 모세는 리더십에서 중요한 교훈을 남긴다. 이 사건은 정복자의 리더십만으로 가나안 정복의 대업을 이룰 수 없음을 보여 준다.

기브온 족속과의 사건 개요

여호수아 9장에서 기브온 족속은 이스라엘이 주변의 많은 민족을 정복했다는 소식을 듣는다. 그들은 두려움에 사로잡혀 계략을 세운다. 오래되고 낡은 옷과 신발을 신고, 곰팡이가 핀 빵을 준비해 먼 곳에서 온 사람인 것처럼 여호수아와 이스라엘 백성들을 속인다. 기브온 족속은 자신들을 그 땅의 주민이 아닌 먼 곳에서 온 외부인으로 속여 이스라엘과 평화의 조약을 맺는다.

중요한 결정을 내리기 전, 여호수아와 이스라엘의 지도자들은 하나님께 물어야 했다. 그러나 묻지 않고 그들의 눈에 보이는 증거만을 바탕으로 판단했다. 결국, 여호수아는 기브온 족속과 평화 조약을 맺은 이후 기브온이 그 땅의 주민임을 알게 된다.

여호수아는 그들과 맺은 언약 때문에 기브온 족속을 멸하지 않고 그들을 보호한다. 이는 여호수아가 인간적인 판단에 의존한 결과, 하나님의 뜻과 어긋난 결정을 내린 사건으로 이어진다.

기브온 족속과의 사건은 여호수아 리더십에서 실패의 한 부분이다. 그는 하나님과의 깊은 소통을 통해 그분의 지혜와 인도를 구하는 대신, 자신이 직접 상황을 판단하고 결정을 내렸다. 이로 인해, 여호수아는 기만에 빠졌고, 이스라엘 백성에게 부담을 주는 결과를 초래했다.

이 사건은 리더가 외적인 능력이나 전략만으로는 충분하지 않으며, 매 순간 하나님의 뜻을 구하고 그분과의 관계를 깊이 유지해야 한다는 중요한 교훈을 준다. 기브온 사건은 정복자 리더십으로 완전한 여호수아가 수용자 리더십으로 탄력적인 전환을 가져갈 수 있어야 함을 보여 준다. 이런 탄력적인 변환은 개인의 능력으로 이루어지는 것이 아니다. 이런 판단력과 분별은 하나님이 주시는 능력이어야 한다.

하나님과의 내적 관계가 필요하다

여호수아가 기브온 족속과의 관계에서 겪은 실패는 리더십의 내적 근원이 하나님과의 지속적인 관계임을 깨닫게 한다. 하나님과의 깊은 관계는 다음과 같은 몇 가지 중요한 면에서 리더십에 영향을 미친다.

첫째, 영적 민감성이다.

여호수아가 기브온 족속의 속임수를 바로 알아차리지 못한 이유는 영적 민감성이 부족했기 때문이다. 하나님과의 지속적인 관계는 리더가 상황의 이면을 볼 수 있는 영적 통찰력을 제공하며, 이를 통해 복잡한 문제에 대한 올바른 결정을 내릴 수 있다.

둘째, 겸손과 의존이다.

리더에게는 자신의 능력에 의존하는 것이 아니라, 하나님께 의지하고 하나님의 뜻을 구하는 겸손한 자세가 필요하다. 여호수아는 이전 전투에서의 성공으로 인해 하나님께 뜻을 구하지 않고 스스로 판단하는 실수를 저질렀다.

여호수아의 기브온 족속과의 사건은 리더가 하나님의 인도를 구하지 않을 때 발생할 수 있는 위험과 교훈을 명확히 보여 준다. 더불어 리더가 하나의 리더십 모델에 집착하면 나타날 수 있는 위험을 보여 준다. 이를 바탕으로 리더십에서 하나님과의 관계가 중요한 요소임을 깨닫게 된다.

결론적으로, 리더십에서 하나님과의 관계는 영적 통찰력, 겸손한 자세, 그리고 하나님의 뜻을 따르는 능력을 갖춰야 한다.

후임 사역을 준비하는 목회자들도 이런 준비가 반드시 필요하다. 여호수아의 사건을 통해 알 수 있듯이, 하나님의 인도를 구하지 않으면 리더는 치명적인 실수를 저지를 수 있으며, 이를 피하기 위해선 끊임없이 하나님과의 깊은 관계를 유지해야만 한다.

원로 목사는 정복해야 할 산도 넘어야 할 강도 아니다

원로 목사와 후임 목사의 관계는 교회 성장과 리더십 전환에 있어 매우 중요하다. 이 관계가 건강하게 유지될 때, 교회의 안정을 도모하고 공동체의 성장을 촉진할 수 있다.

후임 목사와 원로 목사 간의 이상적인 관계는 존중과 협력, 그리고 상호 신뢰를 바탕으로 형성돼야 한다. 그렇다면, 후임 목사와 원로 목사의 관계에서 중요한 요소들은 무엇일까?

원로 목사는 교회 내에서 오랜 경험과 지혜를 통해 중요한 지도적 역할을 해 왔다. 교회를 개척하여 교회를 성장시킨 원로라면 그의 헌신과 지도력을 인정받아야 한다.

리더십을 발휘한 원로 목사는 더 이상 교회의 운영에 직접적인 개입을 하지 않더라도, 교회와 교인들에게 여전히 영향력 있는 영적 지도자다. 이 역할은 후임 목사와 협력하여 교회 내에 안정성을 제공하고, 때로는 중요한 조언을 통해 후임 목사가 잘 적응할 수 있도록 도울 수 있다.

원로 목사가 몇십 년 동안 교인들과 좋은 관계를 유지하고, 아름답게 은퇴하는 것은 박수받을 만한 일이다. 특별히 교회를 개척한 개척자 원로라면 후임에게 교회의 리더십을 물려줄 어느 시점에서 교회는 최고의 절정기를 맞이하고 있을 확률이 높다.

사람에게 유혹이 찾아올 때가 있다면 최고의 절정기에서 모든 것을 내려놓아야 할 때다. 몇십 년의 고생 끝에 나타나고 있는 결과를 후임에게 넘겨준다는 것은 극강의 이기심을 이겨 낸 결과다. 유혹을 물리쳐야만 후임에게 아낌없이 모든 것을 내어놓을 수 있다.

원로 목사가 지금 경험하고 있는 권위는 과거에 그가 보여 준 희생과 헌신의 결과다. 그 헌신은 시간, 감정, 가족 등 많은 것을 희생한 희생의 결과물이다. 그런 권위는 은퇴를 한다고 한순간에 사라지는 것이 아니다. 이 권위를 지운다고 지울 수도 없다. 이에 후임도 이런 권위와 지휘를 인정하고 존중하는 태도를 가져야 한다. 원로 목사는 정복해야 할 산도, 넘어야 할 강도 아니기 때문이다.

후임자의 과제: 원로 목사를 어떻게 바라볼 것인가?

후임자와 원로 목사와의 관계가 중요하다. 이 관계는 다음의 두 가지를 어떻게 설정하는가로 결정된다.

첫째, 후임 목사는 원로 목사를 경쟁 상대로 보지 않아야 한다.

원로 목사는 '정복해야 할 산'이나 '넘어야 할 강'이 아니라, 오히려 함께 교회의 성장과 영적 성숙을 위해 일하는 동반자다. 후임자는 원로 목사가 쌓아 온 기초 위에 새로운 비전을 세우며, 교회의 전통과 역사를 존중해야 한다.

서두에서 엘리사가 엘리야의 겉옷을 입고 그의 사역을 지속한 것을 살펴보았다. 엘리사는 엘리야의 겉옷을 입었다. 엘리야의 옷에 능력이 있었던 것은 아니지만 엘리사가 그 옷을 입자 엘리야의 권위와 리더십을 인정받았다.

원로들은 후임과 상당한 시간적, 세대적 차이를 가진다. 원로 목사가 목회하던 목회 환경과 후임이 목회하는 콘텍스트는 같을 수 없다.

많은 후임은 이런 차이를 너무 빠르게 극복하고자 하는 유혹에 빠지기 쉽다. 하지만 후임에게는 기다림이 필요하다. 원로 목사가 사용한 강대상을 오른쪽에서 왼쪽으로 옮기고 싶다면 명심하라. 1년에 1센티미터씩만 이동시켜야 한다.

둘째, 후임자는 원로 목사의 경험을 배울 기회로 삼아야 한다.

원로 목사는 교회의 오랜 역사를 몸소 겪어 왔고, 그 과정에서 축적된 지혜는 매우 귀중하다. 따라서 후임 목사는 원로 목사의 조언을 기꺼이 받아들이고, 그를 존중하는 태도를 유지해야 한다.

어떤 후임자는 오래된 교회의 담임이 되자 교회를 2년 안에 개혁하겠다고 장담했다. 결국, 원로 목사와 갈등이 생겼다. 연이어 이런 말을 했다.

"나를 지지하는 전 교인 2천 명을 등에 업고 반드시 개혁을 성공시키겠다."

후임은 명심해야 한다. 나를 지지하는 2천 명 때문에 목회가 성공하는 것이 아니라 나와 갈등 관계에 있는 원로 목사의 존재 때문에 사임하게 된다는 사실을 말이다. 이 뜻은 원로 목사가 나쁘다는 것이 아니라 원로 목사를 단숨에 뛰어넘는 것은 불가능하다는 것이다.

원로 목사가 후임이 자신을 뛰어넘도록 낮추어 주실 때까지, 원로 목사를 건널 수 있도록 다리를 놓아 주실 때까지 기다리는 시간이 필요하다. 그 시간은 내가 생각하는 것보다 매우 짧을 수 있다.

리더십 교체 과정에서의 존중과 협력이 중요하다

리더십 교체는 교회 내에서 자연스럽게 발생하는 과정이다. 그 과정에서 존중과 협력이 없다면 교회 내에 갈등이 발생한다.

원로 목사와 후임 목사 간의 존중은 서로의 역할을 인정하고, 각자의 위치에서 교회를 위해 최선을 다하고 있다는 신뢰에서 시작된다.

협력 또한 중요한 요소다. 후임 목사는 교회 내에서 새로운 리더십을 발휘하려 하지만, 원로 목사가 여전히 큰 영향력을 갖고 있을 수 있다. 이때 두 목사는 서로의 의견을 조율하고, 교회와 교인들에게 일치된 목소리를 전달해야 한다. 원로 목사와 후임 목사의 일치된 목소리는 교회의 안정과 성장을 위해 필수적이다.

이상적인 관계는 상호 존중과 신뢰, 그리고 협력의 바탕 위에 세워진다. 원로 목사는 후임자의 리더십을 인정하고, 필요할 때 적절한 조언과 지지를 제공해야 한다. 후임자에게는 원로 목사의 과거 리더십을 존중하고, 교회의 전통과 역사를 인정하며 새로운 비전을 세워 나가는 자세가 필요하다.

원로 목사와 후임의 관계는 마치 가정의 아버지와 어머니와 같다. 아버지와 어머니가 매일 싸우는 가정이라면 자녀들은 늘 불안과 공포를 느낀다. 아버지와 어머니가 화목한 가정의 자녀들이 건강하게 자랄 수 있는 확률이 높다.

좋은 가정을 이루기 위해선 아버지와 어머니의 노력이 필요하다. "엄마가 좋아 아빠가 좋아" 같은 유치한 질문은 자녀를 곤란하고 유치하게 만들 수 있다. 엄마 아빠의 눈치를 보며 자라는 아이로 만들 수 있어 건강하게 자라는 것을 방해한다.

원로 목사와 후임 목사는 공개적으로 서로를 지지하고 교회 앞에서 하나 된 모습을 보여야 한다. 둘의 노력에서 후임 목회자가 더 노력해야 한다. 후임 목회자가 이런 노력을 한다면 교인들은 노력하는 후임을 인정해 준다. 이렇게 함으로써 교인들도 새로운 리더십에 대해 신뢰를 갖게 되어 교회의 안정성과 성장을 기대할 수 있게 된다.

결론적으로, 원로 목사와 후임 목사의 이상적인 관계는 교회의 건강한 리더십 전환을 위해 필수적이다. 상호 존중, 신뢰, 그리고 협력이 그 기초를 이루며, 이러한 관계가 잘 유지될 때 교회는 안정적이고 지속 가능한 성장을 이룰 수 있다.

후임자는 원로 목사를 경쟁 상대로 보기보다 동반자로 받아들여야 한다. 존경하는 스승으로 모실 수 있다면 최상이다. 원로 목사가 후임자의 리더십을 인정하면서 지지하는 태도를 보여 준다면 그분은 이 시대의 성자 목사일 것이다. 그러나 그런 성자를 만나는 호사를 너무 바라지는 마라.

박종순 목사

제자들교회(미국 렌초) 담임이다.

박종순 목사는 건강한 목회자이다. 풀러신학교에서 교회성장학을 전공했고, 신학을 전공했다. 이민 목회 현장에서 건강한 공동체와 교회를 세워 나가고 있다.

2011년 제자들교회를 개척한 이후 건강한 공동체를 세우기 위해 성경 본문 중심의 설교, 선교 공동체, 상식이 통하는 목회, 공부하는 목회자로 이민교회 사역을 감당하고 있다.

목회자는 신학자이고 설교자이며, 글 쓰는 사람이라는 것을 강조하며 배우기를 늘 강조하는 목회자다. 현재 복음주의 교단인 남침례 교단의 목사로 게이트웨이신학교(구 골든게이트)에서 목회학 박사 과정 중이다.

7년 전 일일 일책을 결심하면서 매일 하루에 한 권의 책을 읽고 묵상하며 독서로 건강한 교회, 건강한 공동체, 건강한 목회를 꿈꾸고 있다. 코로나 사태 이후 젊은 목회자의 깊은 영성은 깊이 있는 독서와 묵상으로부터 시작될 수 있음을 깨닫고 거룩한 독서가 젊은 목회자들의 영성 개발에 도움이 되도록 노력하고 있다.

저서로는 『열혈독서』, 『메타씽킹 - 생각의 생각』, 『목회트랜드 2024』, 『다음세대 셧다운』, 『나의 사랑 아프카니스탄』, 『천년의 지혜 독서 멘토링』 등이 있다.

email: visionland21@gmail.com

3 당회 등 교회 운영의 묘가 중요하다

제일 맛없는 회는 당회?

"회 중에서 제일 맛없는 회는 '당회'이다!"

목회자들이 모이면 농담 반, 진담 반으로 자주 하는 이야기이다. 이런 이야기를 들으면 목회자들은 웃는다. 공감이 가는 사람이 많은 것 같다. 하지만 먹기 싫은 쓴 약을 먹는 것 같은 씁쓸함이 올라오는 이야기이다. 왜 이런 농담이 회자되고 있을까? 그 이유는 국회 정치가 실종된 것처럼 당회 정치가 제자리를 잡고 있지 못하기 때문일 것이다.

한국교회는 모두가 장로교인 것처럼 보인다. 장로교는 물론이고 침례교, 성결교, 감리교 할 것 없이 모두가 장로교 정치를 하는 것 같은 분위기이다. 그러기에 더욱 당회 정치에 관심이 가는 것이 사실이다.

한국교회는 모두 장로교화(化)한 것인가?

왜 한국교회는 장로 정치를 좋아할까? 왜 한국교회는 모두 장로교화化한 것인가? 「국민일보」[76] 2022년 9월 21일자에 보면, 정근하 루터대 교수의 논문을 인용한다. 정 교수는 학술지 「재외한인연구」에 기재한 논문,

<초기 서양 선교사들의 계급적 태도와 한국 기독교의 장로교회화>를 통해 그 답을 제시한다.

정 교수는 논문에서 한국교회에 사실상 평신도 최고 계급 성격을 띤 장로 직분이 존재하게 된 이유를 두 가지로 분석했다.

"첫째는 서양 선교사들의 태도다. 선교사 상당수는 조선인을 서양인과 동등하게 여기지 않았다. 이런 분위기는 종교개혁을 통해 자리 잡은 만인 제사장의 개념이 한국교회에 안착할 수 없게끔 만들었다."

정 교수는 선교사들이 교회 치리권을 독점하며 평신도의 참여를 제한함으로써 교회에는 점차 선교사, 교역자, 평신도라는 계급적 구분이 생겨났다고 주장한다.

두 번째 이유는, "선교사들의 이런 계급적 태도에 한국인 특유의 '유교적 서열 의식'이 포개지면서 장로는 한국교회 어딜 가든 존재하는 직분이 됐다"라고 정 교수는 주장한다.

심지어 침례교회에서도 장로 직분이 생겨난 것이 현실이다. 침례교는 회중 정치로 유명한 교단이었다. 모든 성도가 '평등한 조건'을 가진 교단으로 과거엔 장로 직분이 없었다. 하지만 지금은 그렇지 않다. 침례교는 안수집사가 장로급이다. 그런데 호칭은 안수집사이다 보니 교회 연합 행사에 나가면 호칭에 문제가 생긴 것이다. 다른 교단에서 나온 분들은 다 장로인데 침례교단에서 대표로 나온 분들은 안수집사이다. 한국은 급이 맞아야 한다는 생각에 별수 없이 침례교도 장로를 세우게 된 것이다. 정 교수는 이렇게 분석했다.

"기독교 조직은 감독제, 회중제, 장로제 중 어떤 치리 제도를 선택하느냐에 따라 각 교파가 구분되는 것이 일반적이지만 한국은 그 일반성이 일치하지 않는다. 특히, 장로를 모든 교파가 받아들인 이유는 한국 특유의 유교적 가치관이 크게 영향을 미치고 있기 때문이다."

이런 역사적 맥락에서 한국교회는 모두가 장로교처럼 운영되고 있는 것이 현실이다. 장로에 의한 당회 정치가 올바로 수행된다면 문제가 안 될 것이다. 장로님들이 목회자의 목회 철학을 잘 이해하고 서로 협력한다면 백지장도 맞들어 깃털 같은 무게로 여겨질 것이다. 어떤 교단이든 장로님들이 목회자를 돕고 협력하게 되면 이보다 더 좋은 일은 없을 것이다.

목사를 존경하는 당회, 장로를 존중하는 목사

모 교회 당회는 참 좋은 결정을 내렸다. 부임한 신임 목사에게 목회에 관한 한 전권을 부여하였다. 한 장로의 이야기에 의하면, "목사님은 목회의 전문가이시니 목회는 목사님의 철학에 따라 전적으로 하십시오"라고 했단다. 이런 의식을 가진 장로들이 있다면 목사 또한 그들을 존중하지 않겠는가?

목회자는 목양을 위해 기도하며 아이디어를 제공한다. 당회는 의논과 협의를 통해 협력하게 된다. 이런 아름다운 연합이 있다면 장로 정치가 올바른 길을 가지 않을까 생각해 본다. 전문가의 제안, 당회원의 협력, 아름다운 장로 정치의 모습을 기대할 수 있을 것이다.

제임스 쿠제스와 베리 포스너가 공저한 『크리스천 리더십 챌린지』[77]에서 강하게 주장한다.

"세상에는 두 종류의 사람이 있다. 일을 성사시키는 사람과 성사된 일을 보고 놀라는 사람이다."

리더는 일을 성사시키는 사람임에 틀림없다. 리더는 하나님으로부터 약속의 말씀을 받아야 한다. 그리고 그 약속의 말씀을 그림으로 보여 주어야 한다. 설계도와 조감도를 보여 주면 팔로워들은 따라오게 된다. 어떤 형태로든지 리더는 보여 주고, 설득하며 도전하는 사람이다. 그러므로 리더에 따라 공동체의 모습이 결정되기도 한다. 이것을 리더의 영향력이라 한다. 이에 목회자의 리더십은 곧 영향력이라 말할 수 있다.

리더가 보여 주고, 그림을 그려 주어야 할 부분은 어떤 것들이 있을까? 리더는 비전을 보여 주어야 하고 도전해야 하며 행동하게 하여야 한다. 그리고 격려해야 한다. 그러면 그런 공동체가 될 수 있다.

비전과 사람, 둘 중에 무엇이 먼저인가?

닭이 먼저인가 달걀이 먼저인가? 우리는 닭이 먼저라는 것을 잘 알고 있다. 하나님이 닭을 먼저 창조하셨기 때문이다. 사람이 먼저인가 비전이 먼저인가? 이 문제는 각자의 시각에 따라 그 답이 달라질 수 있다.

존 맥스웰은 『성경에서 배운 21분 리더십』[78]에서 "리더는 비전을 찾은 다음 사람들을 찾는다. 사람들은 리더를 찾은 다음 비전을 찾는다"라고 했다. 따르는 사람들의 시각에서 보면, 사람들은 리더를 받아들인 다음 그의 비전을 받아들인다. 이를 "수용의 법칙"이라고 말한다. 하지만 리더의 입장에서 보면 비전이 먼저다. 리더는 비전을 먼저 품는다. 그리고 그것을 함께 이룰 사람들을 찾는 것이다.

따르는 사람들의 시각에서 바라보자. 그러면 비전과 사람 중에 사람이 먼저임을 알 수 있다. 리더가 따를 만한 사람인지가 중요하다. 리더의 인품이 중요한 것이다. 리더가 믿을 만한 사람인지가 중요한 것이다.

미국 「타임」의 창간자의 부인으로서 미 하원의원과 이탈리아 대사를 역임한 바 있는 클레어 부츠 루스 여사는, "모든 인물은 단 한 문장으로 요약된다"라는 유명한 말을 남겼다. 조지 워싱턴 하면 "미국 독립의 아버지"라는 한 문장으로 요약된다. 링컨 대통령은 "노예 해방의 아버지"라고 말한다. 마틴 루터 킹 목사는 "민권 운동의 기수"란 한 문장으로 그의 생애가 요약된다. 리더들의 분명한 공통점을 모두 한 문장으로 평가한 것이다. 그 한 문장은 곧 그들의 비전이었다. 비전은 단순하지만, 강력한 것이다. 그래서 사람들은 그 리더를 따르고 그의 비전을 따르는 것이다.

리더는 비전과 사명으로 무장해야 한다. 그러면 팔로워들은 그 리더를 만나니 춤을 추게 될 것이다. 즐겁게 따르는 사람들은 리더의 비전에 동참하지 않겠는가?

비전에 동참하도록 도전하라

전 세계를 지배하는 로마가 바울 한 사람이 들어가므로 흔들리기 시작했다. 왜냐하면, 하나님으로부터 받은 비전이 있었기 때문이다.

바울은 그의 비전을 위해 사람들을 동참시켰다. 브리스길라와 아굴라, 디모데, 실라, 마가 요한, 디도. 바울은 자신이 받은 계시를 이루기 위해 사람들에게 도전을 주었던 것이다. 그리고 그들과 함께 그 비전을 이루어 간 것이다. 비전 공동체를 이룬 것이다. 하나님 나라의 일은 합력하여 선을 이루어야 하기에 사람에게 도전하는 일은 참으로 중요한 것이다.

19세기 때 프랑스의 알렉상드르 뒤마가 쓴 『삼총사』라는 소설이 있다. 이 소설은 주인공인 달타냥과 왕을 호위하는 근위대인 세 사람, 즉 아토스, 포르토스, 아라미스가 함께 종횡무진 활약을 펼치는 내용이다. 그런데 이 소설에 보면 네 명이 함께 칼끝을 맞대면서 이렇게 외치는 장면이 나온다.

"all for one, one for all!"

이 말의 뜻은 '모든 사람은 한 사람을 위해, 한 사람은 모든 사람을 위해'이다. 서로가 서로를 위해야 한다는 것이다. 서로가 한 비전을 품어야 한다. 그리고 그 비전에 동참해야 한다. 그러면 비전 공동체가 된다.

리더는 모두를 데리고 갈 수는 없으나 모두에게 관심을 가져야 한다. 그리고 공동체 비전을 보여 주고, 그려 주어야 한다. 리더의 비전이 자기의 비전이 되도록 설득해야 한다. 이것이 리더의 영향력이다.

비전을 따라 행동하게 하라

"백문이 불여일견"이라는 말이 있다. 팔로워들은 비전을 구체적으로 보고 들어야 따라온다. 보통 교회를 건축할 때, 설계도가 나온 후 그에 따라 건축 모형 미니어처를 만들게 한다. 작지만 눈에 보이는 건물이 나왔을 때, 성도들의 마음은 움직이기 시작한다.

리더는 확실한 비전을 보여 주고 그 비전에 따라 행동하게 해야 한다. 리더가 비전을 전달하는 효과적인 방법은 '이미지와 스토리'이다.

첫 번째는, 상징 이미지를 통해 따라오게 해야 한다. 건축할 땐, 조감도가 중요하다. 가능하다면 건축모형 미니어처 예배당을 만들어 현장감이 나도록 하는 것이 좋다.

이를 잘 활용한 사람이 마하트마 간디이다. 간디는 인도 국민이 스스로 가난을 극복할 수 있음을 보여 주는 상징물로 물레를 활용했다. 물레로 수제품을 만들어 경제적으로 자립할 수 있음을 보여 준 것이다.

윈스턴 처칠도 상징을 활용했다. 영국이 위기에 처했을 때, 처칠은 승리의 'V'자를 보여 주었다. 사기가 저하된 나라를 일으켜 세우는 단합의 상징이었다. 리더는 하나님께서 주신 비전을 따라 성도들이 움직이게 해야 한다. 제일 좋은 방법은 비전에 대한 약속을 이미지로 그리는 것이다. 그러면 청중은 움직이기 시작한다.

두 번째는, 스토리를 통해 비전을 따라오게 해야 한다. 교회에서는 이를 '간증'이라고 한다. 간증은 하나님께서 어떻게 역사하셨는지를 드러내는 이야기이다. 간증을 듣는 이로 하여금 믿음을 불러일으킨다.

매해 11월이면 서울의 모 교회에서 진행하는 '다니엘 기도회'가 있다. 21일 동안 목회자와 여러 분야의 성도가 간증한다. 1만여 교회가 참여하는 놀라운 집회이다. 은혜로운 간증을 통해 신앙의 도전을 받는다. 지역 교회에서는 목회자의 스토리를 듣고 싶어 한다. 목사님이 경험한 하나님, 성공하거나 실패했던 스토리를 듣고 싶어 한다. 자기 경험을 이야기하면 사람들을 움직일 수 있다. 그 스토리에 감동을 받게 되면 청중은 움직이게 된다. 논리적인 설교도 필요하지만, 감동을 주는 스토리도 필요하다.

격려의 아이콘 성령님, 격려의 사람 목회자

비전을 이루기 위해 격려는 필수 요소이다. 칭찬과 격려는 고래도 춤추게 한다. 칭찬과 격려는 강아지도 신나게 한다.

최근에 우리 집에 식구 하나가 늘었다. 입양을 한 것이다. 2개월 10일 된 말티푸 한 마리를 입양했다. 아이들이 얼마나 좋아하는지 모른다. 그런데 이 강아지가 아직 훈련되지 않아 배변이 문제가 되었다. 거실 여기저기에 오물을 배출했다. 강아지의 배변 훈련으로 가장 좋은 것은 칭찬과 간식이다. 간식으로 유도하고 칭찬으로 행동을 교정하는 것이다. 칭찬과 격려를 받으면 동물도 변한다.

마크 트웨인은 "칭찬보다 공동체를 건강하고 견고하게 세워갈 수 있는 더 나은 방법은 없다"라고 말한다. 리더의 칭찬과 격려는 영원한 동지를 만드는 것이다. 같은 비전, 같은 뜻을 이루어 나가는 것은 참

힘든 일이다. 그러므로 리더는 팔로워들이 지치지 않고 따라오도록 격려해야 한다.

격려의 모범은 성령님이시다. "내가 가면 또 다른 보혜사를 보내 주시겠다"요14:16 고 주님은 약속하셨다. 여기서 보혜사는 희랍어로는 '파라클레테' paraclete 라는 단어로 '누군가 부름을 받아 곁에 있어 주는 분'이라는 뜻이다. 영어로는 'comforter'로 번역한다. 위로자라는 말이다. 보혜사와 위로자는 같은 단어이다. 성령님은 예수님을 대신하는 또 다른 위로자였다. "또 다른"이란 말은 '질적으로 같은데 형태가 다른'이란 뜻이다. 예수님과 동일한 품성과 사랑을 지니신 위로자란 말이다. 그가 바로 성령이시다. 성령이 오시면 위로하신다. 격려하신다. 믿도록 믿음을 불러일으켜 주신다. 얼마나 좋으신 분인가?

리더는 이 성령님의 모습을 닮아야 한다. 위로자, 격려자, 함께 있어 주는 자가 되어야 한다. 사실 비전을 이루기 위해서는 얼마나 많은 에너지가 필요한가? 성도들은 쉽게 지친다. 비전을 잊어버리기도 한다. 그때 필요한 것이 리더의 격려이다. 리더의 위로이다. 이것이 리더의 영향력이다.

지능 분야에서 세계적 권위자인 로버트 스턴버그 박사는 초등학교 때 저능아로 찍혔었다. 그런데 초등 4학년 때 담임선생님으로부터 "넌 잘할 수 있다"는 격려를 받은 후 그는 A 학점을 받았다. 후에 예일대 교수가 되었다. 기자와 나눈 인터뷰 내용은 다음과 같다.

"그 선생님이 아니었더라면 예일대에 들어가기가 불가능했겠죠?"

"아닙니다. 연구실에 들어갈 수는 있었을 겁니다. 다만 연구가 아니라 … 청소하러 들어갔겠죠. 청소원 신분으로."

리더는 격려자이어야 한다. 그러면 비전 공동체를 만들 수 있다. 리더에 따라 공동체가 만들어진다. 리더의 비전, 리더의 품성, 리더의 격려가 비전을 성취하게 만든다. 이것이 바로 리더의 영향력이다. 목회자는 어떤 형태로든지 선한 영향력을 끼쳐야 한다. 선한 영향력은 곧 그 교회의 문화가 될 것이다.

능력있는 리더는 매력적이다

교회 대부분의 문제는 목사의 문제이다. 목사의 성품, 자질, 언행, 결정이 충격적인 문제를 야기하지 않는가? 목회자는 성숙한 성품을 기본적으로 가져야 한다. 리더는 반드시 성품의 훈련 기간이 필요하다. 그리고 거기에 능력까지 지녀야 한다. 왜냐하면, 목회란 오케스트라를 지휘하는 것과 같기 때문이다.

지휘자는 모든 악기를 다루지는 못하지만, 모든 악기의 특성과 조합을 잘 알아야 한다. 지휘자는 무척 특이한 연주자이다. 무대에 오른 오케스트라 단원 중 유일하게 음을 내지 않는 존재이다. 또 유일하게 청중에게 등을 보인다. 지휘자가 오케스트라 연주 시 박자 정도만 맞춘다고 생각하는 사람이 있다. 하지만 지휘자는 많은 걸 하고, 또 많은 걸 알아야 한다.

지휘자의 역량에 따라 아름다운 곡이 연주된다. 지휘자는 능력이 있어야 한다. 마찬가지로 목회자도 그러하다. 하나님의 교회를 목양하기 위해서는 능력을 갖추어야 한다. 목회자는 사람이 좋아야 한다. 사람 좋은 것은 기본이다. 여기에 능력까지 구비되어야 한다.

다윗은 하나님이 부르실 때 "그가 그들을 자기 마음의 완전함으로 기르고 그의 손의 능숙함으로 그들을 지도하였도다" 시 78:72 라는 평가를 받았다. 리더는 마음의 완전함과 더불어 그 손의 능숙함 skill 이 있어야 한다.

목양의 능력에는 어떤 것이 있을까? 무엇보다도 목회자는 설교를 잘할 수 있는 능력, 교회를 섬기는 리더십, 일을 처리하는 지혜가 있어야 한다. 교회 공동체는 무엇보다도 하나님의 말씀이 중심되어야 한다. 그러므로 목회자의 설교가 차지하는 비중은 상당한 것이다.

목회 성공의 80퍼센트는 설교라고 해도 무방하다. 그래서 목회자의 리더십 능력이란 설교를 잘하는 능력과도 비례한다. 처음 교회를 방문해서 예배를 드리는 사람들에게 제일 큰 어필과 매력은 설교이다. 목회자는 말씀에 능한 사람이 되어야 한다.

또한, 일을 잘 처리할 수 있는 능력인 리더십이 필요하다. 오케스트라를 지휘하듯 교인 전체를 이끌고, 돕고, 섬길 수 있는 능력이 필요하다. 이것을 한마디로 리더십이라 말할 수 있다. 그러므로 목회자의 능력은 곧 리더십의 능력이라고 할 수 있다. 그런데 이 능력은 위로부터 임해야 진정한 능력이 된다. 성령의 능력이 진짜 능력이다. 리더는 성령의 능력을 덧입어야 한다.

에베레스트산 위에도 독수리가 지나가는 때가 있다고 한다. 영하 50-60℃ 되는 그 추위에 독수리는 어떻게 에베레스트산을 통과할 수 있을까? 독수리가 그 산맥을 넘으려면 적어도 한 시간을 날아야 할 텐데 그 높은 길을 어떻게 날아갈 수 있을까? 산소도 없을 터인데 어떻게 날 수 있을까? 독수리는 그만한 힘이 있다고 한다. 높은 곳에 올라가서 아래를 내려다보고 먹이를 찾아내는 그 눈과 그 용맹과 지혜는 대단한 능력이 아닐 수 없다.

성령의 도우심을 받으면 우리도 이런 능력 있는 리더가 될 수 있다. 그런 리더는 실로 강한 것이다. 힘과 능력이 있기 때문이다. 그러나 이 능력은 세상적인 능력이 아니다. 성령이 오실 때 주어지는 능력만이 진짜 능력이다. 이 세상의 모든 힘 있는 자가 다 실패해도 성령으로 함께하는 사람만 세상을 이길 수 있다. "이는 힘으로 되지 아니하며 능으로 되지 아니하고 오직 나의 영으로 되느니라"슥 4:6 고 했다.

성령의 능력으로 무장한 리더는 진정한 능력자이다. 능력 있는 리더는 매력적이다. 매력적인 리더에게는 사람이 붙게 되어 있다. 그에게 붙은 사람은 성령의 능력으로 매력적인 사람이 될 수 있다.

좋은 성품에서 좋은 섬김이 나온다

좋은 성품, 성령이 주시는 성령의 열매가 있는 리더는 섬김의 대가이어야 한다. 주님이 제자들을 섬기셨듯이 당회원을 섬기면, 그 진정성이 보이면, 당회원들은 리더를 존경하게 된다.

좋은 리더는 당회원들을 개인적으로 돌본다. 교회 크기에 따라 다르겠지만, 목회자가 장로님의 생일을 챙겨드리면 좋은 관계가 형성된다. 생일 선물을 보낸다든지, 카카오톡을 활용해 기프티콘을 보낼 수도 있다. 더 좋은 방법은 생일을 맞이한 장로님 부부를 초대해서 함께 식사하는 것이다. 담임목사 부부와 생일자 장로님 부부가 함께 식사하며 진솔한 대화를 나눌 수 있다. 기도 제목을 듣고 기도해 주면 좋다. 사업과 자녀의 문제는 없는지, 신앙생활은 잘하고 있는지, 교회를 섬기면서 겪는 어려움은 없는지를 질문하고 기도해 드리는 것이다. 개인적 돌봄은 당회원 장로님도 원하는 바이다! 장로님의 생일을 잘 챙겨 주면 마음을 얻을 수 있게 된다.

무엇보다도 기도로 섬겨드려야 한다. 사실 당회원으로 사역하다 보면 잘해야 본전이라는 말을 듣는다. 잘하는 것은 보통이고, 못하는 것이 잘 보이기도 한다. 장로는 헌금과 봉사에도 모범을 보여야 한다는 중압감이 있기 마련이다. '돈 없으면 장로도 못 한다!'라는 잘못된 신화도 있지 않은가? 여러모로 힘들어하는 장로님들을 위해 목사가 기도해 드려야 한다. 새벽기도 시간에 특별히 당회원들을 위해 간절히 기도하는 것은 좋은 섬김임에 틀림없다.

당회와 교회 운영의 묘는 기다림에서 나온다

젊은 목회자의 가장 큰 실수 중 하나는 젊은 안수집사와 손잡고 일하는 것이다. 목사가 담임으로 부임하는 나이가 보통 40대 중반이다. 그런데 보통 당회원의 평균 나이는 60대 중반이다. 20여 년의 차이가 있다 보니 세대 차이가 크다. 큰형님이나 아버지뻘 되는 분들과 교회를 운영하게 된다. 여기서 어려움이 발생하곤 한다.

존 맥스웰은 그의 책 『리더십 불변의 법칙』[79]에서 "자신을 리드하려면 머리를 써라. 그러나 다른 사람들을 리드하려면 가슴을 써라"라고 말한다. 당회를 하기 전에 중요한 발언자와 협의를 하고 의견을 청취하는 것이 필요하다. 당회를 하기 전에 당회를 하는 것도 필요하다.

어떤 공동체이건 그 공동체에서 영향력 있는 사람이 있기 마련이다. 당회라면 수석 장로일 수 있다. 교회 설립자가 있다면 그분일 수도 있다. 아니면, 헌금을 많이 하는 분일 수도 있다. 목회자는 당회 안에서 어떤 분의 영향력이 큰지, 어떤 분의 말에 힘이 있는지를 먼저 파악할 필요가 있다.

목사가 계획하는 목회 사안을 당회에 제안하기 전에 그분을 먼저 만나는 것이 지혜이다. 영향력 있는 분에게 목회 사안에 대하여 설명하고 그의 의견을 묻는 것이 필요하다. 그러면 그분은 좋은 의견을 말해 주기도 할 것이다.

사람은 자신이 말한 것에 대하여 대체로 찬성하거나 적극적으로 대처하기 마련이다. 그러므로 '당회 전 당회'를 하면 그분이 마치 후견인처럼 목사의 대변인 역할을 해 줄 것이다.

그래도 반대가 있으면 기다림의 미학이 묘수다

서정주 님의 '국화 옆에서'를 기억하는가? 기다림의 미학의 대표적인 시일 것이다.

한 송이의 국화꽃을 피우기 위하여
봄부터 소쩍새는
그렇게 울었나 보다.

한 송이의 국화꽃을 피우기 위하여
천둥은 먹구름 속에서 또 그렇게 울었나 보다.
그립고 아쉬움에 가슴 조이던
머언 먼 젊음의 뒤안길에서

이제는 돌아와 거울 앞에 선
내 누님같이 생긴 꽃이여

노오란 네 꽃잎이 피려고
간밤에 무서리가 저리 내리고
내게는 잠도 오지 않았나 보다

"한 송이의 국화꽃"은 자기가 원하고 바라는 일이다. 목사의 목회 계획, 당회에서 통과되기를 원하는 사안일 것이다. 그런데 당회의 의견이 일치되지 못하는 경우가 발생한다. 그럴 때 어떻게 해야 할 것인가? 밀어붙일 것인가, 화를 내야 할 것인가, 아니면 기다려야 할 것인가?

지혜로운 좋은 리더는 한 송이의 국화꽃을 피우기 위해 기다림의 미학을 배워야 한다. 봄에는 소쩍새, 여름에는 천둥과 먹구름, 가을에는 무서리, 잠 못 이루는 밤, 전 우주가 동원되지 않는가? 그 아름다운 결실은 견딤으로, 기다림으로 보상받게 된다.

이번 당회에서 통과가 되지 않으면 기다려야 한다. 보다 좋은 아이디어를 첨가할 기회이다. 더 좋은 결실을 맺게 될 찬스임을 알고 기다려야 한다. 노오란 꽃잎이 피려고 무서리가 그렇게 내리고 있음을 기억하면 희망이 생기게 될 것이다. 이것이 목사가 갖춰야 할 기다림의 미학이 아닐까?

아무도 말해 주지 않는 당회 운영의 묘가 있다

한국교회는 요즘 심한 몸살감기를 앓고 있는 듯하다. 부흥의 1세대, 2세대가 은퇴하였다. 이제 젊은 목회자들이 그 목회의 바통을 이어받고 있다. 이런 리더십 교체의 시기가 가장 위기의 때이다. 이때 교회는 참 많이 기도해야 한다. 기도 외에는 이런 유가 나가지 않기 때문이다.

젊은 목회자들도 기도를 많이 해야 할 것이다. 문제가 있으면 사람에게 말하지 말고 조용히 입을 다물고 하나님께만 기도하기를 배워야 한다. 문제가 있을 때, 교회 공동체는 합심하여 기도해야 한다. 목회자는 기도하면서 중립을 지키는 것이 지혜이다. 어느 한쪽에 힘을 실어 주면 그때부터 불협화음이 나기 때문이다. 특히, 일하기 쉬운 젊은 집사님들만 등용해서 일하면 교회가 시끄러워지기 시작한다. 이렇듯 목회는 그리 쉬운 일이 아니다. 말씀과 기도에만 전념해야 하지만 한국교회의 특성상 좋은 관계, 좋은 운영의 지혜가 필요한 것이 사실이다.

당회 운영과 교회 운영의 묘수는 없을까? 선배들의 지혜를 집대성해서 후배들에게 전수해 주면 참 좋겠다. 마치 새로운 컴퓨터를 바꿀 때 라인을 연결해서 구 컴퓨터의 모든 정보를 새 컴퓨터에 이식하는 것처럼, 선배의 경험과 지혜를 그대로 이식받을 수만 있다면 얼마나 좋겠는가? 목회 선배님들이 알려 준, 그리고 목회 현장에서 배운 운영의 묘수를 함께 공유해 본다.

첫째, 재정은 투명하게 그리고 공정해야 한다.

한 교회에서 20년 이상 목회한 목사님이 은퇴하고 나면 장로님들의 목소리가 커지는 경향이 있다. 신임 목사님이 부임하면 교회 사정을 잘 모르니 장로님들이 주도권을 가져가기도 한다. 이때 들여다보는 것은 재정 부분이다. 그동안 재정 관리는 투명했는지, 재정부 인사 관리는 공정했는지를 확인해 보기도 한다.

투명성과 공정성을 담보하려면 재정 부장, 재정 위원장, 재정 국장을 임기제로 하는 것이 지혜롭다. 2년 임기제로 담당자를 바꾸는 것이다. 한 사람이 너무 오래 재정을 관리하게 되면 편리한 점은 있지만, 오해의 소지가 다분히 있다. 이와 더불어 감사 제도를 명확히 해야 한다. 재정 감사로 안수집사, 권사, 장로까지 포함하여 투명성을 확보하는 것이 대단히 중요하다.

담임목사의 입장에선 재정 부장을 일하기 편한 사람으로 세우고 싶어 할 수 있다. 또한, 한 사람이 오래 재정부를 맡으면 목회자와 친하게 될 수도 있다. 편리성은 있지만, 오해의 소지가 다분한 것이 사실이다. 그러므로 목사와 재정 부장은 불가근 불가원 不可近 不可遠 해야 한다.

둘째, 목회자는 선명한 목회 철학을 제시해야 한다.

목회자마다 자신의 목회 철학이 있을 것이다. 그러나 주님의 목회 철학을 기억해야 한다. 주님의 지상명령 The Great Commission 이 교회의 근간이 되어야 할 것이다.

교회는 그리스도의 제자 삼기 위해 가서, 세례를 주고, 가르쳐 지키게 해야 한다. 교회의 존재 목적을 분명히 하면 한마음 한뜻을 이루어 나가기 쉽게 된다. 이렇듯 목회자는 주님의 명령을 따라 선명한 목회 철학을 제시해야 한다. 목적이 선명할 때 선명한 비전으로 하나 되는 교회를 바라볼 수 있게 될 것이다.

셋째, 당회는 회의만으로 채우면 안 된다.

회의는 짧게, 기도는 길게 하는 교회가 되면 좋겠다. 어느 교회는 당회를 4-5시간 한다고 한다. 어느 교회는 오후 예배 전에 당회를 하면서 담임목사를 힘들게 하는 경우도 있다. 목사가 마음이 힘들면 그 오후 예배가 어떻게 되겠는가?

당회는 목사나 장로가 미리 의제를 제시하는 것이 좋다. 그리고 회의에서는 의견을 참고하여 신속한 결정을 내리는 것이 좋다. 회의는 스마트하게, 기도는 길게 하면 좋겠다. 아픈 성도들의 이름을 불러 가며 합심기도하는 당회가 멋진 당회가 아니겠는가? 당회실에서 고성이 오가는 대신 통성기도 소리가 나도록 해야 한다.

당회원들이 한 달에 한 권 정도의 책을 읽고 독서 나눔을 하는 당회는 어떤가? 목회 트렌드를 확인하고 공부하여 건설적인 대안을 제시하면 얼마나 좋겠는가? 기도하는 당회, 공부하는 당회, 대안이 있는 당회를 만들어 보길 소망하면 좋겠다.

넷째, 은퇴자와 원로 장로를 서운하게 하지 마라.

은퇴하면 다 서운하다고 한다. 현직에서 물러나면 아쉬움과 더불어 서운함이 몰려온다고 한다. 서운하면 불만이 터져 나올 수 있다. 불만이 회자되면 공동체의 분위기가 살벌해질 수도 있다. 젊은 목회자들은 이 점을 잘 기억하여 원로들을 잘 대접하면 좋겠다.

1년에 몇 차례 위로회를 마련하면 분위기가 좋아진다. 야외로 나가 식사 대접을 하면서 그분들의 이야기를 들어 보아야 한다. 원로들의 지혜를 귀담아들으면 나도 지혜자가 된다. 의견 수렴이 되면 원로들이 적극적인 지지자가 될 수 있다. 서운함이 있는 교회가 아니라 감사함이 있는 교회가 될 것이다.

다섯째, 목회자는 자신을 위한 처우를 먼저 말하지 않아야 한다.

예배당 건축 중에 승용차를 사는 목회자를 본 적이 있다. 그것도 목회자가 금액과 차종을 말하는 경우도 있다. 절대 하지 말아야 할 처신이다. 오히려 자기가 타던 차를 팔아 건축 헌금하면 어떨까? 그랜

저를 타다가 모닝으로 바꿔 타면 어떨까? 건축 중에 절약하는 모습은 성도들에게 좋은 귀감이 될 것이다.

연말이면 목회자 사례비 문제를 언급하는 경우가 있다. 목사가 자기 입으로 사례비 문제를 말하지 않아야 한다. 교회에 은혜의 온도가 높아지면 사례비도 높아지지 않겠는가?

은퇴비 문제도 마찬가지이다. 목사가 먼저 은퇴비에 관해 언급하지 말아야 한다. 참 어려운 문제이다. 그래서 미리미리 은퇴연금을 넣어 두는 것이 현명한 선택이 되기도 한다.

박윤성 목사

익산 기쁨의교회 담임이다.

총신대신학대학원을 졸업하고 미국 탈봇신학대학원에서 신약학 (Th.M)을 공부했고 풀러신학대학원에서 김세윤 교수의 지도하에 목회학 박사학위(DMin)를 받았다.

부산 수영로교회에서 목회를 배운 뒤 지성과 영성을 겸비한 목회자가 되기 위해 자기 훈련을 게을리하지 않고 있으며, 지역 교회를 돕는 일에도 열심이다.

저서로는 『요한계시록 어떻게 가르칠까』, 『히브리서 어떻게 가르칠까』, 『수영로교회 소그룹 이야기』, 『톡톡 요한계시록1, 2』, 『포스트 코로나시대의 리더십, 정의로운 교회』, 『목회트렌드 2023』, 『목회트렌드 2024』 등이 있다.

4 목회자의 재정 관리는 세상과 달라야 한다

"야수 자본주의"라는 말이 있다. 독일에서 흔히 사용하는 말이다. 김누리 교수는 그의 책 『우리의 불행은 당연하지 않습니다』[80]에서 "자본주의는 기본적으로 자유롭게 놓아 두면 인간을 잡아먹는 야수가 된다"라고 말한다. 이것은 헬무트 슈미트 사민당 총리가 했던 말이다.

그는 '자본주의는 기본적으로 야수의 속성을 가지고 있다. 자본주의가 사회에서 인간을 잡아먹는 것을 막아내는 것이 정치의 책무다'라는 신념을 가지고 있었다.

자본주의가 인류의 물질적 성장에 큰 영향을 끼쳤던 것이 사실이다. 우리나라가 이렇게 부유하게 된 것도 미국식 자본주의를 받아들이게 된 연유이었다.

자본주의가 효율적인 체제임은 틀림없다. 반면, 자본주의를 잘못 사용하게 되면 인간을 잡아먹는 야수의 속성을 지니고 있는 것도 사실이다. 그래서 김누리 교수는 "많은 나라가 '효율성'은 활용하되, '야수성'은 통제해야 한다는 생각을 공유"[81]하고 있다고 말한다. 말하자면 국가가 나서서 야수에게 재갈도 물리고 고삐도 채워 컨트롤해야 한다는 것이다.

야수 자본주의가 교회 안에도 있다(?)

한 남자가 자살하려고 인터넷으로 수면제 백 개를 구입해 먹었는데 죽지는 않고 배탈만 났다고 한다. 알고 보니 사기꾼이 '칼슘 보충제'를 수면제로 속여 팔았던 것이다. 그 남자는 덕분에 목숨을 부지했다. 나중에 잡힌 사기꾼이 이렇게 변명했다.

"뼈아픈 고통이 있다길래 뼈 강화제를 준 것뿐인데요?"

이 사회에 '돈이면 최고다'라는 잘못된 자본주의가 만연한 것이 사실이다. 사회는 그렇다 할지라도 교회는 좀 달라야 하지 않겠는가? 우리는 주님의 말씀을 너무나도 잘 알고 있다.

'한 사람이 두 주인을 섬기지 못할 것이니 혹 이를 미워하고 저를 사랑하거나 혹 이를 중히 여기고 저를 경히 여김이라 너희가 하나님과 재물을 겸하여 섬기지 못하느니라'(마 6:24).

아는 것을 실천하는 것이 얼마나 어려운 일인가! 오늘의 한국교회는 돈 때문에 신뢰성이 무너지고 있다. 교회의 정체성마저 흔들리고 있지 않은가? 단체장, 교단장 선거에서 금품 살포는 어제오늘의 이야기가 아니다. 이것이 교회가 사회보다 못하다는 소리를 듣는 지점이다.

총회장이 되기 위해서는 10억, 20억 원 정도는 써야 한다는 이야기가 솔솔 들린다. 어느 교단에서는 무려 100억 원까지도 쓴다는 말이 들리는데 사실인지 확인은 불가능하다. 참담한 현실, 누구나 다 아는 사실이지만 선거를 위해 쓰는 돈에 대하여 함구하는 것이 우리의 현주소다.

칼빈은 『기독교 강요』에서 "교회 수입의 '적어도 절반'은 가난한 자의 몫이 되어야 한다"라고 주장했다. 참 부끄러운 현실이다. 이렇게 실천하는 교회가 얼마나 되겠는가? 우리가 점검해야 보아야 할 지점이다. 교회 안에도 야수 자본주의가 판을 치지 못하도록 해야 한다. 교회가 다시 세상의 빛과 소금이 되려는 몸부림이 필요한 시대가 된 것이다.

성경은 정의로운 교회가 되기를 명령한다. 그런데 '정의'가 무엇일까? 성경에서 말씀하는 정의는 세상에서 말하는 것과는 좀 차이가 있다. 박윤성 목사는 『정의로운 교회』[82]에서 이렇게 말한다.

"공정과 정의를 부르짖는 시대에 교회는 정의로운가? 코로나19 시기를 지나면서 가장 많이 들었던 이야기 중 하나이다. '또 교회야? 아직도 교회 나가고 있니?' 젊은이들이 냉소하며 하는 말들이다. 참 안타까운 이야기가 아닌가? 비록 교회의 실수로 아픈 기억들이 있지만, 여전히 교회는 이 세상의 소망이다. 주님은 교회를 이 세상의 빛이요 소금이라고 말씀하셨기 때문이다."

성경에서 말하는 정의란 무엇인가? 성경에서는 하나님을 "정의로 우신 분"이라고 말씀한다.

'사람아 주께서 선한 것이 무엇임을 네게 보이셨나니 여호와께서 네게 구하시는 것은 오직 정의를 행하며 인자를 사랑하며 겸손하게 네 하나님과 함께 행하는 것이 아니냐'(미 6:8).

정의로우신 하나님은 그의 백성들에게도 정의롭게 행하기를 요구하신다. 성경에서의 정의는 윤리적, 법정적 정의도 있다. 하지만 중요하게 여기는 정의는 사회적 약자를 돌보는 것을 말한다.

'너희의 하나님 여호와는 신 가운데 신이시며 주 가운데 주시요 크고 능하시며 두려우신 하나님이시라 사람을 외모로 보지 아니하시며 뇌물을 받지 아니하시고 고아와 과부를 위하여 정의를 행하시며 나그네를 사랑하여 그에게 떡과 옷을 주시나니'(신 10:17-18).

'그의 거룩한 처소에 계신 하나님은 고아의 아버지시며 과부의 재판장이시라'(시 68:5).

'너희가 손을 펼 때에 내가 내 눈을 가리고 너희가 많이 기도할지라도 내가 듣지 아니하리니 이는 너희의 손에 피가 가득함이니라, 선행을 배우며 공의를 구하며 학대받는 자를 도와주며 고아를 위하여 신원하며 과부를 위하여 변호하라 하셨느니라'(사 1:15, 17).

하나님이 강조하시는 정의란 고아와 과부 그리고 나그네를 잘 대접하라는 것이다. 사회적인 약자를 배려해 주는 것이 정의이다. 이런 것이라면 우리 교회들이 잘할 수 있는 것이 아닌가? 그동안 한국교회는 빛도 없이 이름도 없이 사회적 약자들을 위해 사랑을 베풀었던 것이 사실이다. 그런데 어느 순간부터 교회 안에도 경제적인 논리가 들어왔다. 우리 교회와 우리만의 리그를 만들어 왔던 것이다. 그래서 세상이 교회를 이기적인 기득권 단체처럼 보게 된 것이다.

교회가 변하면 세상은 기대할 것이다. 이제 교회는 세상을 향해 무엇인가를 줄 수 있을 것이다. 교회는 세상의 기대보다 더 큰 것을 줄 수 있다. 그러면 기대 이상의 결과가 나올 것이다. 기대보다 넘치는 무엇인가를 줄 수 있는 것이 교회이다.

오늘도 주님은 우리에게 이것을 요구하신다. 포스트 코로나 시대에 교회가 교회의 것을 내놓아야 하지 않겠는가? 월터 부르그만의 주장대로 "안식일은 세상의 자본주의에 대해 저항하는 날"임을 선포할 필요가 있다. 자본주의, 물질주의에서 벗어나 하나님의 정의가 실현되는 교회가 되어야 하지 않겠는가?

목회자의 재정은 하나님의 것이다

교회가 정의로우려면 사실 지도자가 먼저 정의로워야 한다. 목회자들은 늘 설교한다.

"돈과 하나님을 겸하여 섬길 수 없습니다!"

그런데 정말 목회자들이 그렇게 살고 있는가? 너무도 귀한 목회자들이 있는 줄 믿는다. 사재를 털고, 아이들 적금까지 깨면서 교회를 세우는 귀한 분이 많이 있다.

목회자의 재정은 하나님의 것이다. 교인들의 재정도 하나님의 것이다. 온 교회의 재정도 하나님의 것이다. 이 정신이 뿌리 깊게 정착하기 위해서는 목회자가 먼저 솔선수범해야 할 것이다.

故 정필도 목사님은 해외 집회나 부흥회를 인도하고 받은 사례비를 모두 교회에 헌금한 것으로 유명한 분이다. 본인은 교회에서 사례비를 받으니 외부에서 받은 사례비는 헌금으로 드린 것이다. 그분은 은퇴하면서 교회에서 제공한 사택도 본인 명의가 아닌 교회 이름으로 등기하였다. 잘 살다가 천국 가면 그 집을 교회 소유로 되돌아가도록 하신 것이다. 목회자의 재정은 하나님의 것임을 몸소 실천한 귀한 분이시다.

정의로운 교회를 이루기 위해 목회자들에게 이런 정신이 있으면 좋겠다. 외부 사례비는 헌금으로, 또는 장학금으로 만들면 어떨까?

절기 헌금도 십일조 헌금만큼 드리면 좋지 않을까? 목사의 정년이 70세 정도이니 정년이 없는 교단, 75세인 교단도 있음 63세부터 나오는 국민연금을 장학금으로 기탁해서 장학부서를 만들면 좋겠다.

목사는 은퇴할 때까지 교회에서 사례비를 받으니 생활비 걱정은 없지 않은가? 목회자의 가정에서 협력 선교사를 후원하면 좋지 않을까? 한 가정이 한 선교사를 후원하는 아름다운 풍경이 생겨날 것이다. 목회자의 재정은 하나님의 것이기에 가능할 것이다.

이런 지도자의 모습을 보면, 교회가 앞장서 재정을 나눌 수 있게 될 것이다. 기대보다 더 큰 것을 주는 교회는 없을까? 협성대학교에서 은퇴한 유성준 교수는 "세이비어교회의 목회 철학을 한국교회의 미래 목회 대안 모델로 상고하는 것은 큰 도전"이라고 말한다.

'세이비어교회' The Church of the Savior 는 대안 교회가 현실화되면서 모델 교회로 자주 언급되는 교회로, 미국 워싱턴디시에 있다. 고든 코스비 목사가 1947년 설립한 이 교회는, 철저한 입교 과정과 고도의 훈련으로 유명하다. 교인은 불과 150여 명이다. 하지만 이 정도의 교인으로도 미국의 교계를 움직이는 혁신적인 교회로 평가받고 있다.

교회 모델로 급부상한 세이비어교회의 목회 철학은 철저한 '사회적 섬김'에 바탕을 둔다. 세이비어교회는 다음 네 가지의 특징을 가지고 있다.

첫째, 영적인 삶을 통해 예수님을 닮아 가는 삶을 추구한다.

둘째, 예수 중심의 사회적 활동을 통해 지역사회를 섬긴다.

셋째, 가난한 자, 버림받은 자, 소외된 자를 섬기는 일에 헌신한다.

넷째, 용기와 희생적인 삶을 통해 세상을 변화시키는 일에 헌신한다.

75년이 지난 지금까지도 이 사역을 이어 가고 있는 세이비어교회는 7개 분야에서 45가지의 연관된 사역을 진행한다. 소요되는 연간 예산은 1,500만 달러한화 180억 원 이상이다. 유 교수는 "바로 이런 것들로 작은 세이비어교회가 이 시대 다른 어떤 교회들보다 미래 목회에 실제적인 대안을 제시하고 있다"라고 평가한다. 이런 교회는 기대 이상의 교회가 아니겠는가?

대한민국에는 그런 교회가 없을까? 감사하게도 기대보다 더 큰 것을 주는 교회들이 많이 있다. 우리에게 잘 알려진 한 교회를 소개할까 한다. 서울 수락산 기슭에 있는 광염교회이다. '감자탕교회'라고도 잘 알려진 교회이다.

광염교회는 교회 재정을 항상 투명하게 공개하고 재정은 무조건 100만 원만 남기는 교회이다. 각 절기마다 모인 헌금은 전액 구제비로 집행한다. 조현삼 목사는 건물보다는 사람에게 투자한다는 확고한 목회 철학을 가지고 있다. 장학, 구제, 선교에 교회 재정의 30퍼센트 이상을 과감하게 투자하고 있다. 그래서 조현삼 목사는 광염교회 설립 때 10대 비전을 제시했다.

첫째, 세계에서 전도비를 가장 많이 지출하는 교회

둘째, 국내외에 100개 이상의 교회를 설립하는 교회

셋째, 100명 이상의 선교사를 지원하는 교회

넷째, 1천만 장 이상의 전도지를 전하는 교회

다섯째, 우리나라에서 구제비를 가장 많이 지출하는 교회

여섯째, 100명 이상의 고아와 과부의 생활비를 지원하는 교회

일곱째, 1만 가정 이상을 천국의 모형으로 만드는 교회

여덟째, 우리나라에서 예수님 닮은 인재를 가장 많이 양육하는 교회

아홉째, 100명 이상의 목회자를 양성하는 교회

열 번째, 100명 이상의 사회 각 분야 최고 지도자를 양성하는 교회

이러한 비전대로 실천하는 귀한 교회이다. 이 교회에 등록하고 함께 봉사단에 참여하는 성도들은 참 행복하다고 고백한다. 신앙생활하며 눈물을 흘린 경험이 한 번도 없었다는 한 성도는 이렇게 고백한다.

"이 교회에 등록하여 신앙생활하면서 예배 때마다 눈물이 고이는 경우가 허다했다."

세상을 섬기는 교회, 기대보다 더 큰 것을 주는 교회가 되니 행복한 성도가 된 것이다. 교회가 세상을 섬기면 세상이 감동한다.

목회자가 욕심을 버리면 교회는 하나님 나라가 된다

월터 브루그만은 그의 책 『하나님, 이웃, 제국』[83]에서 이렇게 말한다.

"고대 제국은 오늘날의 제국들처럼 몇 가지 반복되는 특징을 보여 준다. 첫째, 모든 제국은 약자의 부를 착취해 강자에게 몰아주려 했다. 둘째, 제국은 상품화 정책을 추구했다. 사물과 인간 모두 사고팔고, 거래하고, 소유하고, 소비되는 필수품으로 위축된다. 셋째, 제국은 착취와 상품화를 시행하기 위해서라면 모든 수위의 폭력을 즉시 집행할 수 있도록 만반의 채비를 갖추었다. 고대로부터 현대에 이르기까지 제국들의 특징은 약자의 부를 착취해서 자기들의 배를 채우는 것이었다. 그러나 하나님은 그러한 세상 제국들을 산산이 부수시었다. 출애굽 내러티브를 통해 경제적 착취를 종식시키셨다. 애굽의 우상들보다 하나님이 우월한 분임을 명확히 보여 주셨다. 광야 체류의 내러티브를 통해 모자람이 없는 물과 양식과 고기라는 놀라운 선물을 주셨다. 그러므로 하나님의 광야 내러티브는 만민을 위한 부요함으로 가득하였다. 시내산 내러티브를 통해 하나님은 그의 백성과 서로 신실하겠다고 언약하심을 보여 주었다. 그러므로 하나님의 역사는 그분의 내러티브를 통해 강조되었다. 그 내러티브는 언약이라는 형태로 영속적인 효과를 나타냈던 것이다."

이런 측면에서 월터 브루그만은 "결국 핵심은 내러티브에 있다. 제국의 신들이 합법화한 착취, 상품화, 폭력 이데올로기의 내러티브에 가담할 것인가, 아니면 이스라엘 전통 가운데 계신 분, 곧 해방과 언약의 하나님이 옳다 하시는 현실을 이웃을 위해 성실히 만들어 나가는 내러티브에 참여할 것인가?"를 택하도록 요구한다.

하나님의 내러티브에 참여하는 사람들은 하나님과 이웃 사랑이라는 두 축을 중심으로 살아가야 한다.

우리 한국교회가 잘했던 부분은 하나님 사랑이었다. 믿음이 출중하여 하나님께 대한 헌신도가 대단했다. 이제는 수평적 관계인 이웃 사랑을 더 잘 실천해야 할 때이다. 브루그만은 이웃을 향한 신실함을 표현하기 위해 '관계성'relationality 을 강조한다. 그 관계성을 형성하기 위해 세 가지를 강조한다.

첫째, 정의 justice 의 개념을 바로 세워야 한다. 정의란 분배의 맥락에서 사회 구성원 모두가 안전과 존엄과 행복을 누리며 살도록 보장한다는 뜻이다.

둘째, 은혜 grace, mercy 이다. 은혜는 보응 quid pro quo, what for what 의 전제를 버리고 긍휼의 손길을 건네는 행동이다.

셋째, 율법 law 이다. 법은 사회의 재화, 권력, 접근성을 공정하게 분배하여 약자들에게 가해지는 각종 부당한 강탈, 학대, 억압을 차단한다.

그러므로 정의, 은혜, 율법 안에 영글어 있는 것이 바로 '이웃을 향한 신실함'이다. 따라서 교회는 하나님의 정의, 은혜, 율법의 정신을 따라야 한다. 그래서 주님은 이것을 두 마디로 잘 정리해 주셨다.

'예수께서 이르시되 네 마음을 다하고 목숨을 다하고 뜻을 다하여 주 너의 하나님을 사랑하라 하셨으니 이것이 크고 첫째 되는 계명이요 둘째도 그와 같으니 네 이웃을 네 자신같이 사랑하라 하셨으니 이 두 계명이 온 율법과 선지자의 강령이니라'(마 22:37-40).

바울도 레위기 19장 18절을 인용해서 이렇게 말씀했다.

'온 율법은 네 이웃 사랑하기를 네 자신같이 하라 하신 한 말씀에서 이루어졌나니'(갈 5:14).

이제 포스트 코로나 시대에 필요한 것은 '이웃 사랑'이라고 본다. 교회의 신뢰도가 참 많이 떨어졌다. 어떤 이유에서든지 교회는 다시 영광을 회복해야 할 때이다. 영광을 회복하는 길은 하나님을 사랑하며 이웃을 사랑하는 것이다. 하나님이 눈에 보이시지 않기에 눈에 보이는 형제자매를 사랑해야 한다. 이웃을 사랑하면 온 율법을 이루게 된다.

이런 사랑의 이중 계명을 실천하는 교회가 되려면 어떻게 해야 할 것인가? 먼저 목회자가 욕심을 버리면 된다. 물질적인 욕심, 명예의 욕심, 인정받으려는 욕심을 버리면 그곳에 하나님의 나라가 임하지 않겠는가? 이런 대안적 지도자, 대안적 공동체가 있는 한 복음의 행진은 지속할 것이다. 하나님의 나라는 온 세상에 강력하게 침투해 들어올 것이다.

광고만 해도 모금이 되는 교회가 돼야 한다

교회와 목회자가 재정에 투명하면 헌금하고 헌신할 성도는 많이 있다. 어느 장로님이 필자에게 이렇게 말씀하셨다.

"목사님, 목사님들이 올바르게 목회하고 사역하면 돈이 문제가 되겠습니까? 한국교회에 부자 성도가 많이 있습니다. 그들이 지갑을 열지 않는 이유는 헌금이 올바르고 투명하게 사용되지 않기 때문입니다."

일리 있는 말이다. 선한 목적과 비전을 제시하면 즐겁게 헌신하는 분이 많이 생긴다.

모 교회는 성도를 잘 훈련하는 교회이다. 말씀과 기도로 훈련한다. 많은 양육 과정을 개설하여 말씀 훈련을 잘한다. 또한, 기도 훈련도 열심히 한다. 말씀과 기도로 거룩해지기를 열망한다. 특히, 선교 훈련을 하면서 좋은 열매를 많이 보고 있다. 장로, 안수집사, 권사로 피택받은 분들을 1년 동안 선교사 훈련 과정을 이수하게 한다. 선교지 탐방과 한국 초대교회 선교사들의 행적을 배우면서 큰 감동을 받게 된다. 성도는 훈련과 양육으로 성장하게 된다. 무엇보다도 선교사들의 헌신적인 스토리를 듣게 되면 감동을 받는다. 감동을 받을 때 마음이 움직이게 된다.

이렇게 훈련받은 분이 많으면 어떤 열매를 맺을까? 광고만 해도 모금이 다 되는 교회로 변하게 된다. 선교지에서 필요한 재정이 있다. 교회를 건축하거나 땅을 매입하거나 선교에 필요한 자동차를 매입해야 할 경우가 있다. 교회에서 특별헌금을 하지 않고 광고만 해도 다 해결될 수 있다. 훈련받은 분들이, 마음에 감동이 되는 분들이 다 감당하게 된다. 재정이 하나님의 것이라는 교육을 받으니 광고만 해도 감동받는 분들이 생기는 것이다.

박윤성 목사

익산 기쁨의교회 담임이다.

총신대신학대학원을 졸업하고 미국 탈봇신학대학원에서 신약학 (Th.M)을 공부했고 풀러신학대학원에서 김세윤 교수의 지도하에 목회학 박사학위(DMin)를 받았다.

부산 수영로교회에서 목회를 배운 뒤 지성과 영성을 겸비한 목회자가 되기 위해 자기 훈련을 게을리하지 않고 있으며, 지역 교회를 돕는 일에도 열심이다.

저서로는 『요한계시록 어떻게 가르칠까』, 『히브리서 어떻게 가르칠까』, 『수영로교회 소그룹 이야기』, 『톡톡 요한계시록1, 2』, 『포스트 코로나시대의 리더십, 정의로운 교회』, 『목회트렌드 2023』, 『목회트렌드 2024』 등이 있다.

5 시대가 원하는 목회자의 권위는 무엇인가?

권위 있는 교수님과 권위주의에 빠진 교수의 차이는 무엇일까? 권위 있는 교수는 자신의 영역에 전문성이 있고 문제를 해결해 가는 실력이 있다. 권위주의에 빠진 교수는 자신의 교수직으로 학생들에게 군림하고 주어진 힘을 자기 자신을 위해서 사용한다.

목회자는 어떤가? 권위 있는 목회자는 자신에게 주어진 권위를 영혼을 살리고 세우는 일에 사용한다. 권위주의에 빠진 목회자는 자신에게 주어진 힘을 사리사욕을 채우는 데 사용한다.

권위가 사라진 시대, 권위를 묻다

권위가 사라져 가는 시대에 우리는 권위에 대해 더 깊은 고민을 할 필요가 있다. 권위가 있으면 그 권위를 통해서 질서가 세워지고 아름다움이 회복되며 공동체가 살아난다. 그러나 권위가 사라진 곳에는 혼란, 혼돈이 찾아온다.

살아나는 교회를 주목해서 보면 그곳엔 영적 권위가 있다. 분당우리교회 이찬수 목사, 선한목자교회 유기성 목사, 청파감리교회 김기석 목사, 날기새의 김동호 목사, 새들백교회의 릭 워렌 목사, 은혜공동체교회의 존 맥아더 목사의 공통된 특징이 있다. 설교를 통해 영적 권위를 지니고 있다는 것이다. 그들의 설교는 많은 이에게 감동과 감화를 준다. 그들의 설교에는 권위가 있다. 한국교회에 알려져 있었던 옥한흠 목사, 하용조 목사, 홍정길 목사, 이동원 목사 4인방의 특징도 설교에 권위가 있었다는 점이다.

현대인에게 권위를 획득하는 것은 점점 어려워지고 있다. 과거와는 달리 다양한 채널이 존재하고, 다양한 생각이 존재하기 때문이다. 설교의 홍수 시대 속에서 설교의 권위를 얻는 것은 과거보다 점점 더 어려워져 간다. 목회자가 차고도 넘치는 상황에서 목회자가 권위를 얻는다는 것도 더 어려워져 간다.

교회에서 만나는 목회자들 가운데는 권위주의에 찌든 이들도 있다. 자신에게 주어진 힘을 남용하면서 자신의 사리사욕을 추구하는 이들의 특징은 권위주의에 사로잡혀 있다는 점이다.

권위와 권위주의는 다르다. 권위는 타인에 의해서 인정되어진다. 권위주의는 자신에 의해서 강요된다. 권위는 인격에 기초한 전문성이 더해질 때 세워진다. 권위주의는 인격이 검증되지 않고 전문성이 있는 경우에 나타나는 현상이다.

한국교회는 설교를 중시한다. 설교를 잘하는 목회자가 청빙에 유리하다. 설교를 잘하는 이들이 청중에게 영향력이 있다. 그런데 설교를 잘하지만 인격적으로 문제가 있는 사역자들이 권위주의에 빠진다.

권위는 살리고, 권위주의는 죽어야 교회가 사는데, 현실은 권위는 사라지고 권위주의가 살아서 움직이기에 교회가 망가진다. 특히, 영적 권위가 있는 교회 공동체는 건강하다. 그런 교회는 아름답게 성장한다. 그 교회는 성경 정신을 가지고 있다. 세상을 품고 세상을 섬기며 세상을 변화시키는 일에 기여한다. 상식이 통한다. 하나님의 역사하심이 나타난다.

권위주의에 빠진 교회에는 분열과 분쟁이 많아진다. 쉽게 상처를 받는다. 자기주장이 강하다. 하나님의 뜻을 추구하기보다는 특정한 사람의 뜻을 중심으로 움직인다. 권위는 교회를 살리지만, 권위주의는 교회를 죽인다. 그런 점에서 우리 시대를 고민해야 한다.

목회자의 권위에 대한 성경적 관점

진정한 권위와 그릇된 권위주의를 분별할 수 있는 기준에 대해 예수님은 이렇게 말씀하신다.

'예수께서 제자들을 불러다가 이르시되 이방인의 집권자들이 그들을 임의로 주관하고 그 고관들이 그들에게 권세를 부리는 줄을 너희가 알거니와 너희 중에는 그렇지 않아야 하나니 너희 중에 누구든지 크고자 하는 자는 너희를 섬기는 자가 되고 너희 중에 누구든지 으뜸이 되고자 하는 자는 너희의 종이 되어야 하리라 인자가 온 것은 섬김을 받으려 함이 아니라 도리어 섬기려 하고 자기 목숨을 많은 사람의 대속물로 주려 함이니라'(마 20:25-28).

권위주의의 특징은 세상적이다. 정욕적이다. 사리사욕에 맞춰 그 힘을 사용한다. 자신에게 주어진 권세를 자기 자신을 위해서 사용한다. 군림하려 한다. 자신을 위해서 힘으로 다른 사람들을 좌지우지한다. 자신을 항상 으뜸이 되는 자리에 둔다. 섬김을 받으려 한다.

권위는 다르다. 진정한 권위는 섬김에서 온다. 종의 마음과 태도로 전체의 유익을 위해서 주어진 힘을 사용한다. 무엇보다 하나님께서 자신에게 주신 소명, 비전, 꿈을 이루는 일에 그 힘을 사용한다.

예수님이 지금 여기에 오셔서 한국교회를 평가하신다면 어떨까? 교인들이 목회자를 보는 관점은 권위일까, 권위주의일까?

바울은 예수님의 발자취를 따라 자신에게 주어진 목회의 길을 걸었다. 그는 탁월한 목회자요 선교사였다. 그에게는 권위가 있었다. 동시에 권위에 대한 도전도 있었다. 바울의 권위는 예수님의 가르침처럼 섬김에 기초하고 있었다. 아래의 말씀은 목회자들이 깊이 묵상하고 실천해야 할 리더십의 교과서이다.

'바울이 밀레도에서 사람을 에베소로 보내어 교회 장로들을 청하니 오매 그들에게 말하되 아시아에 들어온 첫날부터 지금까지 내가 항상 여러분

가운데서 어떻게 행하였는지를 여러분도 아는 바니 곧 모든 겸손과 눈물이 며 유대인의 간계로 말미암아 당한 시험을 참고 주를 섬긴 것과 유익한 것 은 무엇이든지 공중 앞에서나 각 집에서나 거리낌이 없이 여러분에게 전하 여 가르치고 유대인과 헬라인들에게 하나님께 대한 회개와 우리 주 예수 그 리스도께 대한 믿음을 증언한 것이라 보라 이제 나는 성령에 매여 예루살렘 으로 가는데 거기서 무슨 일을 당할는지 알지 못하노라 오직 성령이 각 성 에서 내게 증언하여 결박과 환난이 나를 기다린다 하시나 내가 달려갈 길과 주 예수께 받은 사명 곧 하나님의 은혜의 복음을 증언하는 일을 마치려 함 에는 나의 생명조차 조금도 귀한 것으로 여기지 아니하노라 보라 내가 여러 분 중에 왕래하며 하나님의 나라를 전파하였으나 이제는 여러분이 다 내 얼 굴을 다시 보지 못할 줄 아노라 그러므로 오늘 여러분에게 증언하거니와 모 든 사람의 피에 대하여 내가 깨끗하니 이는 내가 꺼리지 않고 하나님의 뜻 을 다 여러분에게 전하였음이라 여러분은 자기를 위하여 또는 온 양 떼를 위하여 삼가라 성령이 그들 가운데 여러분을 감독자로 삼고 하나님이 자기 피로 사신 교회를 보살피게 하셨느니라'(행 20:17-28).

에베소 장로들과 나눈 바울의 메시지에는 목회자의 권위가 어디서 오고, 어떻게 오는가가 그대로 나온다. 겸손, 눈물, 인내, 섬김, 가르침, 말씀의 선포, 하나님 나라 복음의 전파, 성령의 역사하심과 인도하심, 생명까지 아끼지 않는 헌신, 근신과 절제, 깊이 있는 목양이 바울에겐 있었다.

오늘 우리의 목회자는 어떤가? 노회와 총회의 정치꾼들은 노회나 총회를 좌지우지하려고 한다. 초대형 교회들이 교단과 노회를 종노릇시키고 그 위에 군림한다. 그들의 헌신과 열정은 직장인보다 더 허다하게 얕다. 한 영혼을 위한 깊이 있는 헌신보다 온갖 잡다한 일들로 분주하다.

목회자의 권위는 바울처럼 예수 그리스도의 발자취를 따르는 데서 온다. 목회자가 최고급 승용차를 타고 다니면서 고급 빌라에서 살면서 명품 옷으로 치장하고, 호텔이나 맛집의 비싼 식사를 즐기고 다니고, 성경을 연구하기보다는 패거리를 이루며 골프장이나 콘도에서 보내기를 즐긴다면 그는 권위주의에 사로잡힌 자일 뿐이지 진정한 목회자는 아닐 것이다.

목회자로서 성경 정신에 기초한 스피릿은 사라지고 설교를 말 잘하는 것으로 훈련받아 스킬이 뛰어날수록 위험한 목회자다. 우리 시대 목회자를 향한 바울의 권면을 기억할 때다.

'내가 그리스도를 본받는 자가 된 것 같이 너희는 나를 본받는 자가 되라'(고전 11:1).

목회자라면 이 말을 성도들에게 할 수 있어야 한다. 과연 그러한가?

목회자의 권위가 사라지는 5가지 이유

목회자의 권위가 추락한 시대를 향해 스가랴는 이렇게 외친다.

'드라빔들은 허탄한 것을 말하며 복술자는 진실하지 않은 것을 보고 거짓 꿈을 말한즉 그 위로가 헛되므로 백성들이 양같이 유리하며 목자가 없으므로 곤고를 당하나니'(슥 10:2).

스가랴 시대의 문제는 우리 시대의 문제다. 목회자가 허탄한 것을 말하고, 진실하지 않고, 거짓 꿈을 말하고, 헛된 위로를 남발하면 교인들은 유리하며 방황한다. 가구장이가 판치고 각종 도사가 판친다. 결국, 영적 자정 능력이 없다. 이것이 타락한 시대의 특징이다.

에스겔도 자신의 시대, 영적 타락상에 대해서 다음과 같이 한탄했다.

'그 제사장들은 내 율법을 범하였으며 나의 성물을 더럽혔으며 거룩함과 속된 것을 구별하지 아니하였으며 부정함과 정한 것을 사람이 구별하게 하지 아니하였으며 그의 눈을 가리어 나의 안식일을 보지 아니하였으므로 내가 그들 가운데에서 더럽힘을 받았느니라 그 가운데에 그 고관들은 음식물을 삼키는 이리 같아서 불의한 이익을 얻으려고 피를 흘려 영혼을 멸하거늘 그 선지자들이 그들을 위하여 회를 칠하고 스스로 허탄한 이상을 보며 거짓 복술을 행하며 여호와가 말하지 아니하였어도 주 여호와께서 이같이 말씀하셨느니라 하였으며 이 땅 백성은 포악하고 강탈을 일삼고 가난하고 궁핍한 자를 압제하고 나그네를 부당하게 학대하였으므로 이 땅을 위하여 성을 쌓으며 성 무너진 데를 막아 서서 나로 하여금 멸하지 못하게 할 사람을 내가 그 가운데에서 찾다가 찾지 못하였으므로"(겔 22:26-30).

정확히, 우리 시대에 나타나는 현상과도 일치한다. 목회자와 성도 모두 구별됨이 사려져 간다. 사회악에 대해서 침묵한다. 심지어 동조한다. 허탄한 이상과 거짓 복술이 난무한다. 거짓 예언을 한다. 가난한 자, 고통당하는 자, 원통한 자, 환난당한 자들의 소리를 외면한다. 불의와 불법에 저항하지 않는다. 성 무너진 데를 막아서는 자가 없다. 고통스러운 현상이다.

이 시대의 우리의 목회지와 목회자를 보면 권위가 사라지고, 권위주의만 남아서 교회가 무너지고, 교인이 무너진다. 구체적으로 무엇이 권위를 무너뜨리고 있는가? 무너진 곳을 들여다보면 보이는 것이 있다. 목회자의 권위는 왜 부정당할까?

첫째, 시대적 흐름이 영적 타락으로 향하기 때문이다.

우리 시대는 유일한 진리를 거부한다. 성경의 기준도 거부한다. 시대적 타락 속에서 목회자들도 구별됨을 지키지 못하고 점점 세상을 닮아 가고, 세상을 따라간다. 기준이 성경이 아니라 시대 상황이 되었다. 방향이 성경이 아니라 소위 자기에게 좋을 대로 행한다.

둘째, 목회자의 재정 문제 때문이다.

교회의 재정은 교인의 헌금이다. 재정 사용의 불투명은 목회자의 신뢰도 추락의 원인이 된다. 교회 재정을 목회자 마음대로 사용하거나, 자신의 정치적 입지를 위한 노회나 교단 정치에 사용하거나, 교인들의 헌금이 사치와 향락에 사용된다면 거짓 목회자일 것이다. 목회자가 돈 사용을 어떻게 하는가를 보면 그 목회자가 누구인가가 보인다. 돈에 성경 정신을 담아내고, 재정의 사용에 목회 철학과 목회적 섬김이 담겨져야 한다.

셋째, 목회자의 성 문제는 권위 추락의 가장 큰 원인이다.

교회는 세상과 다르다. 세상은 간음죄가 없어졌다. 그러나 교회는 성적인 문제에 대해서는 성경적 기준으로 엄격하게 간음의 문제를 다룬다. 세상의 흐름이 아닌 성경을 따라가는 것이 정상이다.

목회자의 성적 타락은 단순한 성 문제가 아니다. 성 문제가 있다는 것은 모든 것이 무너졌음을 대변하는 것이다. 가족 관계가 무너져 있다. 교회의 구성원과 신뢰가 무너져 있다. 개인의 영성이 망가져 있다. 성 문제를 일으킨 이들은 교회를 무너뜨리는 심각한 죄를 짓는 것이기에 그만큼 권위에 치명적이다.

넷째, 목회자의 헛된 명예욕 문제 때문이다.

목회자라면 돈, 성, 명예욕은 경계해야 할 3가지다. 옛말이 틀리지 않다. 명예욕에 빠지면 낄 때 끼고 빠질 때 빠지지 못한다. 모든 것을 좌지우지하려 한다. 예우가 자신의 기대와 다르면 섭섭병에 빠진다. 명함에 필요 이상으로 많은 이력과 경력을 기록하고 있다면 주의해야 한다.

은퇴 이후의 가장 영광스러운 길은 내가 아닌 남에 의해서 주어진 진정한 영적 권위이지 스스로 권위를 내세우고 명예를 추구하면 추해지기 쉽다. 특히, 초대형 교회 목회자들은 모세나 엘리야처럼 무대 뒤로 사라지지 않는다. 심지어 죽을 때까지 교인들의 헌금으로 막후에서 정치를 하는 이들은 전도의 걸림돌이 되기도 한다. 자신이 복음 전도의 디딤돌은 못 되어도 걸림돌이 되어서는 안 될 것이다.

다섯째, 목회자의 세속화 문제 때문이다.

최근에 사역자들 가운데 목사나 전도사로 사역하는 모습을 보면 마치 불성실한 직장인이나 알바생처럼 보일 때가 있다. 이것은 너무 이기적인 사역자의 태도다. 이런 목회자는 교회의 다양한 요구를 자기 기준으로 취사 선택하려 한다. 자기 일만 하고 미리 계약하지 않은 것은 하지 않으려 한다. 책임보다는 권리에 집착한다. 헌신하고 손해 보기보다는 자기 것을 챙기기에 더 빠르다.

시대적 흐름이지만 목회자의 영향력은 사라지고 있다. 권위가 세워지지 않는 상태다. 교인들은 무보수로 헌신하고 희생한다. 그런데 목회자가 교인보다도 헌신이 약하다면 권위가 세워지지 않는다.

세상과 닮은 목회자, 세상의 수준에도 미치지 못하는 사역자, 권위는 없고 권위만 내세우는 목회자는 권위주의의 늪에 빠질 뿐이다.

목회자의 권위를 회복하는 5가지 방향

목회자의 권위는 결국, 목회자가 어떤 길을 가느냐가 좌우한다. 목회자로서 정도를 걸으면 누구나 시간이 흐를수록 영적 권위가 생긴다. 그렇다면, 목회자의 권위는 어디에서 오는 걸까? 그 5가지 방향을 살펴보자.

첫째, 권위는 섬김과 헌신의 열매이다.

시대가 변하고 있다. 과거에는 목사나 중직자라고 하면 누구나 다 십자가를 진 사람들이라는 이미지가 있었다. 최근에는 십자가를 진 사람들이란 이미지가 사라져 버렸다. 그들이 섬김의 자리와 헌신의 자리에서 보이지 않기 때문이다.

직분이나 직책이 그 사람을 말해 주지 않는다. 목회자의 섬김과 헌신은 하나님을 사랑하는 데서 흘러나온다. 마음, 시간, 물질, 삶의 헌신이 성도에게 본이 될 때 권위가 세워진다. 목회자의 삶에 십자가를 진 흔적이 없다면 영적 권위는 생기지 않는다. 자기를 부인하고, 자기 십자가를 지고, 예수님을 따르는 목회자가 진짜다. 십자가 없는 권위는 가짜다.

둘째, 권위는 선한 영향력이 축적된 결과이다.

목회자라고 해서 다 같은 권위를 가진 것은 아니다. 권력이 강할수록 권위가 아닌 권위주의에 사로잡히기 쉽다. 그들에게는 돈과 권력에 의한 어둠의 영향력이 흘러간다. 그들은 가는 곳마다 사리사욕을 추구한다. 공동체를 병들게 한다. 수많은 이를 실망하게 하고 실족시킨다.

선한 영향력은 예수님의 발자취를 따라가는 목회자들에게서 나온다. 복음과 하나님 나라를 추구하는 데서 흘러간다. 어둠의 목회자들에게서는 선한 영향력이 흘러가지 않는다.

SNS라는 공간은 새로운 선한 영향력과 어둠의 영향력이 충돌하는 곳이다. 시대의 변화에 따라 AI를 비롯한 인공지능과 다양한 기술의 발전 앞에 선한 영향력을 확신시키는 새 포도주를 새 부대에 담아내는 작업이 필요하다.

셋째, 권위는 하나님의 임재와 능력의 나타나심의 결과이다.

권위는 수평적인 사람에게서도 주어지지만 깊은 영향을 끼치는 권위는 위로부터 주어진다. 하나님의 임재를 경험하는 목회자는 세상의 바람에 흔들리지 않는다. 임재 가운데 나타나는 하나님의 능력을 의지하여 새로운 길을 열어 가기 때문이다. 기도가 약화되어 가는 한국교회 목회자들은 기도의 골방을 속히 회복할 필요가 있다. 교회는 기도의 영성과 묵상의 영성에 기초해서 세워지는 그리스도의 몸이기 때문이다.

우리 시대 목회자들은 깊은 기도를 할 줄 모른다. 기도 가운데 성령의 감동 감화와 교통 교제를 경험하지 못한 목회자들은 권위의 출처이신 하나님을 더 깊이 갈망하고 추구할 필요가 있다.

넷째, 영성과 전문성의 두 날개로 비상한 결과이다.

권위란 소속된 공동체에서 요구되는 책임을 감당하는 데서 나온다. 목회자에게는 영성이 모든 것의 기초이다. 영성은 예수님을 닮아 가는 것이다. 예수님의 마음, 예수님의 생각, 예수님의 삶을 본받아 사는 총체가 그 목회자의 영성이다.

전문성은 목회자에게 요구되는 일터 영역의 소명과 사명을 감당하기 위해 반드시 있어야 한다. 설교, 심방, 예배, 상담, 행정 등 수없이 이어지는 요청이 있다. 전문성을 훈련하지 않으면 감당하기 버겁다.

목회자의 영성과 전문성은 어떻게 준비되어야 하는가? 대부분 새벽을 이용해야 한다. 하루 일과가 시작되면 분주하게 달려간다. 새벽예배를 드리고 기도의 시간을 가지고 자신을 성장시키는 시간을 확보하지 않으면 영성과 전문성을 키우기란 쉽지 않다. 새벽은 가장 방해받지 않는 시간이다. 가장 집중하기 좋은 시간이다. 새벽에 한적한 곳에서 기도하셨던 예수님처럼 영성과 전문성을 키우기 위한 기도와 묵상, 독서와 연구를 해 간다면 성도들이 목회자의 권위를 존중하게 될 것이다.

다섯째, 신앙과 삶의 조화와 균형의 결과이다.

신앙은 삶의 자리에서 꽃을 피운다. 신앙과 삶의 괴리감이 생길수록 위선이 자리한다. 신앙과 인격이 만나고, 신앙과 일이 만나고, 신앙과 삶이 만나야 한다.

목회자는 세상 속에 존재하며, 세상 속으로 주님과 함께 걷는 자이다. 세상으로부터 분리되고 단절된 수도자가 아니다. 동시에 수도자처럼 하나님 앞에 머무는 삶이 있어야 한다. 수도자는 독신으로 수행을 하지만 목회자는 결혼해서 가정을 꾸리고 가정에서 성화의 삶을 이어 가야 한다. 목회자를 통해서 성도들에게 성경이 읽혀지고 있다면 그 자체로 최고의 선물일 것이다.

우리 시대는 각자 자기 소견에 좋은 대로 성경을 읽는다. 그래서 성경을 왜곡시키고 변질시킨다. 그러나 우리 자신이 성경에 의해서 인격이 읽혀지고, 삶이 읽혀져야만 변화가 일어난다. 신앙과 삶의 조화와 균형을 성도들이 시간이 흐를수록 함께 경험할 수 있다면 그것이 영적 권위의 재료가 될 것이다.

삶에서 하나님을 영화롭게 하는가? 삶의 자리에서 성화의 삶을 추구하는가? 완벽하지 않아도 그 자체로 충분히 권위가 인정될 것이다.

권위주의가 죽으니 권위가 살아나다

목회자의 삶, 사역의 자리에서 권위주의는 죽고, 권위가 살아나야만 목회의 꽃이 피고 열매가 맺힌다.

한국교회를 보면 바리새인과 사두개인의 모습이 자꾸 보인다. 대단히 우려스러운 부분이다. 시대가 달라져도 인간의 본성은 크게 바뀌지 않는다.

목회자란 직분이나 직책이 그의 인격이나 신앙은 아니다. 직분이나 직책으로 섬기는 권위 있는 분이 있고, 그것을 이용하는 권위주의에 사로잡힌 이도 있다.

예수님 당시의 바리새인은 부패하고 타락한 종교 권력이었다. 그들은 하나님의 뜻을 추구하지 않았다. 하나님의 뜻을 추구하기보다는 자기 당파와 파벌을 만들었다. 자신들의 추종자를 만들었다. 그 결과, 그들 자신뿐 아니라 그들을 따르는 이들도 지옥의 자식들로 만들고 있었다. 예수께서는 그들을 질타하셨다.

'화 있을진저 외식하는 서기관들과 바리새인들이여 너희는 천국 문을 사람들 앞에서 닫고 너희도 들어가지 않고 들어가려 하는 자도 들어가지 못하게 하는도다, 화 있을진저 외식하는 서기관들과 바리새인들이여 너희는 교인 한 사람을 얻기 위하여 바다와 육지를 두루 다니다가 생기면 너희보다 배나 더 지옥 자식이 되게 하는도다'(마 23:13, 15).

한국교회 목회자들은 예수께서 바리새인에게 한 경고를 가볍게 생각하지 않아야 할 것이다. 바리새인들은 자신들을 구별되고 분리된 자들로 생각했다. 부활과 영생을 믿었다. 전통을 중시하였고, 율법주의를 고수하였다. 그러나 어느 순간부터 본질은 사라지고 지나친 형식주의에 깊이 빠졌다. 율법의 정신을 잃어버리고 비난과 비판과 정죄에 빠지게 되었다.

신앙에서 본질을 죽이는 전통과 형식은 위험하다. 진리를 삶의 자리에서 따르고 예배자로 하나님 앞에 서지 않으면 그것은 자기 신념이지 신앙은 아니다. 그들에게는 권위주의만 남을 뿐이다.

예수님의 공생애에서는 권위주의가 보이지 않는다. 예수께서는 세리와 창기와도 친구가 되셨다. 간음한 여인도 품고 변화를 시키셨다. 예수님의 시선은 언제나 하나님께 고정되어 있었다. 그래서 하나님의 뜻을 땅으로 연결하셨다. 그렇기에 예수님에게는 바리새인에게 없는 권위가 있었다. 오늘 우리는 누구의 길로 가고 있는가? 바리새인의 길인가? 예수님의 길인가?

이상갑 목사

산본교회 담임이다.
청년사역연구소 대표, 학원복음화협의회 중앙위원,
OM선교회 이사이다.
저서로는 『설레임』, 『바이블정신』, 『결국 말씀이다』 등이 있다.

1 미국교회와 한국교회 여성 리더의 차이와 한계는 무엇인가?

왜 아직도 미국에는 여성 대통령이 없을까?

미국은 세계에서 가장 영향력 있는 민주주의 국가다. 많은 나라가 미국이 선택한 대통령제와 비슷한 정치제도를 채택했다. 대한민국은 4.19 혁명 직후인 1960년 6월 15일, 헌법을 개정하여 의원 내각제를 선택했다. 하지만 곧 군사혁명으로 인해 대통령제를 다시 채택했다. 미국에 비하면 대통령제도가 상대적으로 늦은 한국도 18대에 여성 대통령을 배출했다.

미국은 자유 민주주의 정치제도를 가장 우수하다고 믿고 있다. 선거를 통한 자유 민주주의 정치를 깊게 뿌리내린 미국이 2024년 현재까지 여성 대통령을 배출하지 못했다.

이것은 아직 미국이 풀지 못한 숙제 중 하나다. 미국의 여성 인권은 세계 최고 수준이다. 세계 어떤 나라의 제도와 법보다 크게 개선되었고 여성 인권은 향상되었다.

제도적인 뒷받침도 완벽한 미국에서 여전히 여성 대통령을 배출하지 못하는 이유는 무엇일까? 미국인들이 여성 대통령을 선택하는 결정에 주저하는 이유는 무엇일까? 이는 단순히 여성의 자질이나 능력의 부족 때문이 아니다. 정치적, 사회적, 문화적 장벽이 복합적으로 작용한 결과라고 볼 수 있다.

미국은 19세기 후반 여성 참정권 운동이 본격화되었다. 그리고 1920년 여성 참정권을 법적으로 보장하였다. 하지만 여성에게 참정권이 주어졌다고 곧바로 여성들이 정치 무대로 나올 수 있었던 것은 아니다. 20세기 초반까지 여성의 정치적 진출은 정당의 구색을 맞추거나 유권자의 표를 얻기 위한 선심성에 그치는 것이 대부분이었다.

1964년 셜리 치좀 Shirley Chisholm 은 처음으로 주요 정당의 대선 경선 후보로 출마한 흑인 여성이었다. 그녀는 성별과 인종의 이중 장벽을 뚫고 대통령 선거에 도전했다. 그러나 당시에는 그 장벽이 너무 높았다. 치좀이 도전한 시기는 여성과 유색인종에 대한 사회적 편견이 여전히 강력하게 작용하던 시기였다.

이후 힐러리 클린턴 HillaryClinton 이 2008년과 2016년 두 차례 대선에 출마했지만, 결국 여성 최초 대통령이라는 역사적 성취는 이루지 못했다. 힐러리는 유능한 정치인으로서 많은 지지를 얻었다. 그녀 역시 정치적 대립과 사회적 편견 그리고 정치 자체의 복잡성 때문에 고배를 마셔야 했다. 많은 유권자들이 남편인 클린턴 대통령의 퍼스트

레이디로서의 힐러리는 환호했다. 하지만 대통령 후보 힐러리에게는 차가운 냉소와 강도 높은 비판이 이어졌다. 힐러리의 말투, 머리 스타일, 그가 입은 옷, 신발, 손에 낀 반지까지 일거수일투족 남성 대통령 후보와는 완전히 다른 잣대로 평가됐다.

여기서 우리는 여성 리더십이 미국에서 대통령직에 도달하기까지 어떤 어려움을 겪는지 짚어볼 수 있다. 미국은 여전히 전통적인 성 역할에 대한 기대가 강하게 남아 있는 사회다. 특별히 정치인에 대해서는 과도한 평가 기준과 도덕적 기준을 요구한다. 여성이 대통령 후보가 되면 남성과 다른 기준을 적용받는다. 여성 정치인은 능력뿐 아니라 감정적 표현, 의사소통 방식, 외모까지 평가 대상이 된다. 이러한 과도한 감시와 평가 체계는 여성의 정치적 성장에 큰 걸림돌로 작용한다.

대개 젠더문제는 이분법적인 프레임 안에서 논의되곤 한다. "남자는 화성에서 왔고 여자는 금성에서 왔다"는 말처럼, 남자와 여자는 태초부터 너무나 다르게 태어났다는 전제가 지배한다. 이런 전제는 서로에게 가까이 다가가는 것이 불가능해 보인다. 미국 사회는 여전히 이런 이분법적인 사고가 지배하는 사회다.

이런 이분법적 사고는 룩산 게이의 『나쁜 페미니스트』에서 지적된 바와 같이, 성별 간의 간극을 더욱 넓히고 진정한 이해와 소통을 방해한다. 이러한 시각이 여성 정치인의 발전을 가로막고 있다.[84] 미국은 여성의 정치 참여와 사회 참여를 비교적 일찍 개방했지만 여전히 이분법적인 남녀의 역할론이 사회 전반을 지배하고 있다. 미국인들의 이분법적 차별은 남성은 남성의 역할이, 여성은 여성만의 역할이 있음을 단정 짓는 것이다.

다행이 상황은 서서히 변하고 있다. 최근 여성 정치인들의 활약은 눈부시다. 카멀라 해리스Kamala Harris는 2020년 미국 최초의 여성 부통령으로 당선되었고, 이는 여성 지도자가 최고 권력의 자리에 더욱 가까워지고 있음을 보여 주는 중요한 지표다.

젊은 세대는 성별보다는 능력과 정책을 중심으로 정치인을 평가하는 경향이 강해지고 있다. 이는 향후 여성 대통령이 등장할 가능성을 크게 높이는 요인이다. 2024년 결국 카멀라 해리스는 대통령 후보로 지명되었다. 지금 글을 쓰고 있는 현시점9월말에서 그의 대통령 당선 확률은 어느 때보다 높다.

미국 정치 시스템과 여성의 역할

미국에서 여성 리더십이 나아가야 할 방향은 무엇일까? 여성 대통령만 당선되면 모든 정치적 문제가 해결될 수 있는 것일까? 여성 리더십은 인정받을 수 있는 것인가? 여성 대통령이 탄생하기만 하면 모든 문제가 해결될 수 있을까? 미국 내에 뿌리 깊은 젠더의 이분법적인 문제들을 단숨에 해결하긴 어렵다. 그러나 여성 리더십이 발휘될 수 있는 사회적인 합의가 있다면 좀 더 쉽게 문제들을 해결할 수 있다.

첫째, 정치 구조에서 성별에 따른 불평등을 없애야 한다. 여성 정치인이 능력만으로 평가받을 수 있는 환경을 조성하는 것이 중요하다.

둘째, 여성 정치인 스스로도 기존의 성 역할 규범에서 벗어나 다양한 리더십 스타일을 개발하고, 이를 대중에게 설득할 수 있는 전략을 세워야 한다.

셋째, 대중 역시 성별이 아닌 능력과 정책을 중심으로 정치인을 평가하는 성숙한 시민 의식을 확립해야 한다.

넷째, 여성 리더십의 중요성은 단순히 성별의 문제를 넘어선다. 다양한 리더십은 더 많은 문제를 해결할 수 있는 폭넓은 시각을 제공하며, 이를 통해 보다 포용적이고 공정한 사회를 만들 수 있다.

미국이 진정한 민주주의 국가로 나아가려면, 여성 리더십의 가치를 인정하고 여성 대통령을 배출할 준비가 되어 있어야 할 것이다. 이는 단지 미국의 첫 여성 대통령을 기대하는 것을 넘어, 여성들이 정치의 핵심 주체로서 그 자리를 당당히 차지할 수 있는 미래를 만들어 가는 과정이다. 이번 대통령 선거가 과연 새로운 여성 리더십의 전기가 마련되는 역사의 전환기가 될 수 있을지 지켜보는 것도 여성 리더십을 새롭게 이해하는 데 큰 도움이 되리라 믿는다.

미국 대선에서 중요하게 봐야 할 여성 리더십

카멀라 해리스의 2024년 민주당의 대통령 후보 지명은 미국 정치에서 여성 리더십의 미래를 긍정적으로 전망하게 하는 중요한 사건이다. 그녀의 지명은 단지 첫 여성 대통령이라는 당선이라는 상징적 의미를 넘어, 미국 사회에서 여성 리더십이 어떻게 진화할 수 있는지를 보여 주는 강력한 신호로 해석될 수 있다. 그녀의 지명과 성공적인 선거 캠페인은 여성 리더십의 미래가 어떻게 변화할 것인지에 대해 여러 중요한 시사점을 제공한다.

1) 상징성과 실질적 권력의 결합

카멀라 해리스가 대통령 후보로 지명되었을 때, 이는 미국 역사상 여성, 특히 유색인종 여성이 정치적 권력을 향해 나아가는 중요한 진전으로 평가받았다. 해리스는 흑인과 남아시아계 혈통을 가진 유색인종 첫 여성 대통령 후보로서, 미국 사회의 다양성을 대표하는 인물이다. 이는 여성 리더십이 단순히 성별의 문제를 넘어서 인종, 배경 그리고 다양한 정체성의 융합을 통해 더욱 풍부하고 폭넓은 형태로 발전할 수 있음을 보여 준다.

이런 상징성은 그 자체로 강력하지만, 해리스는 상징적 인물에 그치지 않았다. 그녀는 정치 경력 동안 샌프란시스코 지방 검사, 캘리포니아주 법무장관 그리고 연방 상원의원으로서 많은 중요한 이슈에 대해 실질적 영향력을 행사해 왔다. 이는 여성 정치인이 상징적 존재로만 머무르지 않고, 실질적인 정책 결정과 권력의 중심에 설 수 있음을 보여 주는 중요한 본보기다. 미래의 여성 리더십도 이러한 결합을 통해 더욱 강력해질 가능성이 크다.

2) 정책 리더십에서의 여성의 역할 확대

해리스는 다양한 정책 분야에서 선구적인 역할을 해 왔다. 그녀는 형사 사법개혁, 기후 변화 대응, 경제적 불평등 해소 등 진보적 정책을 지지하며 많은 미국인에게 호응을 얻었다. 이는 여성 리더십이 사회적 문제 해결에 있어서도 강력한 목소리를 낼 수 있음을 보여 준다.

과거에 여성 정치인들은 보건, 교육 등 '부드러운' 이슈에 주로 관심을 가졌다고 평가받았으나, 해리스는 이러한 구분을 넘어 다양한 정책 영역에서 중심적인 역할을 해 왔다.

미래의 여성 리더십은 더 이상 특정 영역에만 국한되지 않고 경제, 외교, 군사 등 전통적으로 남성 정치인들이 주도해 온 분야에서도 리더십을 발휘할 수 있음을 보여 줄 것이다. 이는 여성 지도자들이 더 복합적이고 다각적인 정책 리더십을 발휘할 수 있는 시대가 열리고 있음을 암시한다.

3) 차세대 여성 정치인들의 영감

카멀라 해리스의 대통령 후보 지명과 더불어, 만약 그가 당선된다면 차세대 여성 정치인들에게 강력한 영감을 줄 것이라고 믿는다. 그녀의 성공은 미국 전역의 젊은 여성들에게 정치적 야망을 품게 하고, 자신들의 목소리를 내는 데 있어 자신감을 심어 주는 계기가 될 것이다.

미국의 정치 문화는 점점 더 다양성과 포용성을 중시하는 방향으로 변화하고 있다. 젊은 세대는 성별, 인종, 성적 지향 등 다양한 정체성을 가진 정치인을 더욱 개방적이고 긍정적으로 수용하는 경향이 있다. 이는 차세대 여성 리더들이 등장할 수 있는 유리한 정치적 환경을 제공한다.

해리스의 성공은 여성 리더십의 시작일 뿐이며, 더 많은 여성 정치인들이 정치 무대에 등장할 가능성을 높여 준다. 해리스의 정치적 리더십은 단순히 성별에 국한되지 않고, 강력한 정치적 전략과 리더십 스타일로 주목받고 있다.

해리스는 협상가로서, 때로는 강력한 비판자로서, 때로는 대중과 공감대를 형성하는 인물로서 다양한 역할을 수행해 왔다. 이는 여성 리더십이 특정한 틀에 갇히지 않고 상황에 맞춰 다양한 방식으로 발휘될 수 있음을 보여 준다.

미래의 여성 리더십은 더 이상 전통적인 남성 중심의 리더십 모델을 그대로 따라가는 것이 아니라, 여성 정치인의 고유한 리더십 스타일과 강점을 결합한 새로운 모델로 발전할 수 있을 것이다. 이러한 변화에는 특히 여성들의 용기를 북돋고 고양시키는 요소가 필요하다.

버지니아 울프는 『자기만의 방』에서 "여러분에게 더욱 고귀하고 정신적인 여러분의 임무를 기억하라고 간청해야 할 것입니다. 여러분이 미래에 어떤 영향력을 발휘할 수 있는지 상기시켜야 할 것입니다"라고 강조하며, 여성들이 자신들의 가능성을 인식하고 그 힘을 발휘할 수 있도록 격려하는 중요성을 언급하고 있다. 이러한 메시지는 여성 리더십의 발전에 필수적이며, 모든 여성에게 강력한 동기를 부여할 것이다.[85]

카멀라 해리스가 이를 대표하는 인물로서, 다양한 리더십 모델이 존재할 수 있음을 증명해 주길 기대한다 책이 출간되었을 땐 미국 대선의 결과가 나왔을 것이다. 그녀가 대통령으로 당선되는 문제도 중요하지만 이번 대선에 다시 여성 후보가 등장하므로 여성 리더십에 대한 새로운 전기를 마련하였다는 점이 중요한 시점이다.

여성 리더십의 미래는 밝다

카멀라 해리스의 대통령 후보 지명은 미국 여성 리더십의 미래에 대해 긍정적인 전망을 가능하게 하는 중요한 전환점이었다. 이는 상징적 성과를 넘어서, 실질적인 정치적 영향력을 통해 여성 리더십의 가능성을 확인시켜 준 사건이다.

미래의 여성 리더십은 다양한 배경을 가진 여성들이 더 많은 정치적 권력을 차지하며, 정책 결정 과정에서 중요한 역할을 맡을 것으로 보인다. 해리스의 성공은 차세대 여성 정치인들에게 길을 열어 주었으며, 미국 정치 문화의 변화와 더불어 여성 리더십이 더욱 강력해질 기반을 마련했다. 이는 미국뿐만 아니라 전 세계적으로도 여성 리더십의 확산과 성장을 촉진하는 중요한 계기가 될 것이다.

미국은 곧 첫 여성 대통령을 맞이할 준비를 하고 있을지 모른다. 해리스의 여정은 그 가능성을 상징하는 중요한 첫걸음이다. 이런 미국의 여성 정치인의 리더십에 대한 상황을 인지했다면 미국교회에서 일어나고 있는 여성 리더십에 대한 여러 반응과 문제점을 살펴보는 것이 필요하다.

여성 목사 안수를 금지하는 남침례교단의 안수 금지를 통해서 보는 여성 리더십의 필요성

미국 남침례교단Southern Baptist Convention: SBC 은 미국 최대의 개신교 교단 중 하나로, 오랜 신학적 전통을 바탕으로 운영되고 있다. 그러나 여성의 목회 안수에 대한 금지 문제는 교단 내외에서 큰 논쟁을 불러일으키는 이슈이다.

남침례교단은 성경을 근거로 여성 안수를 명확히 금지하고 있다. 이러한 그들의 결정에 내부와 외부의 비판이 끊이지 않고 있다. 이 글에서는 남침례교단의 신학적 입장과 여성 안수 금지의 역사적 배경 그리고 교단 내 여성 리더들의 도전과 관련된 논쟁을 다루려 한다.

왜 여전히 미국 최대 교단인 남침례교단은 여성 안수를 금하고 있는가의 문제가 여성의 리더십에 어떤 영향을 주고 있는지 살펴보는 것도 여성 리더십을 새롭게 바라보는 데 도움이 될 것이다.

1) 남침례 교단의 신학적 입장

남침례교단이 여성 목회자 안수를 금지하는 핵심적인 이유는 그들의 성경 해석에서 비롯된다. 남침례교단은 성경을 '무오류한 하나님의 말씀'으로 보고, 이를 문자 그대로 해석하는 신학적 입장을 고수하고 있다.

특히, 남침례교단은 신약성경의 일부 구절에 기반하여 여성의 교회 내 지도자 역할을 제한한다. 대표적인 구절이 "여자가 가르치는 것과 남자를 주관하는 것을 허락하지 아니하노니 오직 조용할지니라"는 디모데전서 2장 12절 말씀이다. 이들은 이러한 성경 구절을 근거로 남성이 가정과 교회에서의 영적 지도자로서 역할을 맡아야 한다고 주장하며, 이를 교단의 신학적 원칙으로 삼고 있다.

남침례교단은 상호보완주의 complementarianism 라는 신학적 입장을 지지한다. 이 입장은 남성과 여성은 본질적으로 동등한 가치를 지니고 있으나, 하나님이 정해 주신 역할에 있어서 차이가 있음을 강조한다.

남성은 교회와 가정에서 리더십을 맡게 되어 있으며, 여성은 이 리더십을 보완하는 역할을 한다는 것이 교단의 공식적인 입장이다. 이러한 교리적 견해는 남침례교단 내에서 여성 안수를 금지하는 주요 이유로 작용하고 있다.

남침례교단의 신학적인 입장은 미국 내 다른 보수 교단에도 영향을 주고 있다. 미국 남부 텍사스주를 중심으로 하는 바이블 벨트의 대다수는 남침례교회의 영향을 무시할 수 없다. 남침례교단의 결정이 지역사회의 교회뿐만 아니라 정치와 경제, 사회와 교육에 미치는 영향은 상당하다. 이에 미국 남침례교단의 산하 신학교도 매우 엄격한 신학적 견지를 고수하고 있다. 교육적인 평등과 기회 제공이라는 측면에서 여성들의 M.Div. 학위를 인정하고 학교 입학을 허락하지만 여성 안수에 대해서 엄격하게 제한을 두고 있다.

2) 여성 안수 금지의 역사적 배경

남침례교단의 여성 안수 금지는 1980년대부터 점차 강경해졌다. 20세기 초반, 여성의 사회적 역할이 확대되면서 교회 내에서도 여성들의 역할에 대한 논의가 활발해졌다.

일부 남침례교회에서는 여성에게 목사직을 허용하는 사례도 있었지만, 1980년대 보수신학의 부흥과 함께 남침례교단은 다시 강력한 여성 안수 금지정책을 채택했다.

2000년에는 교단의 신앙고백서인 '침례교 신앙과 메시지' Baptist Faith and Message 를 개정하면서 "목사의 직무는 남자에게만 해당한다"는 조항을 공식적으로 포함시키며 여성 안수 금지를 제도화했다. 이러한 역사는 남침례교단이 보수적 신학을 더욱 강화하고, 전통적인 성 역할을 지지하려는 흐름 속에서 여성의 목회 직분을 제한해 온 배경을 설명해 준다.

3) 교단 내 여성 리더들의 도전

남침례교단 내 일부 여성들은 교회 내 지도자로서 활발하게 활동하고 있으며, 이들은 여전히 도전을 이어 가고 있다. 교단 내에서 여성들이 교육, 선교, 봉사 등의 사역을 맡고 있는 것은 사실이지만, 목회직과 같은 공식적인 안수를 받지 못하는 현실에 좌절하는 경우가 많다. 몇몇 교회에서는 여성 부목사나 여성 교육 목사를 두기도 하지만, 이는 주류에서 벗어난 사례에 불과하다.

소수의 여성 리더는 교단의 보수적 교리를 변화시키기 위한 다양한 방법으로 목소리를 높이고 있다. 일부는 성경 해석의 다양성을 강조하며, 특정 구절의 문자적 해석 대신 역사적·문화적 맥락을 고려한 해석을 주장한다. 또한, 여성 목회자 운동을 주도하는 일부 단체들은 남침례교단 내에서 여성 안수를 허용하는 방향으로 교단 정책이 바뀌기를 기대하고 있다.

4) 안수 금지에 대한 내부와 외부의 비판

여성 안수 금지에 대한 비판은 교단 내부와 외부에서 모두 제기되고 있다. 남침례교단 내 일부 진보적 인사들은 성경의 특정 구절만을 근거로 여성의 리더십을 제한하는 것은 시대착오적이며, 성경 전체의 정신에 어긋난다고 주장한다. 이들은 성경이 강조하는 사랑과 평등의 메시지가 교단의 여성 안수 금지정책과 상충한다고 본다.

교단 외부에서도 남침례교단의 여성 안수 금지정책은 종종 비판의 대상이 된다. 특히, 여성의 사회적 지위와 권리가 확대된 현대 사회에서 이러한 교단의 정책은 성차별적이라는 비판을 받고 있다. 많은 외부 비평가는 남침례교단이 전통을 유지하려는 이유로 여성의 평등한 권리를 제한하고 있다고 지적하며, 교회가 시대의 변화에 부응해야 한다고 주장한다.

교단 내외의 젊은 세대는 여성 안수 금지와 같은 정책이 교회의 장기적 생존 가능성을 위협할 수 있다고 본다. 젊은 세대는 성별보다는 개인의 능력과 신앙적 자질을 더 중요하게 여기는 경향이 강하기 때문이다. 이러한 교단의 보수적인 정책이 교회와 젊은 세대 간의 단절을 초래할 수 있다는 우려도 크다.

다양한 시각과 목소리가 교단 내부와 외부에서 활발하게 논의되던 중 2021년 미국 남침례교단 총회에서 중요한 논쟁이 되었던 사건이 있었다. 남침례교단의 대표적인 교회 중 하나인 새들백 교회의 여성 목회자 안수 문제가 총회 핵심 의제로 발제된 사건이다.

새들백교회의 여성 목회자 안수와 남침례교단의 징계: 그 문제점과 논쟁

2021년, 미국 남침례교단 내에서 큰 논쟁을 불러일으킨 사건이다. 대형 교회 중 하나인 새들백교회 Saddleback Church 가 여성 목회자를 안수한 것이다. 이 사건은 남침례교단의 신학적 입장과 전통적 정책에 정면으로 도전한 것으로 해석되며, 교단은 즉각 새들백교회에 대한 징계 조치를 논의했다.

남침례교단의 여성 목회자 안수 금지정책, 새들백교회의 행위가 지닌 의미 그리고 이에 대한 징계가 가지는 문제점을 중심을 살펴보면, 여성 리더십에 대한 우리의 시각을 점검해 볼 수 있는 좋은 실례가 될 수 있을 것이다.

1) 남침례 교단의 강경한 입장

남침례 교단은 오랫동안 상호보완주의라는 신학적 입장을 고수해 왔다. 이미 서두에서 이런 신학적인 입장을 기술했다. 하지만 한 번 더 남침례교단의 입장을 기술하는 것은 상호보완주의라는 신학적 입장에 대한 다양성이란 무엇인지에 대한 시각과 생각이 존재한다는 것을 견지해야 할 필요성이 대두된다.

이 입장은 남성과 여성은 본질적으로 동등한 가치를 지니지만, 교회 내에서 각각 다른 역할을 수행해야 한다는 주장이다.

남성은 영적 지도자로서 교회의 목회를 담당해야 하고, 여성은 교육과 봉사 등의 보조적인 역할을 맡아야 한다는 것이 그들의 신학적 입장이다. 이 원칙은 성경, 특히 디모데전서 2장 12절과 같은 구절에 근거해 정당화했다. 이러한 신학적 배경 속에서 새들백교회가 여성 목회자를 안수한 것은 남침례교단의 공식 입장과 정면으로 충돌하는 사건이었다.

릭 워렌Rick Warren 목사가 이끄는 새들백교회는 미국 내에서 영향력 있는 대형 교회로, 보수적 신앙을 유지하는 남침례교단에서도 중요한 위치를 차지하고 있었다. 그러나 새들백교회의 여성 목사 안수는 교단의 여성 안수 금지정책을 무시한 행위로, 교단 내에 큰 파장을 일으켰다. 물론 목사 안수 과정에 이의를 제기하는 사람 중에는 새들백교회에 대한 교단의 징계는 신학적인 문제보다 담임목회자의 부인을 안수하는 과정을 근본적인 이유를 보는 견해도 있는 것이 사실이다.

새들백교회 정도의 규모를 가진 교회가 사역자가 부족하여 담임목회자의 아내까지 목사 안수를 해야 하는가에 대해선 신학적인 논쟁보다는 다른 이유에서의 논쟁과 문제점을 지적하는 것도 사실이다.

릭 웨런 목사가 앤디 우드 목사를 후임으로 선택하고 그의 아내를 교육 목사로 임명하면서 이 문제는 교단 내에 가장 큰 이슈로 떠오르게 되었다.

결국, 2022년 캘리포니아 애너하임에서 열린 총회에서 새들백교회를 제명하겠다는 결정이 났다. 다만 교단은 즉각적으로 제명 처분을 하지 않고 새들백교회가 소명할 수 있는 기회를 주었으나 여성 안수를 철회하지 않자 2023년 2월 21일 남침례교단 총회 집행위원회가 새들백교회의 제명을 마무리 지었다. 이와 함께 여성 목사를 안수한 5개 교회 역시 교단에서 제명되는 아픔을 겪었다.

2) 징계의 신학적, 윤리적 문제 제기

남침례교단이 새들백교회의 여성 목사 안수에 대해 징계를 논의한 것은 교단이 자신의 신학적 입장을 유지하려는 시도로 볼 수 있다. 하지만 이 징계 조치에는 다음의 몇 가지 중요한 문제점이 존재한다.

하나, 성경 해석의 다양성에 대한 무시다. 남침례교단이 여성 목회자를 금지하는 이유는 특정 성경 구절에 기반한 보수적 해석에 의존한 것이다. 그러나 성경은 다양한 해석이 가능하다. 특히, 여성의 교회 내 역할에 대해서는 여러 신학적 견해가 존재한다. 예를 들어, 갈라디아서 3장 28절에서는 "너희는 유대인이나 헬라인이나 종이나 자유인이나 남자나 여자나 다 그리스도 예수 안에서 하나이니라"라고 언급하며 성별에 따른 차별이 없어야 함을 강조한다.

이 구절은 현대 신학자들 사이에서 남성과 여성의 동등한 영적 권리를 강조하는 근거로 자주 사용된다. 새들백교회는 이러한 성경 해석의 다양성을 수용하고, 교회 내 여성의 지도력을 인정한 것으로 볼 수 있다.

둘, 교회 자율성에 대한 침해 문제다. 남침례교단은 개별 교회들의 자율성을 존중하는 것을 원칙으로 하고 있다. 실제로 남침례교단은 중앙집권적인 교단 구조가 아닌, 각 교회가 독립적으로 운영되는 연합체 성격을 띠고 있다. 그렇다면, 새들백교회가 자신의 신학적 입장을 바탕으로 여성 목회자를 안수한 것은 그들의 자율성 범위 안에 속한다고 볼 수 있다. 하지만 남침례교단은 교리적 통일성을 이유로 새들백교회를 징계하려 하며, 이는 개교회의 자율성을 침해하는 행동으로 해석될 수 있다.

남침례교단은 여전히 개교회 중심의 교회제도를 유지하고 있다. 교회의 결정은 그 어떤 결정보다 우선시하는 개교회주의를 표방하는 교단으로 결정한 바 이것은 침례교 전통에서 매우 중요한 부분이다. 과연 이런 개교회주의 입장에서 새들백교회에 대한 징계가 옳았는지에 대한 사안은 이후에도 많은 논쟁이 될 것이다.

셋, 교회와 사회의 변화에 대한 대응 부족이다. 현대 사회는 성평등과 여성의 권리에 대한 인식이 크게 변화하고 있다. 이러한 사회적 변화 속에서 교회도 시대의 흐름을 반영할 필요가 있다. 새들백교회가 여성 목사를 안수한 것은 단지 성별의 문제를 넘어, 교회가 사회적 변화를 반영하고 교회 내 성차별을 극복하려는 의도로 해석될 수 있다. 그러나 남침례교단은 여전히 전통적인 성 역할 고정관념에 매몰되어 이러한 변화를 거부하고 있다. 이로 인해 교회가 사회와 단절되며 젊은 세대와의 소통에도 어려움을 겪을 가능성이 크다.

3) 여성 리더십과 교회의 미래

새들백교회의 여성 목사 안수는 교회 내 여성 리더십의 확대를 상징하는 중요한 사건이다. 여성의 리더십이 교회 내에서 확대되는 것은 단지 성평등의 문제가 아니라, 교회가 더 다양한 시각과 리더십 스타일을 포용하는 방향으로 나아가는 것이기도 하다. 이는 궁극적으로 교회가 더 건강하고 포용적인 공동체로 성장하는 데 기여할 수 있다.

남침례교단은 보수적 신학 입장을 고수하는 것이 교회의 일관성을 지키는 길이라고 주장할 수 있다. 그러나 여성 리더십의 확대를 막는 것이 과연 교회의 장기적 발전에 도움이 되는지에 대한 질문을 던져야 한다. 여성 목회자가 교회 내에서 활동할 수 있는 여지를 허용하지 않는 것은 교회의 다양성과 창의성을 제한하는 결과를 낳을 수 있다.

내부와 외부의 비판

새들백교회의 여성안수를 징계하려는 남침례교단의 결정은 내부와 외부에서 모두 비판을 받고 있다. 내부적으로는 일부 진보적 교인들이 여성 안수를 허용하지 않는 교단의 태도가 성경의 사랑과 평등의 메시지에 어긋난다고 주장하고 있다. 이들은 교단이 시대의 변화에 뒤처지지 않기 위해 여성 리더십을 받아들여야 한다고 주장한다.

외부적으론 현대 사회에서 성차별에 대한 논의가 활발히 진행되고 있는 상황에서, 남침례교단의 여성 안수 금지정책은 성평등에 역행하는 행위로 보인다. 이는 교회가 사회와 더욱 멀어지게 만들고, 특히 젊은 세대의 이탈을 촉진할 수 있다.

많은 젊은 기독교인은 성별과 관계없이 개인의 능력과 자질에 따라 리더십을 평가하는 방향으로 나아가고 있으며, 남침례교단의 보수적인 태도는 이들로부터 점점 더 멀어지게 하고 있다. 미국 내에서 남침례교단은 그 어느 교단보다 보수적인 교단이라고 인식되어 있다.

새들백교회의 여성 목회자 안수와 이에 대한 남침례교단의 징계 논의는 교회 내 성평등과 리더십에 대한 중요한 논쟁을 촉발시켰다. 남침례교단은 성경에 대한 전통적인 해석을 바탕으로 여성 목회자 안수를 금지하고 있지만, 현대 사회의 변화와 성경 해석의 다양성을 무시하는 이 결정은 문제점을 안고 있다.

교회는 전통을 지키는 동시에 변화하는 사회와 소통할 수 있는 유연성을 가져야 하며, 여성 리더십에 대한 논의는 교회의 미래를 위한 중요한 이정표가 될 것이다.

미국교회에서는 여성 안수를 허용하는 교단이 점점 늘고 있다. 대표적으로 성공회, 연합감리교, 장로교PCUSA와 같은 교단들은 여성 목회자의 안수를 오랫동안 허용해 왔다. 이들 교단은 여성의 동등한 목회 참여가 성경적 가치와 부합한다고 믿는다.

성공회는 1970년대부터 여성 안수를 허용하며, 현재 여성 주교도 많이 활동하고 있다. 연합감리교 역시 여성 목회자의 리더십을 적극적으로 지지하고 있으며, 여성 목회자 수가 꾸준히 증가하고 있다. 장로교 또한 여성 안수를 통해 교회 내에서 성평등을 실현하고자 한다.

이러한 교단들은 성경 해석에 있어 성평등을 강조하며, 남성과 여성이 모두 하나님 앞에서 동등하게 사역할 수 있다고 주장한다. 이로 인해 미국 내 많은 교회가 여성 목회자의 리더십을 자연스럽게 받아들이고 있다. 이렇게 미국 내 교단들이 여성의 목사 안수를 확대해 나가고 있지만 여전히 한국교회는 제한적인 경우가 많다. 일부 교단에서는 여성 목회자의 안수가 허용되지만, 상당수의 대형 교단은 여전히 남성 중심의 목회 구조를 유지하고 있다. 특히 장로교, 감리교 등 주요 교단은 전통적인 성별 역할에 대한 보수적인 입장을 고수하는 경향이 있다.

미국의 주요 교단들이 여성 안수를 허용하면서 여성 리더십에 대한 접근과 기대감에 새로운 변화들이 생겨나기 시작했다. 여성 리더십에 대한 교회의 접근 방식 변화는 여성 리더의 역할에도 중요한 변화를 가져왔다.

전통적으로 교회는 남성 중심의 리더십 구조를 고수해 왔으나, 여성 안수가 허용되면서 여성의 역할은 확장되기 시작했다. 특히, 여성 목회자가 등장하면서 교회 내에서 여성들이 단순한 봉사자나 보조자의 역할을 넘어 실질적인 지도자로서의 위치를 차지하게 되었다.

여성 리더들도 예배와 설교에서 중요한 역할을 담당하게 되었다. 과거에는 남성 목회자가 예배를 주관하고 설교를 이끌었다면, 여성 목회자들이 등장하면서 여성들도 강단에서 하나님의 말씀을 전하는 역할을 맡게 되었다. 이러한 변화는 단순히 성별의 차이가 아닌, 영적 권위에 대한 새로운 인식을 불러일으켰다. 여성 목회자는 하나님께서 부여하신 소명을 따라 남성과 동등하게 영적 리더로서의 역할을 수행할 수 있음을 보여 준다.

교회 내 행정과 의사결정 구조에서 여성 리더의 참여가 확대되었다. 교회의 행정과 운영은 종종 남성 목회자와 장로들이 주도했지만, 여성 목회자들이 세워지면서 의사결정 과정에서도 여성의 목소리가 반영되기 시작했다. 이는 교회가 보다 포괄적이고 다양한 관점을 수용할 수 있는 계기가 되었으며, 여성 리더는 교회 내 다양한 문제를 해결하는 데 중요한 기여를 하고 있다.

한국교회뿐 아니라 미국교회 역시 여성들이 더 많은 교회의 구성원을 차지하고 있다. 이런 시대상 가운데 여성 리더는 교육과 양육의 영역에서 강력한 영향력을 발휘하고 있다. 전통적으로 여성들은 교회 내에서 교육, 특히 어린이와 청소년 사역에서 중요한 역할을 맡아 왔다. 하지만 여성 리더십이 강화되면서 이들은 단순한 교육자가 아닌, 차세대 리더를 양성하는 중요한 지도자로 자리매김하게 되었다.

그들은 젊은 세대에게 성경적 가치와 사회적 책임감을 가르치는 동시에, 여성으로서의 리더십 모델을 제시하고 있다. 이런 변화는 사회적, 역사적, 신학적, 전통적 방식의 해석이 더욱 다양하게 나타나는 현상에도 그 영향력이 있다고 할 수 있다.

작가 이민경은 그의 저서 『탈코르셋: 도래한 상상』에서 남성과 여성의 이분법적인 성 역할에 대한 성경적 구별에 대한 새로운 시각과 접근에 대한 견해를 보여 준다.[86] 하지만 이런 새로운 성경 해석은 여성의 리더십이 더욱 다양한 형태로 발현될 필요성과 시대성을 제거한다. 이런 접근은 성경의 본래 메시지인 남성과 여성을 모두 하나님 안에서 동등한 가치를 지닌 자로 바라보며 여성 역시 교회와 사회 속에서 중요한 역할을 감당할 수 있는 리더십의 주체임을 가르친다. 이는 전통적인 교회 리더십 구조와 신학적 해석을 재구성하므로 포괄적이고 역동적인 공동체로 나갈 수 있는 길을 열어 준다.

마지막으로, 여성 리더는 교회가 사회적 문제에 대응하는 데 있어 중요한 역할을 하고 있다. 여성 목회자들은 교회가 여성 인권, 가정 문제, 사회적 불평등 등 다양한 사회적 이슈에 보다 민감하게 대응하도록 이끌고 있다. 이들은 교회의 사역을 단순히 영적인 차원으로만 국한하지 않고 사회적 정의와 윤리에 대한 책임을 강조한다. 또한, 교회가 세상 속에서 빛과 소금의 역할을 할 수 있도록 도와준다.

결국, 교회의 여성 리더십에 대한 접근은 사회 인문학적인 접근보다 성경에서 말하고 있는 여성 리더십 역할에 대해서 다시 한번 교회의 합의를 이끌어 내는 것이 중요하다고 생각한다.

여성 리더십을 침체되어 가고 있는 교회에 새로운 가능성을 열어 줄 중요한 열쇠로 인식하는 시각이 필요하다. 성경 속에서 수많은 여성이 하나님의 부르심에 응답하여 그들의 리더십을 발휘했고, 하나님은 여성들과 함께 경륜을 이루셨다.

이 시대에도 드보라, 에스더, 마리아와 마르다, 루디아 같은 훌륭한 여성 지도자들을 세워 나가는 일도 교회가 해야 할 중요한 사역이다.

박종순 목사

제자들교회(미국 렌초) 담임이다.

박종순 목사는 건강한 목회자이다. 풀러신학교에서 교회성장학을 전공했고, 신학을 전공했다. 이민 목회 현장에서 건강한 공동체와 교회를 세워 나가고 있다.

2011년 제자들교회를 개척한 이후 건강한 공동체를 세우기 위해 성경 본문 중심의 설교, 선교 공동체, 상식이 통하는 목회, 공부하는 목회자로 이민교회 사역을 감당하고 있다.

목회자는 신학자이고 설교자이며, 글 쓰는 사람이라는 것을 강조하며 배우기를 늘 강조하는 목회자다. 현재 복음주의 교단인 남침례교단의 목사로 게이트웨이신학교(구 골든게이트)에서 목회학 박사 과정 중이다.

7년 전 일일 일책을 결심하면서 매일 하루에 한 권의 책을 읽고 묵상하며 독서로 건강한 교회, 건강한 공동체, 건강한 목회를 꿈꾸고 있다. 코로나 사태 이후 젊은 목회자의 깊은 영성은 깊이 있는 독서와 묵상으로부터 시작될 수 있음을 깨닫고 거룩한 독서가 젊은 목회자들의 영성 개발에 도움이 되도록 노력하고 있다.

저서로는 『열혈독서』, 『메타씽킹 - 생각의 생각』, 『목회트랜드 2024』 『다음세대 셧다운』 『나의 사랑 아프카니스탄』 『천년의 지혜 독서 멘토링』 등이 있다.

email: visionland21@gmail.com

2 여성이 다음 세대를 세운다

여성은 다음세대 양육의 키맨이다

다음세대를 향한 교육이 흔들리고 있다. 매일 쏟아지는 뉴스마다 10대 청소년들의 비행 사건이 빠지지 없는 요즘이다. 차마 입에 올리기 어려운 사건에서부터 딥페이크 범죄, 학교 폭력까지 어른들의 상상을 초월한다.

요즘 아이들은 어쩌다 이렇게 되었을까? 1년 전, SNS상에서 큰 인기를 끌었던 영상이 있다. 지금까지도 계속해서 인터넷상에서 쉽게 찾아볼 수 있다. 영상의 내용은 이렇다. 이 영상은 2032년의 학원에 대한 것이다. 학부모와 학생은 국어, 영어, 수학, 자소서 쓰는 법을 가르치는 학원이 아닌 '인성학원'을 찾게 된다.

학생들은 인성학원에서 "안녕하세요" 등의 인사하는 방법을 배운다. 성인반에서는 커피를 쏟았을 때 "죄송합니다"라고 말하는 등 사회성을 기르는 방법을 배우는 장면이 나온다. 댓글에는 '당장 필요한 학원이다', '진짜 그렇게 될 것 같아서 슬프다'는 반응이 주를 이뤘다.

다음세대 양육의 열쇠는 누구의 몫일까? 학원 선생님일까? 아니다. 바로 여성이다. 여성은 다음세대에게 엄마로, 할머니로, 이모로,

고모로, 주일학교 선생님으로, 교육자로 다가간다.

다음세대와 절대적인 만남의 시간을 갖는 이들은 여성이다. 2024년 5월 21일 발간한 <한국의 SDG 이행보고서 2024>에 따르면 초·중·고 전체 여성 교사 비율은 69.7퍼센트로, 남성 교사보다 두 배 이상 높았다.

비단 학교만이 아니다. 교회에서도 여성의 비율은 전체 성도의 70퍼센트 정도를 차지하고 있다. 교회 주일학교 여성 교사의 비율은 압도적으로 여성이 많다.

요즘은 젊은 남성일수록 가사와 육아에 적극적으로 참여하고 있지만, 자녀와 함께하는 시간의 양으로 봤을 때는 여성이 남성보다 3배나 많다는 조사 결과가 나왔다.[87] 이러한 상황에서 여성은 다음세대 양육의 주된 책임과 역할을 맡을 수밖에 없다.

다음세대 양육의 키 맨key man 역할을 위해 여성이 바로 세워져야 한다. 여성은 먼저 자기 자신이 누구인지에 대해서 잘 알고, 자신을 사랑해야 한다. 그런 후에야 비로소 타인을 사랑할 수 있다. 자신이 누구인지도 모르는 채, 자신이 원하는 것이 무엇인지도 모르면서 다음세대의 정체성을 세워 줄 수 없기 때문이다.

여성은 세상을 바라보는 안목을 키워야 한다. 여성이 믿음과 세상을 균형 있게 바라보는 안목을 가지고 있을 때 다음세대에게 그 안목을 전수할 수 있다.

여성이 성장할 때 다음세대도 성장을 이룰 수 있다. 여성 자신은 먼저 공부하는 사람이 되어야 한다. 여성이 공부할 때, 다음세대를 어떻게, 어떤 방법으로 잘 자라게 할 수 있을지에 대해 알 수 있다. 또한, 여성은 먼저 믿음의 사람이 되어 다음세대를 믿음의 사람으로 세워야 한다. 그렇다면, 여성은 다음세대 양육의 키 맨으로서 어떤 목표를 잡아야 할까?

여성은 다음세대의 양육 목표를 '독립'으로 설정해야 한다

다음세대 양육의 첫 번째 목표는 다음세대를 독립된 건강한 성인으로 자라게 하는 것이다. 오은영 박사는 육아의 궁극적인 목적은 자녀들의 독립이라고 했다. 그렇지 않으면 아무리 값비싼 교육비를 들이더라도 인성을 갖춘 성인으로 자라게 하기 어렵다.

이를 위해 여성은 다음세대 양육에 허락된 최대 20년이라는 시간을 적절히 활용하여 정서적인 부분을 채워 줘야 한다. 다음세대라는 토양에 때에 맞는 사랑의 거름을 주어야 한다. 그러나 아무리 좋은 비료라고 해도 과하게 줄 때, 결국 땅의 토질은 상하게 된다. 마찬가지로 다음세대 양육에서도 사랑이 기본이 되어야 하지만 절제되지 않은 무한대의 사랑, 내 자식만 잘 크면 된다는 이기적인 사랑은 오히려 다음세대를 망칠 수 있다.

고려대학교 조벽 석좌교수는 자녀가 부모로부터 받은 사랑이 충만하여 자신이 소중한 존재라는 것을 알게 하기 위해서는 하루 단 10분만이라도 하던 일을 내려놓고 자녀에게 온 마음을 다하고 집중하여 자녀와 시간을 보내라고 이 시대의 부모들에게 조언한다.

수많은 가정에서 '금쪽이'가 생겨나고 있다. 요즘에는 경제적 부담과 노산에 의한 부담으로 한두 명의 자녀만을 낳고 키우는 경우가 늘어나고 있다. 2023년 3월 26일 통계청의 '2022년 출생·사망 통계잠정'에 따르면 그해에 태어난 아이 중 첫째아는 15만 6000명으로 전체 출생아 24만 9000명 가운데 62.7퍼센트를 차지했다. 이는 출산 순위별 통계 작성이 시작된 1981년 이후 역대 가장 높은 수치로 둘째아가 차지하는 비중은 30.5퍼센트, 셋째아 이상은 6.8퍼센트로 나타났다.[88]

한 자녀만을 낳고 키우는 비율이 높아지면서 부모의 사랑과 조부모의 사랑까지 한 명의 자녀에게 여섯 명의 사랑과 관심이 몰리는 경우가 허다하다. 만 10세 이전까지 시기에 맞는 적절한 사랑과 훈육을 받지 못한 금쪽이들은 청소년기에 들어가면서 폭풍과도 같은 시기를 거쳐 결국 정서적으로 경제적으로 독립이 불가능한 성인으로 자란다.

한민의 『선을 넘는 한국인 선을 긋는 일본인』에서는 '히키코모리'와 '은둔형 외톨이'에 대해 설명한다. 이는 사회생활을 거부하고 장기간 집 안에만 틀어박혀 있는 사람을 일컫는 말인데 일본에서는 히키코모리라고 부르고, 한국에서는 은둔형 외톨이라고 한다.

이들 유형은 대개 10대 중후반에 시작되는데 나이가 들어 중년에 이르기도 한다. 가족 간의 관계에서 받는 상처, 지나친 부모 의존, 심각한 자신감 결여, 학교나 회사에서 느끼는 고립감, 극심한 경쟁 사회에 대한 두려움, 집단 따돌림이나 괴롭힘의 경험 등이 이들을 집 밖으로 나오지 못하게 만든다. 일본에서 120만 명 정도, 한국에서도 54만 명 정도의 청년들이 이에 해당한다.[89]

다음세대가 건강하고 독립적인 성인이 되게 하기 위해서는 여성의 올바른 훈육을 통해, 해도 되는 것과 해서는 안 되는 것을 알게 해야 한다. 육아 전문가 조선미 박사는 그의 책『조선미의 현실 육아 상담소』에서 육아란 사랑하는 내 자식을 키운다는 지극히 정서적인 활동인 동시에, 이 아이를 훈육을 통해 사람답게 만든다는 게 어떤 것인지를 이해하는 과학적인 활동이기도 하다고 강조한다.[90]

양육자의 감정에 휘둘려서 일관성 없이 행해지는 훈육은 아이들에게 더욱 혼란을 불러일으킬 뿐이다. 훈육 시에도 건강하게 감정을 표현하고, 어떤 상황에서든지 일관성 있게 행해지는 훈육의 규칙은 다음세대가 건강한 어른으로 자라는 데 필수 요건이다.

우리나라 사람들은 특히나 감정을 처리하는 데 미숙하다. 양육자가 먼저 건강하게 감정을 대화로 풀어나갈 때, 아이들도 감정 처리에 대한 방법을 배울 수 있다.

영국의 정신과 의사 타라 포터는『소녀들의 감정 수업』에서 "감정에 휩싸여 있을 때는 자신의 감정을 들어 주고 이해해 주고 공감해 줄 사람이 필요하지만, 그런 역할을 넘어 감정을 부추기거나 현실에 대한 잘못된 시각을 주입하는 사람은 필요하지 않다"라며 잘못된 대화 유형에 대해서 알려준다.[91]

양육자는 흔히 아이들의 감정을 들어 주고 읽어 주고 공감하기보다는 자신의 분노를 참지 못해 폭발한다. 그리고 후회한다. 양육자가 공격적이고 비교하며 비아냥거리는 언어를 사용하게 되면 그 말을 듣는 아이들의 감정은 토네이도급 태풍이 된다. 결국, 아이들의 마음 문은 굳게 닫힌다. 대화는 단절된다.

우리는 엄마인 마리아와 아이인 예수를 보며 마리아의 양육에 대해서 상상해 볼 수 있다. 마리아는 예수가 메시아인 것을 알고 그를 애지중지 깨질까, 부서질까 염려하며 아끼기만 했을까? 그렇지 않았을 것이다.

마리아는 예수가 어린아이였을 때, 독립적으로 행동할 수 있도록 때마다 정서적·신체적 필요를 충족시켜 주었을 것이고, 일관성 있게 사랑을 주면서도 적절한 감독과 보호를 통해 훈육했을 것이다. 아이가 상황에 맞게 행동하고 어떤 사람을 대하더라도 인격적으로 대하도록 삶의 기본 태도와 예의를 가르쳤을 것이다. 키와 지혜가 커 가며 사랑받는 아이가 되도록 마리아는 혹시라도 자신의 편견이나 잘못된 가치관이 아이의 전인격적 성장에 방해되지 않도록 기도하며 지혜를 구했을 것이다. 사랑과 말씀으로 양육하다가 때가 되면 성인식을 통과하게 했으며 자신의 일을 가진 독립적인 성인으로 자라도록 도왔을 것이다. 아들이 사명을 이루도록 그의 길에 간섭하지 않았을 것이다. 십자가에서 아들의 죽음을 목격하기까지 아들이 자신에게 주어진 짐을 넉넉히 질 수 있도록 기도로 지지했을 것이다.

여성은 마리아처럼 다음세대가 건강한 성인으로 자라도록 마땅히 주어야 할 사랑을 주어야 한다. 건강한 성인으로 독립할 수 있도록 양육의 초점을 맞춰야 한다. 해도 되는 것과 안 되는 것을 분명하게 가르쳐야 한다. 어떤 때가 이르러 다음세대가 독립하게 될 때는 축복하며 그 길을 위해 기도해 줄 수 있어야 한다.

여성은 분별력 있는 사랑과 훈육을 줄 수 있는 카리스마 있는 어른이 되어야 한다. 다음세대가 보고 배울 수 있는 존재가 되어야 한다. 그럼, 여성은 어떻게 해야 자신과 타인과 세상을 아는 분별력을 갖추게 될까?

여성이 공부할 때 다음세대는 성장한다

여성은 역사적으로 개인적으로 자신에 대해 알기 어려운 삶을 살았다. 여성은 늘 누군가를 키우고 가르치는 역할을 맡았다. 정작 자신에 대해, 자신의 삶에 대해 공부할 수 있는 기회를 갖기 어려웠다.

『엄마 되기 힐링과 킬링 사이』에서 백소영 교수는 현대적 모성의 역할로서 크게 부각된 하나가 "교육자"로서의 역할이었음을 역설한다. 또한, 여성이 자신을 잊을 정도로, 잃을 정도로 희생과 봉사로 자녀에게 도덕교육을 시키는 것이었다고 설명한다. 교회도, 사회도, 국가도 엄마가 자녀의 첫 교사로 가장 중요한 교육적 임무를 갖고 있다고 가르치기 시작했다. 여성이 자아 성취를 위해 이기적 꿈을 갖거나 일하려는 계획을 하는 것은 엄마의 본성을 거스르는 일이라고 정의했다.[92]

여성은 삶의 여정 속에서 많은 역할을 맡았지만 자신의 이름은 잃었다. 꼭 가정 안에서 '엄마'라는 역할이 아니더라도 그동안 여성은 누군가의 딸로, 누이로, 아내로 일인 다역을 맡았다. 돌봄과 양육의 주체로 살았지만, 정작 자기 자신을 위해 공부하고 자신을 위해 성찰할 수 있는 기회를 갖기는 어려웠다. 그렇게 자기 자신에 대해 잘 모르는 채 어른으로 성장해야 했고 나이 들어야 했다. 꿈도 많았고 되고 싶은 것, 하고 싶은 것이 있었다 할지라도 집안의 다른 형제의 진학 기회를 위해서는 제일 먼저 마음을 접어야 하는 대상 1호가 되기 일쑤였다. 어렵게 사회생활을 시작했더라도 혼기가 넘어가기 전에 결혼해서 집을 떠나야 했다. 계속되는 임신, 출산, 육아와 경력 단절을 경험하며 여성이 '자기 자신'에 대해서 생각할 겨를을 찾기는 쉽지 않았다. 이러한 여성의 삶은 세대 간의 차이가 있기는 하겠지만 청장년의 여성이라고 해서 중장년 여성의 삶과 비교해 획기적인 전환이 이루어지지는 않았다. 오히려 20-30대의 여성들이 비혼과 이혼에 대해 긍정적인 이유는 자신의 어머니 세대의 삶을 보며 '나는 엄마처럼은 살지 않겠다'는 생각에서 보이는 결과일 것이다.

"어른들은 바보예요. 내 목표는 자라서도 바보가 되지 않는 거예요."[93]

앤 나폴리타노의 소설 『헬로 뷰티풀』에서 세실리아의 딸 이지의 말이다. 이지는 엄마와 이모들, 할머니 등 3대에 걸친 여성들의 삶을 보며 자란다. 이지는 그들 사이에 쉽게 풀지 못하는 긴장과 갈등, 개인의 삶 속에서 수시로 행해지는 용기 없는 선택과 후회 섞인 회피를 보며 자란다. 자신의 이름을 잃은 사람들은 자신이 누구인지 모르는 바보가 되었다. 그는 어른들처럼 바보같이 살지 않겠다고 다짐한다.

바보 어른이 아닌 분별력을 갖춘 어른이 되기 위해서 여성은 공부해야 한다. 그렇다면, 무슨 공부를 해야 할까? 여기서 말하는 공부란 학위를 따거나 자격증을 위한 공부가 아니다. 바로 독서, 책 읽기다.

창조주 하나님을 바로 알고, 자신과 세상을 바로 알기 위해 독서해야 한다. 정민 교수의 『다산선생 지식경영법』에서 "공부는 내 삶을 더 가치 있게 향상하기 위해서 하는 것"이라고 정의한다. 다산 정약용 선생은 공부는 독서를 통해서 이루어지는데, 자신을 위한 공부에서부터 시작해서 세상을 위한 공부로 나아갈 수 있다고 한다.[94]

위기爲己, 즉 자신을 위한 공부를 할 때, 자신이 누구인지, 어느 길로 나아가야 하는지, 어떤 소명을 가지고 삶을 살아야 하는지 자신에 대해서 알 수 있다. 자신에 대해서 바로 알 때, 세상을 볼 수 있는 눈이 열린다. 세상을 보는 눈이 열릴 때 비로소 위인爲人, 즉 타인을 위해 공부하고 타인을 위한 기여를 할 수 있게 된다.[95]

여성이 공부를 통해 자기 자신에 대해 돌아보고 자신이 누구인지, 왜 사는지에 대해 분명하게 알 때, 여성은 분별력을 갖추게 된다. 여성이 분별력을 갖추게 될 때, 그 분별력은 다음세대를 세우는 데 쓰여진다. 이들로 인해 다음세대는 성장하게 된다.

여성이 자신이 누구인지, 무엇을 위해 왜 살아가야 하는지 삶의 목적을 알 때, 비로소 타인을 자신처럼 사랑할 수 있다. 자신이 소중한 존재, 고유한 존재, 비교 불가능한 존재임을 알 때, 타인의 존재 가치와 소중함을 알 수 있기 때문이다.

"내가 보기에 그 애는 생각이 너무 단순한 것 같다. 그 애는 오른쪽도 왼쪽도 보지 못하고 멀리 내다보지도 못한다. 그저 자신의 좁은 사고 범위 안에서 계속 맴돌고 있을 뿐이다. 또는 제자리에서 빙빙 돌고 있다고 하는 게 옳은 얘기일 것이다."[96]

혹시 이 말이 자신을 향했다는 생각에 뜨끔한가? 이는 열한 명의 아들을 둔 한 아버지가 자신만의 생각에 갇혀 있는 첫째 아들을 향해 내리는 냉정한 평가이다.

자신에 대해서 들여다보지 못하고 세상에 대해서 모르는 사람에게 하는 말이다. 넓은 생각, 멀리 내다볼 수 있는 생각, 자신을 넘어서 타인을 품을 수 있는 생각은 자기 자신에 대해서 먼저 잘 안 다음에 할 수 있는 생각이다.

김이경은 『책 먹는 법』에서 "다른 생각, 다른 지식, 다른 믿음이 불러일으키는 의심과 두려움을 '틀렸다'고 치부하거나 눈을 감고 피하는 것이 아니라, 그것을 똑바로 바라봄으로써 오히려 더 큰 세계 안에서 평화를 이루기 위해 독서를 하는 것"이라고 독서의 이유에 대해 밝혔다.[97] 여성이 독서를 통해 하나님에 대해, 자신에 대해, 세상에 대해 알게 되어 분별력과 지혜를 갖추게 된다면, 다음세대들은 여성으로부터 무엇을 배우게 될까?

여성의 안목이 다음세대의 안목을 결정한다

여성이 공부할 때, 여성의 안목은 넓어진다. 넓어진 안목은 다음세대의 안목을 결정하는 데 결정적 역할을 하게 된다.

공부하는 여성은 두려워하지 않는 도전으로 삶을 가꿔 나간다. 매일 똑같아 보이는 일상을 새롭게 보게 된다. 창의력을 갖게 된다. 또한, 타인을 자신처럼 대할 수 있는 인격을 갖추게 된다. 이것이 바로, 삶을 바라보는 안목이다.

'안목'은 식견, 견문과 학식이라는 말과도 통하는 것이고, 그로써 사태를 통찰하는 능력이다. 안목은 누구에게나 있는 것이라기보다 두루 보고 배워야 갖추어진다.[98] 끊임없이 공부할 때, 안목은 넓고 깊어진다.

여성이 넓어진 안목을 가지고 도전할 때, 다음세대도 도전하게 만든다. 여성이 주양육자이든, 부양육자이든, 의미 있는 타자로든지 간에 어떤 형태로든지 자라나는 아이들 주변에 존재한다면 아이들은 여성을 바라본다. 여성의 삶을 본다.

어른들은 아이들에게 쉽게 말한다. "큰 꿈을 가져라! 도전하라!" 하지만 정작 그들의 삶 속에서 도전은 찾아보기 어렵다. 반대로 아주 작은 변화에도 두려워하는 모습은 찾기 쉽다.

여성이 공부를 통해 자신이 누구인지, 어떻게 살아야 하는 사람인지, 무엇을 해야 하는지 확실히 알게 되면 알수록 도전하는 삶을 살게 된다. 자신 안에 숨겨져 있던 불꽃을 찾게 된다. 그동안 전전긍긍하며 자신이 진정으로 원하는 것은 무엇인지 모른 채, 삶의 순간에 쫓겨 닥치는 대로 배우고 일했다면, 공부한 여성은 자신의 소원, 소명을 알게 된다. 무슨 일에 전념해야 하는지를 알게 된다. 실패하더라도 부딪혀보자는 용기를 갖게 된다. 인내할 수 있게 된다.

리처드 마우는 『버거킹에서 기도하기』라는 자신의 저서에서 "요즘 젊은이들은 이른 시기에 삶을 결정짓는 중대한 선택을 해야 한다. 게다가 그들은 이렇다 할 지침이나 축적된 경험도 없는 상태에서 종종 그런 결정을 내린다. 그 결과 젊은이들이 삶의 지표로 삼는 가치관은 파괴적인 성향을 띠게 되었다"라고 일갈한다.[99]

기대 수명 120세 시대를 살고 있다. 하지만 세상은 여전히 20세 전후로 어떻게 살 것인지에 대한 빠른 결정을 촉구한다. 어른들이, 여성들이 자신의 삶의 방향을 찾아 "도전!"을 외치는 삶을 살 때, 다음세대는 그 모습을 배운다. 자신들의 삶에 적용한다. 실패하더라도 괜찮음을 배운다. 나이가 많아도 도전할 수 있다는 것을 배운다. 실패하고 또 실패하더라도 그 속에서 지혜를 배운다. 더 단단해지는 자신을 발견하게 된다. 도전은 다음세대의 삶을 지탱하는 큰 닻이 된다. 실패와 성공이라는 노를 번갈아 가며 젓게 되더라도 어느 한쪽으로 기울어지지 않도록 중심을 잡아 준다.

여성이 공부할 때, 다음세대는 여성으로부터 창의력을 배우게 된다. 자신만의 사고가 발전할 때, 세상은 새로워 보인다. 일상적인 것에서 의미를 끌어낼 수 있게 된다. 하나님의 창조 DNA가 자신 안에서 흐르고 있음을 깨닫게 된다.

『그리스인 조르바』의 조르바는 매일같이 모든 것을 처음 보는 듯 봤다. 그는 어떤 때는 사람을, 어떤 때는 꽃이 핀 나무를, 또 어떤 때는 시원한 물이 담긴 컵을 보고 눈을 동그랗게 떴다.[100] 조르바는 목숨이 왔다 갔다 하는 전쟁을 겪으면서 삶을 새롭게 보는 눈을 가지게 되었다. 무엇이 의미 있는 일이고 무엇이 무의미한 일인가는 자신이 자각적으로 결정하는 자유를 갖게 하였다.[101]

우리는 독서를 통해 사물을 새롭게 보는 이러한 안목을 가질 수 있다. 창의력이라는 것은 아무것도 없는 것에서 새로운 것을 만들어 내는 것이 아니다. 이미 기존에 있는 것들을 융합하는 작업에서 탄생한다. 생각은 꼬리에 꼬리를 물고 이것과 저것을 연결시킨다. 그 안에서 새로운 의미를 만들어 내는 힘은 독서를 통한 사고력에서 일어난다.

책을 읽다 보면 연결이 일어나는 시점을 만나게 된다. 자신만의 고유한 경험과 책에서 주는 영감이 새로움을 창조한다. 수많은 책을 읽으면서 자신의 무지를 깨닫는다. 자신의 연약함을 인정하게 된다. 완고함을 버리게 된다. 하지만 내면은 점점 더 강해진다. 자신만의 생각이 자라나게 된다. 아무런 생각 없이 사는 삶에서 벗어난다. 자라나는 생각은 소망을 품게 된다. 자신에 대해서, 타인에 대해서, 공동체를 바라보게 된다. 호기심을 품고 있지만 정중하고 교만을 버린 호기심이다.

독서를 통해 생각의 재창조를 경험한 사람은 생각하고 질문하고 상상한다. 정보를 캐는 질문만이 아니라, 더 깊이 있게 생각하도록 유도하는 질문을 던진다.

최진석 교수는 『생각하는 힘, 노자 인문학』을 통해 "삶의 방향은 바로 생각의 방향이고, 가치의 충돌은 생각의 충돌이며, 제도의 변화는 생각의 변화와 직결된다. 다시 말해 생각을 추적하는 일이 삶을 추적하는 일이고 결국 인간의 정체를 추적하는 일이다"라고 했다.[102]

생각이 중요한 이유는 생각이 삶을 모양을 만들어 내고 삶 그 자체는 한 인간의 정체성을 대변하기 때문이다.

좋은 생각은 좋은 질문을 낳는다. 좋은 질문을 하려면 창의력이 있어야 한다. 틀에 박히지 않은 새로운 질문은 답해야 하는 사람에게 세상을 바라보는 보다 넓은 시각을 선사한다. 더 깊이 있게 볼 수 있게 한다. 비틀어 볼 수 있는 능력을 더한다. 최진석 교수는 생각의 힘에서 한발 더 나아가 질문의 중요성을 강조한다.

그는 『탁월한 사유의 시선』에서 "질문이 일어나려면 우선 궁금증과 호기심이 발동해야만 한다. 궁금증과 호기심은 다른 누구와도 공유할 수 없는 자신만의 것이다. 자신에게만 있는 이 궁금증과 호기심이 안에 머물지 못하고 밖으로 튀어나오는 일, 이것이 질문이다. 그래서 인간은 결국 질문할 때에만 고유한 자기 자신으로 존재한다. 고유한 존재가 자신의 욕망을 발휘하는 형태가 바로 질문이다. 그래서 질문은 미래적이고 개방적일 수밖에 없다. 대답은 우리를 과거에 갇히게 하고, 질문은 미래로 열리게 한다"[103] 라며 질문은 기능이 아닌 인격임을 주장하면서 질문의 지위를 격상시켰다.

우리는 그동안 이러한 질문력을 키울 수 없는 획일화된 교육을 받아 왔다. X세대, 밀레니엄 세대, MZ세대를 거치면서도 대학입시를 향한 교육제도는 바뀌지 않고 있는 실정이다. 이런 교육을 받고 자라난 사람은 좋은 질문을 만들어 내기 어렵다.

파울루 프레이리는 『페다고지』에서 "수동적인 학생들이 비판 의식을 가질 수 있도록 교육의 변화를 꾀해야 된다"고 역설한다. 학교에서는 아직도 은행 저금식 교육이 행해지고 있다. 학생들은 시험에서 좋은 성적을 거두기 위해, 더 많은 지식의 양을 저축하기 위해 몸부림친다. 그럴수록 그들의 비판적 의식은 약해져 간다. 비판적 의식이란 학생들이 세계의 변혁자로서 세계 속에 개입해야만 얻을 수 있는 것이다. 학생들은 점수와 결과를 위해서 틀에 맞춰진 역할에 완벽하게 순응한다. 성인이 되어도 세계를 있는 그대로 받아들이게 되고 자신에게 저축된 단편적인 현실관에 안주하게 된다.[104]

은행 저금식 교육관은 질문하지 못하게 하고 상상하지 못하게 한다. 거의 모든 세대가 이러한 교육을 받고 자랐다고 해도 과언이 아니다. 획일화된 생각의 틀을 깨기 위해 노력하지만 현실적으로 쉽지 않다.

이 교육관은 교회에도 그대로 전이되었다. 유치부를 시작으로 초중고등부의 성경 공부 시간에도 성경 말씀에 대한 주입식 교육이 이루어진다. 사건과 인물 위주의 말씀 공부는 질문의 여지를 남겨 두지 않는다. 학생들은 그 사건이 현재의 우리에게 주는 의미나 적용점까지도 교사로부터 듣게 되는 경우가 다반사다. '~해야 한다'는 이미 정해진 정답을 배운다. 판타지 책과 비교해서도 절대 처지지 않는 성경을 질문과 생각, 상상력 없이 암기해야 되는 책으로 만들어 버린다. 많이 외우고 있는 학생을 믿음이 좋은 학생이라고 추켜세운다.

여성이 다음세대에게 새로운 사고의 물길을 터 주기 위해서는 수동적 사고를 버려야 한다. 사고를 새롭게 리셋하는 데에는 독서가 제일 좋은 방법이다. 독서를 통해 창의적인 질문이 만들어질 때, 다음세대의 사고도 유연해진다. 성경 말씀뿐만 아니라 세상에 건강한 호기심을 갖게 된다. 자신만의 질문과 답을 찾아갈 수 있는 힘을 기르게 된다.

여성이 독서를 통해 공부할 때 타인을 자신을 대하듯 배려할 수 있는 인격을 갖추게 된다.

특별히 고전이나 소설 등의 문학작품을 통해서 다양한 사람들의 삶의 모습을 볼 수 있다. 등장인물의 입장에 서는 것뿐만이 아니라 그와 함께 그의 감정, 생각, 상황을 유추해 볼 수 있다. 나라면 어떻게 했을까 질문할 수 있다. 등장인물의 모습을 보면서 자신을 반추할 수 있다. 독서를 통해 여러 인물의 삶 면면을 들여다보며 공감을 통해 인간적으로 살기 위한 애씀을 배울 수 있다. 독서를 통해 타인의 감정, 생각, 맥락을 함께 느낄 수 있다. 동시에 자신의 감정과 생각을 돌아볼 줄 아는 능력이 키워진다.

영국의 정신과 의사 타라 포터는 자신의 저서 『소녀들의 감정 수업』에서 이 능력에 대해 다음과 같이 정의한다.

"정서적 역량이란 자신의 감정을 알아차리고 그 감정을 식별하고 이름을 붙일 수 있으며, 다른 사람의 감정도 섬세하게 인식하되 이에 압도당하지 않으면서 행복하고 만족스러운 삶을 살 수 있도록 최선을 다해 감정을 관리하는 것을 뜻한다."[105]

이러한 것들이 체득되면 사람을 보는 안목이 넓어진다. 단편적인 모습으로 그를 평가하지 않을 수 있다. 또한 내가 받고 싶은 대우로 타인을 대할 수 있게 된다. 인격적인 말과 행동을 하게 된다.

폴 투르니에는 "적어도 한 사람에게서도 이해받고 있다는 느낌이 없다면 어느 누구도 이 세상에서 자유롭게 발전할 수 없고 충만한 삶을 발견할 수도 없다"고 했다.[106]

여성을 통해 전해지는 인격적인 대우는 그것을 받는 사람으로 하여금 자신이 이해받고 있다는 느낌을 받게 할 것이다. 그런 느낌을 받는 사람은 자유롭게 발전할 수 있고 충만한 삶을 살 수 있다.

이정일 목사는 『소설 읽는 그리스도인』에서 "좋은 문장을 만날 때 마음에 균열이 생기고 그 틈 속에 느낌이 쌓인다. 이게 쌓이면 '나'라는 존재가 삶을 이해하는 유일한 통로가 아니며, 세상이 나빠지는 것은 누군가의 탓도 있지만 나 자신의 부주의, 이기심, 고집, 무지도 있다는 걸 알게 된다"라며 소설을 읽어야 하는 이유에 대해서 강조한다.[107]

문학작품을 통해 여성은 자신이라는 막다른 길에서 벗어나 여러 가지 삶의 통로를 발견할 수 있다. 그러면 환경과 타인을 탓하면서 후회하는 인생에서 벗어날 수 있다. 자신의 부족함을 깨닫게 된다. 자신을 바라보는 눈이 떠진다. 그때서야 비로소 다른 사람을 볼 수 있는 눈도 생기게 된다. 다른 사람의 부족함이 아니라 가능성을 발견할 수 있게 된다. 타인을 기다려 줄 수 있는 여유를 갖게 된다. 타인의 입장에서 생각하고 타인과 함께 느낄 수 있게 된다.

건강한 성인으로 자란 다음세대가 세상을 이끈다

여성이 바로 서면 다음세대가 바로 선다. 바로 선 다음세대는 세상의 빛과 소금이 된다. 여성의 다음세대 양육의 제1목표는 영육 간의 건강함을 갖춘 독립된 성인이 되는 것이라고 앞서 말했다.

요한 하리는 『도둑맞은 집중력』에서 아이의 집중력을 높이기 위해서는 아이가 경험하거나 목격하고 있는 무섭거나 스트레스를 유발하는 요소들을 제한하면서 그에 따른 완충 장치와 돌봄, 보살핌을 켜켜이 쌓아야 하는데, 그럴 수 있으려면 아이의 부모가 자기 삶의 역사를 인식해야만 문제를 해결할 수 있다고 역설한다.[108] 자기 삶의 역사를 인식한다는 것은 자신이 누구인지, 자신은 어떻게, 왜 이 삶을 살아가고 있는지, 자신이 어떤 방향으로 살아가고 있는지에 대해서 바로 안다는 것이다. 자신의 삶을 하나의 고유한 역사로 인식해야 한다.

자신의 정체성을 바로 알기 위해 상황과 환경에 굴복하여 주저앉지 않고 자신을 향한 소명을 찾아 도전하는 여성, 하나님의 창조를 일상생활의 곳곳에서 발견하여 연결하는 창의력을 갖추고 다른 사람에게 생각할 수 있도록 사고의 물꼬를 틔워 주는 여성, 자신이 타인으로부터 받고 싶은 대우를 타인에게 베풀 수 있는 인격을 갖춘 여성은 다음세대의 훌륭한 멘토가 될 수 있다. 가정에서든, 교회에서든, 학교에서든, 어디에서든지 다음세대가 이런 여성을 만난다면 다음세대의 마음 밭은 말씀이 자라기 좋은 밭으로 기경된다.

좋은 밭은 그냥 만들어지지 않는다. 돌도 없고 가시도 없어야겠지만 무엇보다 흙이 좋아야 한다. 좋은 흙이 되려면 물 빠짐이 잘되어야 하고, 공기 순환도 잘 되어야 한다. 또 흙 속에 퇴비를 넣어 무기양분이 풍부해지도록 해야 한다. 이처럼 믿음의 다음세대들이 좋은 밭이 되어 말씀을 삶으로 살아내어 주변 사람들에게 복음을 전하는 사람이 되게 하기 위해서는 도전 정신을 가지고 익숙한 곳에서 벗어나 미지의 영역으로 나아갈 수 있는 용기가 있어야 한다. 자기 자신에 대한 질문, 말씀에 대한 질문, 세상에 대한 질문으로 사고의 전환을 일으켜 발전적인 생각을 만들 수 있어야 한다. 문학 읽기를 통해 여러 모습의 삶을 경험하고 각각의 독특한 삶의 고유함을 인정하여 인격적으로 타인을 대하며, 그 안에서 얻은 교훈을 자신의 삶에 적용할 줄 알아야 한다.

교회의 여성은 다시 일어나야 한다. 여성은 자신을 되돌아보고 성장해야 한다. 지금의 기성세대는 세상이 흠모할 수 있는 교회를 만들어 가는 데 실패했을 수 있다. 코로나를 지나면서 한국교회는 앞으로 어떻게 해야 할지 크게 고민하고 있다.

교인 수는 지난 10년간 100만 명이 감소하였고, 앞으로는 더욱 크게 감소할 것으로 예상된다. 교회학교도 절반 이상이 줄었다.[109] 그러나 숫자는 중요하지 않다. 믿음과 말씀 위에 견고하게 서서 세상을 끌어안고 각자에게 주신 달란트를 세상을 위해 공유할 수 있는 다음세대가 길러지는 것이 중요하다.

그 사명을 위해서 여성은 새로워져야 한다. 공부하는 여성으로 변화되어 먼저 성장해야 한다. 여성이 성장할 때 교회는 성장할 것이다. 여성이 성장할 때 다음세대는 저절로 성장하게 된다. 성장한 다음세대는 『나는 메트로 폴리탄의 경비원입니다』 저자의 고백처럼 주님의 사랑을 전하기 위해 인내하려고 노력하고, 친절하기 위해 노력하고, 다른 사람들의 특이한 점들을 즐기고 자신의 특이한 점을 잘 활용하기 위해 노력하고, 관대하기 위해 노력하고, 상황이 좋지 않더라도 적어도 인간적이기 위해 노력할 것이다.[110] 자신의 부족함이 예수님으로 인해 온전해 짐에 감사하며 세상을 향해 나아가고, 자신을 사랑하는 것처럼 타인을 사랑할 줄 아는 어른이 되어 어둔 세상을 비추게 될 것이다. 세상의 소금이 되어 맛을 내게 될 것이다.

박혜정 선교사

알바니아 선교사이자 GMP 개발연구위원이다.
중국 상하이에서 중어중문학을 공부했다. 2009년 GMP 선교사로 허입되었다. 태국을 거쳐 현재 알바니아 티라나에서 한국어 교습과 글쓰기로 섬기고 있다.
공저로 『누구나 갈 수 있는 아무나 갈 수 없는 중국유학』 『목회트렌드 2023』 『목회트렌드 2024』 『다음세대 셧다운』 『오늘도 삶의 노래를 쓴다』 등이 있다.

3 여성의 정체성을 바로 세워야 한다

다르게 낯설게 나답게 살고 있는가?

카피라이터 정철은 하루하루를 살아가며 자신에게 이렇게 묻는다고
한다.

"너 오늘 하루도 다르게 낯설게 나답게 살았니?"[111]

'삶'이 우리에게 던지는 질문이다. 다른 사람과 '다르게', 늘 같은
모습으로 보이는 삶의 모습일지라도 그 안에서 '낯설게', 타성에 젖지
않은 채로 자신만의 삶의 조각을 만들어 가고 있는지 타인의 눈으로,
세상의 눈으로 재단된 자신의 모습이 아닌 '나다움'으로 '나답게' 살
고 있냐고 우리에게 묻는다.

　얼마 전 팔십 번째 생일을 맞으신 권사님과 대화를 나누었다. 여든
번째 생신을 축하드렸다. 그 긴 세월을 신앙의 본보기가 되어서 잘 살
아 주셔서 감사하다는 인사를 드렸다. 그러자 권사님은 고개를 저으
시면서 그동안 자신이 무엇을 하면서 살아왔는지 모르겠다며, 아무
것도 내세울 것이 없는 삶이라고 말씀하셨다. 겸손의 말씀으로 받았

지만, 그 안에 묻어나는 쓸쓸함과 허무함은 나에게까지 전해졌다.

여성은 자신이 진정으로 누구인지, 자신이 원하는 일이 무엇인지, 자신이 무엇을 좋아하는지도 모르는 채 살아가고 있는 경우가 허다하다. 사춘기를 지나는 여학생들도, 이제 막 사회생활을 시작하는 여성들도, 중장년 여성들도, 노년기 여성들도, 그들의 삶에 '다르게, 낯설게, 나답게'라는 단어로 정의되는 삶을 살고 있을까? 치열한 경쟁 사회를 살아가고 있는 남성들도 그렇다고 반문할지 모르겠지만, 여기서는 남녀 비교가 아닌 '여성'에게만 초점을 맞추기로 한다.

대한민국의 여성들은 가부장적 유교 문화의 기조 아래에서 희생과 헌신을 미덕으로 삼아야 한다고 교육받았다. 그 덕분에 타인을 돌보느라 빛나던 청춘의 시간을 다 써 버렸다. 자신을 돌보는 데 소홀할 수밖에 없었다. 세상에서도, 교회에서도, 가정에서도 그들은 희생과 헌신, 섬김과 사랑, 돌봄의 선봉장이 되어야만 했다. 그렇게 타인의 기대와 시선 안에 갇혀야 했다. 자신을 위한 즐거움과 행복을 인내로 삭제해야만 했던 여성들은 자신의 이름도 잊어버린 채로 살다가 삶의 느지막한 때에야 비로소 '나는 누구인가?', '내가 진정으로 원하는 것은 무엇인가?', '나는 어떻게 살아갈 것인가?'라는 본질적인 질문에 부딪힌다.

성인 여성뿐만 아니라 어린 여성들의 상황도 별반 다르지 않다. SNS를 타고 빠른 속도로 번지는 비교와 경쟁, 자기 불만족은 자기혐

오와 불안, 우울 등을 낳으며 어린 여성들의 정신과 마음을 괴롭히고 있다.

이런 이유로 여성은 세상이 전해 주는 잘못된 가치관에 시달린다. 사춘기가 시작되는 그 순간부터 삶의 마감기인 노년기에 이르기까지 인생의 중요한 때마다 우울감을 겪는다. 월경 증후군과 산후 우울증, 슈퍼우먼 우울증, 갱년기 우울증, 빈둥지 우울증, 노년기 우울증 등 남성보다 1.5배에서 많게는 3배 이상의 우울을 경험한다.[112]

여성이 교회로 왔다. 여성이 교회로 오고 있다. 여성이 교회로 올 것이다. 여성에게 교회는 어떤 환대를 해 줄 수 있을까? 정현종 시인은 '방문객'이라는 시에서 한 사람에 대한 환대에 대해서 이렇게 표현하고 있다.

"사람이 온다는 건 실은 어마어마한 일이다. 그는 그의 과거와 현재와 그의 미래와 함께 오기 때문이다. 한 사람의 일생이 오기 때문이다. 부서지기 쉬운 그래서 부서지기도 했을 마음이 오는 것이다. 그 갈피를 아마 바람은 더듬어볼 수 있을 마음, 내 마음이 그런 바람을 흉내 낸다면 필경 환대가 될 것이다."[113]

교회가 여성에게 해 줄 수 있는 가장 큰 환대는 바로 그녀의 잃어버린 정체성을 주님 안에서 다시 찾도록 돕는 것이다. 그렇다면 교회는 어떻게 여성들의 정체성을 찾도록 도울 수 있을까?

타인의 시선 속에 갇힌 여성을 자유케 함으로 - 가짜 아름다움을 버려라

교회는 여성들의 정체성 발견과 회복을 위해 여성들이 '가짜 아름다움'을 버릴 수 있도록 도와야 한다. 몇 년 전 유행했던 드라마가 있다. <내 아이디는 강남미인>[114], <여신강림>[115] 이라는 드라마이다. 성형수술과 화장법으로 '미인'이 되어 자신의 정체성을 새롭게 만들어 가던 여성들이 결국에는 자기 자신의 존재 가치를 발견하고, 있는 모습 그대로의 자신을 사랑하게 된다는 내용이다.

화장과 성형으로 삶의 자신감을 얻어야만 했던 젊은 여성들의 이야기가 시청자들의 마음을 안타깝게 했다. 반면, 꼭 그렇게까지 해야 하느냐고 혀를 차게도 했다. 이는 드라마 속의 가상 이야기가 아니다. 현시대를 살고 있는 여성들의 모습과 사회의 가치관을 반영하고 있다. 세상의 잣대로 판단되는 가짜 아름다움이 여성들의 생각을 갉아먹고 있다.

하나님께서는 못생긴 여자와 예쁜 여자, 뚱뚱한 여자와 날씬한 여자를 창조하셨는가? 아니다. 하나님께서는 '여자'의 외모를 보지 않는다고 하셨다. 성경에는 겉으로 드러나는 아름다움보다는 보이지 않는 지혜로움을, 사람의 외모보다는 그 사람 마음의 중심을 보신다

고 하셨다.[116]

세상은 여성에게 끊임없이 '아름다움'의 잣대를 들이대고 있다. 그리고 세상의 기준으로 아름다워지지 않으면 실패한 여성이라는 꼬리표를 달아 준다. 여성을 사회적 아름다움에 속박시키는 예는 주변에서 쉽게 찾아볼 수 있다.

'안티에이징'노화방지 기능이 들어간 화장품은 언제나 인기가 많다. 젊은 여성들은 주름이 생길까 두려워서 찾고, 나이 든 여성들은 이미 생긴 주름을 조금이라도 없애길 바라는 마음에 찾는다. '안티에이징'이라는 말 자체가 나이 들어가는 것이 두렵고 거부감이 드는 일임을 암시한다. 인터넷 검색엔진의 연예란을 보면 연예인들의 체중 감량 성공에 관한 기사가 수두룩하다. 보톡스 주사와 처진 피부 관리, 맑고 투명한 주름 없는 피부, 나이를 불문한 군살 없는 몸매를 위하여 여성들은 한 시도 자신의 외모로부터 평안함을 느끼기 어렵다. 이런 외적 아름다움에 대한 집착은 십 대 어린 여학생들에게까지 전염되어 '뼈말라' 챌린지뼈가 드러나도록 마른 몸을 만드는 챌린지, 먹토먹고 토하기 등의 섭식장애로까지 이어진다. 각종 SNS에서는 실력도 있으면서 외모도 잘 가꾸고 몸매 관리에도 일등인 여성들을 성공한 여성이고 존경받을 만한 여성인 양 추켜세운다.

교회는 여성들에게 하나님의 아름다움이 무엇인지 알려 줘야 한다. 설교를 통하여, 소그룹의 성경 공부와 독서 모임, 글쓰기, 집단 상담 등의 모임을 통하여, 다양한 세대 간 여성들의 교제를 통하여 나이 들어감의 가치와 아름다움에 대하여, 인위적인 아름다움의 기술 없이도 존재 자체만으로 아름다울 수 있음을 알게 하는 장을 마련해야 한다.

나이 들어간다는 것은 수치스러운 일이 아니라 삶의 지혜가 쌓여가는 것이고 그 경험을 나눌 수 있게 해야 한다. 여성은 치열하게 살아온 자신의 삶을 자랑스럽게 생각할 수 있어야 한다. 얼굴과 몸에 드러나는 나이 듦의 흔적은 자기 관리의 실패가 아니다. 타인을 돌봄으로 나타난 영광스런 증거임을 깨닫게 해야 한다.

'순종' 프레임에 갇힌 여성을 해방함으로 – 주도성을 회복하라

여성은 '순종' 프레임에 갇혀 왔다. 한국의 유교 가부장제 문화뿐 아니라 서양에서도 여성의 가장 큰 미덕은 '순종'이라고 믿어 왔다.

"아, 그대, 그대를 위해 그대 살 중의 살로 그대에게서 만들어진 이 몸, 그대 없으면 무슨 보람으로 살리까. 나의 안내자, 나의 머리여, 그대의 말씀 옳고 또 옳습니다. (…) 더욱 나는 이토록 부족한 몸으로 월등한 그대를 모시니, 그만큼 더 행복을 누리지만, 그대는 자신과 대등한 배필을 어디서도 찾을 수 없으십니다."

이렇게 우리 인류의 어머니는 말하고서 나무랄 데 없는 아내로서의 애교와 온유한 순종의 눈으로, 반쯤 껴안으며 우리 최초의 아버지에게 기대니, (…) 그녀의 아름다움과 순종의 매력을 기뻐하며 그는 뛰어난 사랑으로 미소 짓는다.[117]

위의 문장은 기독교 고전인 존 밀턴의 『실낙원』에 나오는 하와와 아담이 나누는 대화의 일부분이다. 하와는 아담을 자신의 안내자, 자신의 머리라고 찬미하며 자신은 부족한 몸이지만 아담을 모실 수 있어서 행복하다고 고백한다. 존 밀턴은 이런 하와의 모습에서 '아내'로서 갖추어야 할 애교와 순종의 매력을 묘사했다.

성경에서 하나님은 하와가 아내로서 갖추어야 하는 '아름다움'과 순종의 '미덕'에 대해서 말씀하시지 않았다. 그러나 존 밀턴은 자신이 살았던 17세기 영국 사회가 여성에게 부여한 완벽한 아내로서의 기준을 하와에게 덧입혔다. 『실낙원』은 기독교의 대표적인 고전으로 자리매김했고 그 명성을 지금까지도 이어 오고 있다. 작가가 창조한 하와의 모습은 알게 모르게 이 작품을 읽는 독자들의 생각에 스며들었다. 인류사에 남은 대작은 후대 사람들에게 '남편에게 순종하는 아내상, 남성에게 순종하는 여성상'을 만드는 데 기여했다.

김지혜는 『선량한 차별주의자』를 통해 국제결혼 사이트에 소개된 국가별 여성의 특징을 언급하면서 그 안에 숨겨져 있는 한국 남성들의 여성관에 대해 꼬집었다. 여성의 특징으로 소개된 단어는 대표적으로 "순종, 남존여비, 여필종부" 등이었다.[118] 이는 21세기를 사는 한국 남성들의 가치관 속에 여성에 대한 이미지가 어떠한가를 간접적으로 보여 준다.

유교 가부장제의 한국 문화에 들어온 서구 기독교 문화는 처음에는 여성을 사회적 관념으로부터 해방하게 하는 듯했다. 복음은 진정으로 힘이 있었다. 하지만 서구 근대 기독교 전통의 형식과 가치관이 조선의 유교 문화와 융합되었다. 이내 여성을 가정에서나 교회에서나 세워진 리더십에 순종해야 하는 수동적 주체로 전락시켰다. 세워진 위계질서에 말없이 따르는 것을 여성의 미덕으로 삼았다. 이러한 가치관은 여성이 질문하거나 생각하지 못하게 했다. 더 나아가 여성이 자신이 원하는 삶이 아닌 타인의 기대에 맞춘 삶을 살게 했다. 여성은 자신의 삶에서 자신이 하고 싶은 일, 자신이 잘할 수 있는 일을 찾기보다는 다른 사람의 기대와 다른 사람의 필요를 위해 자신이 해야만 하는 일을 택해야 할 때가 더 많다. 설령 그런 일을 찾았다고 하더라도 출산과 육아라는 긴 터널을 거치면서 자신의 일을 내려놓아야만 했다. 가정 경제 문제로 다시 일을 하게 되더라도 자신이 원하는 일보다는 경력 단절된 여성에게 쉽게 일자리를 제공하는 서비스 산업의 일을 구할 수밖에 없었다.

나오미 울프는 자신의 저서 『무엇이 아름다움을 강요하는가』에서 경제학자 마빈 헤리스의 여성에 대한 시각을 비판한다. 마빈 헤리스는 여성을 "읽고 쓸 줄 아는 유순한 예비 노동자"라고 정의했다. 더불어 여성을 "현대 서비스 산업이 토해 낸 정보와 사람 다루는 일하기에 좋은 집단"이라고 했다. 이런 노동시장에서 고용주에게 가장 도움이 되는 노동자의 특성이 낮은 자존감과 반복적인 따분한 일에 대한 참을성, 포부의 결여, 높은 순응성, 자기 옆에서 일하는 여성보다 자기를 관리하는 남성을 더 존경하는 마음, 자기 삶에 대한 통제력 부족이라고 정의했다.[119]

지금의 사회 구조에서 여성은 경제활동을 위해서는 자신이 고용될 수밖에 없는 직종을 찾을 수밖에 없는 실정이다. 여성 대다수가 자신의 꿈과 괴리가 있는 일을 하면서 살고 있다. 이런 상황은 여성이 더 수동적인 삶을 살아가도록 몰아넣는다.

교회에서는 여성의 이러한 수동적 삶에 기름을 붓는다. 다음의 성결 구절을 근거로 성경의 권위를 이용한다.

'여자는 일체 순종함으로 조용히 배우라 여자가 가르치는 것과 남자를 주관하는 것을 허락하지 아니하노니 오직 조용할지니라'(딤전 2:11-12).

시대를 초월하여 마땅히 지켜야 하는 하나님의 말씀이 있는가 하면, 시대 상황과 인간의 해석이 들어가 있는 말씀도 있다. 무턱대고 성경의 모든 말씀을 현재를 살아가는 인간에게 적용할 수 없다. 인간은 자신의 삶을 주도적으로 선택하고 꾸려 나갈 수 있다. 우리는 이 명제에 대해서 의심하지 않는다. 하지만 여성의 실상은 그렇지 못하다. 그렇다면 여성이 수동적인 삶이 아닌 적극적인 삶을 살게 하려면 교회는 어떻게 해야 할까?

교회는 여성이 하나님 앞에서의 온전한 객체, 유일한 존재로 설 수 있도록 도와야 한다. 여성은 남성과 공동체에 귀속되고 흡수된 존재가 아니다. 하나님께서는 여성을 그렇게 창조하지 않으셨다. 예수님은 예수님 안에서 모두가 하나라고 하셨다.[120]

여성 스스로가 꿈꿀 수 있게 해야 한다. 자기 삶의 주권을 타인에게 내어주게 하면 안 된다. 교회 공동체는 여성이 외부에 의존하지 않고 온전히 주님께만 기대어 자신만의 삶의 방향을 만들어 갈 수 있도록 해야 한다.

이승우는 『고요한 읽기』에서 "꿈을 맡기는 순간, 꿈이 아니라 삶이 지배당한다"[121]고 강조한다. 여성의 꿈을 남성이, 혹은 공동체가 대신 꾸면 안 된다. 그렇게 하는 것은 여성의 삶을 지배하는 것밖에 되지 않는다. 자신의 꿈을 찾았다면, 나아가야 할 길을 찾았다면, 더는 머뭇거리지 말고 주도적으로 그 길을 가야 한다. 자신 삶의 객체가 아닌 주체로서 밀고 나아가야 한다.

카피라이터 박웅현은 『여덟 단어』에서 딸을 가진 아빠의 입장에서 여성에게 한 가지를 조언한다.

"무언가를 자기 것으로 만들기 위해 가끔은 한심하고 열등하기 짝이 없는 남자들에게 눈 딱 감고 밀고 나가는 힘은 배웠으면 합니다. 어느 모로 보나 열등한 남자들이 여자들보다 잘하는 한 가지가 바로 그겁니다. 그런데 그렇게 단순 무식하게 밀고 나가는 것이 때로는 깊이를 만들어 주고 한 걸음 더 나아가게 하는 힘이 되어 줍니다. 정답, 오답에 대한 강박을 갖지 말고, 바보처럼 단순하게, 자기 판단을 믿고 가길 바랍니다."[122]

여성은 자신을 밀고 나가는 힘으로 자기 주도성을 회복해야 한다.

슈퍼우먼이 아니어도 괜찮다고 인정해 줌으로 – 한 가지에만 몰입하라

김금희 작가의 소설 『복자에게』에는 일과 결혼을 둘 다 잡아 성공한 듯이 보이는 슈퍼우먼의 이야기가 나온다.

슈퍼우먼의 대명사 양 판사는 판결대에서 모유 수유를 할 만큼 일과 육아, 둘 다 놓치지 않는 사람이었다. 남자가 하기도 어려운 판사 연구직에까지 오를 정도로 그 세계의 커리어에서 부족함이 없었다. 누구보다 성실했고 실력도 좋았다. 살림과 육아를 소홀히 하지 않는 주부이면서 성공한 직장인까지 그녀는 주어진 역할에 최선을 다했다. 그러나 그런 그를 번번이 좌절시켰던 것은 때마다 모든 일을 제치고 참석해야 하는 시대의 일이었다. 김장에 가지 못하면 무슨 잘난 일을 한다고 시댁에 오지도 못하냐는 소리를 들어야 했다. 결국, 양 판사는 이혼으로 결혼생활에 마침표를 찍었다. 훨훨 날고자 했던 두 날개는 꺾였다. 제주도에서 소소한 판결을 내리면서 꿈도 소망도 잃은 직업 판사로 살게 된다.

양 판사처럼 많은 여성이 일도 잘하고 살림도 잘하고 마음씨까지 착해야 하는 압박에 시달리면서 살아간다. 기혼자라면 '저글링 맘'이라는 말이 붙는다. 이 단어는 공 두세 개를 빙빙 돌리며 떨어뜨리지 않게 곡예를 펼치는 저글링에서 온 말이다. 주부, 직장인, 딸 등의 역할을 쉴 새 없이 돌리며 어떤 역할이라도 부족하지 않게 완벽하게 해내야 하는 여성을 가리킨다.

미혼 여성이라면 'K-장녀'라는 꼬리표가 붙는다. 'K-장녀'는 Korea와 장녀의 합성어이다. 이들은 가족들을 정서적으로 돌보고 지지한다. 자기 개인의 삶을 찾기보다는 가족을 위해 헌신하는 특징을 지니고 있다. 그들의 돌봄, 희생, 양보는 당연한 것으로 치부된다. 수많은 책임과 수고에도 불구하고 인정받지 못한다. 저글링 맘이든 K-장녀든 간에 여성은 자식을 성공하게 만드는 어머니, 좋은 아내, 유능한 주부, 착한 딸이 되기 위해 고군분투한다.

여성은 한 가지만을 선택하고 그것을 잘하면 된다. 그것으로 충분하다. 교회 공동체 안에서도 여성은 여러 가지 역할과 더불어 영적인 권사님, 솜씨 좋은 집사님, 참하고 다재다능한 자매가 되길 바라는 기대를 받는다. 교회는 여성이 더 이상 슈퍼우먼이 되지 않아도 괜찮다고 인정해야 한다.

하나님께서는 여성 개개인에게 그만의 고유한 은사를 주셨다. 교회는 여성이 자신의 은사를 발견하도록 돕고 그것에 몰입하도록 해야 한다. 모든 것을 다 잘해야 하는 부담에서 벗어나야 한다. 이제는 한 가지에만 집중하고 몰입할 수 있어야 한다.

사이토 다카시는 『일류의 조건』에서 "일생을 통해 반드시 실현하고 싶은 바람들 가운데 어느 것이 가장 간절한지 비교해 보고 그중 한 가지를 정했다면 그 이외의 일들은 배제하고 오로지 그 일에만 몰두해야 한다"고 단호히 말한다.[123] 자신이 가지고 있는 에너지를 적당히 이것저것에 분산하는 것이 아니라 단 한 가지에 의식을 집중시키는 것이다.

여성은 수많은 시간을 자신을 위해 사용하기보다는 타인을 위해 사용한다. 타인의 기쁨을 위해 자신을 희생한다. 그러다 보니 정작 자신이 원하는 것이 무엇인지, 자신이 기뻐하는 것이 무엇인지 모른다. 그러나 『원씽』에서는 "성공의 열쇠가 무엇인지는 모른다. 하지만 실패의 열쇠는 모든 사람을 기쁘게 하려 드는 것이다. 자신의 단 하나에 가장 강력한 '예!'를 말하고 나머지에게는 '아니오!'라고 외칠 수 있을 때, 비로소 남다른 성과가 가능해진다"라고 말하고 있다.[124]

저명한 정신분석학자 필리스 체슬러는 『여성과 광기』에서 여성이 자신의 정체성을 구축하기 위한 방안을 조언한다.

"여성은 세계를 '구하기'에 앞서, 남편과 아들을 '구하기'에 앞서 자기 자신과 딸을 '구하기'에 나서야 한다. 여성은 오로지 배우자나 생물학적 자녀를 갈망하고, 보호하고, 보살피는 외골수의 무자비함을 자기 보존과 자기 개발에 집중하는 '무자비함'으로 바꾸어야 한다." [125]

여성은 자신을 둘러싸고 있는 외부의 사람들을 기쁘게 하는 일을 그만두어야 한다. 여성은 자기 자신에게 먼저 집중해야 한다. 『빛나는 여성의 웰니스를 위하여』에서는 건강하게 나이 들고 싶은 여성을 위해 '몰입'을 권한다. '몰입'은 "해야만 한다"거나, 다른 사람의 기대에 부응하기 위해 무언가를 하는 것이 아니다. 몰입은 한 사람이 마주한 도전과 그에 관련된 그 사람만의 기술이 아름답게 일치할 때 발생한다고 한다. [126]

여성이 도전하여 몰입할 때, 부끄러움과 자책감, 죄책감 없이 실패 여부를 떠나 과정과 경험에 집중하게 된다. 여성이 자신에게 집중할 때 오히려 주변의 사람들은 성장한다. 자신이 할 수 있는 일은 자신이 하는 독립심과 자율성을 키우게 될 것이다. 또한, 남성들이 여성의 전유물이라고 생각되는 돌봄과 양육을 개발하게 되는 좋은 기회가 될 것이다. 여성이 자신의 정체성을 바로 찾을 때, 가정과 사회는 더욱 건강하게 세워져 갈 것이다.

교회는 여성이 정체성을 발견하고 회복할 수 있도록 도와야 한다

주님의 공동체인 교회만이 여성으로 하여금 '나는 누구인가'를 알 수 있게 하는 제일 근원적인 토대를 마련해 줄 수 있다. 소크라테스는 『국가』에서 "가장 중요한 배움이란 좋음의 이데아 '원형'을 아는 것"이라고 했다. 이 원형을 모르면 다른 것을 아무리 많이 알아도 소용없다고 강조한다.[127]

여성은 주님의 창조 안에서 여성 자신으로서의 좋음의 원형은 무엇인지를 깨달아야 한다. 존재의 근원과 그 의의를 알지 못할 때 행해지는 모든 것은 무의미하다. 목적도 방향도 없이 그저 살아지는 것이 된다.

교회는 여성의 정체성을 찾도록 돕는 역할을 포기하면 안 된다. 교회는 그 역할을 사명으로 생각해야 한다. 세상이 두려워하고 세상을 변화시킬 수 있는 여성은 교회로부터 나와야 한다.

바다 돌고래는 우리가 잘 아는 것처럼 물 한가운데서 잠을 잔다. 이와 달리 아마존강 돌고래는 물 한가운데가 아닌 강둑의 경사면에 의지해 휴식한다. 그들에게는 물 한가운데서 다시 힘차게 헤엄칠 수 있는 힘을 충전하기 위해 물가와 뭍의 경계면이 반드시 필요하다.

동물원 안에서 사육당하는 보토 돌고래[128]는 수면 부족으로 건강에 위협을 받는다. 그 이유는 동물원 우리 안에는 숨을 고를 수 있는 삶의 중요한 부분인 경계면이 결여되었기 때문이라고 한다.

강과 뭍의 경계면이 아마존강 돌고래의 생사를 결정짓는 중요한 지지대인 것처럼 교회는 여성에게 여성의 삶을 지탱해 줄 수 있는 지지대가 되어 주어야 한다. 여성 삶의 가장 근본이 되고 영원함이 될, 여성 그 자신으로서의 정체성을 찾을 수 있게 해 주는 지지대 말이다.

세상은 여성에게 고유의 정체성을 부여하는 것 같지만 그렇지 않다. 아마존강 돌고래가 물 안에서만은 살 수 없는 것처럼, 여성은 세상의 잣대와 기대 속에서는 여성 개인이 가진 정체성을 찾을 수 없다.

세상은 여성에게 아름다울 것과, 순종할 것과, 자신이 아닌 타인에게 몰입할 것을 요구한다. 여성에게는 여성의 정체성을 바로 세우고 회복시켜 줄 강둑의 경사면이 필요하다. 교회는 여성에게 전근대적인 사고로 희생과 섬김, 순종만을 요구하는 것이 아니라 주님의 창조 안에서 여성 개개인을 향하신 부르심을 알게 해 주는 통로가 되어야 한다. 이를 위해 교회는 깨어 있어야 한다. 단체, 이념, 사상, 고정관념에 치우치면 안 된다.

교회는 여성이 세상의 잣대에 좌지우지되는 여성으로서 살아가게 하면 안 된다. 하나님의 창조 안에서 정형화되지 않은 독특하고 고유한 각자만의 정체성을 찾아갈 수 있도록 해야 한다. 왜냐하면 주님의 뜻을 제일 잘 알 수 있는 곳이 바로 교회이기 때문이다. 오직 여성을 창조하신 하나님 안에서만 여성의 정체성을 찾을 수 있기 때문이다.

교회 안에서 여성의 정체성을 다시 세워야 한다.

"비록 하찮아 보일지라도 생의 기로에 선 누군가를 살릴 수 있는 최소한의 대책은 그저 눈길을 주고 귀 기울여 그의 얘기를 들어 주는 것이 아닐까. 사람이 사람에게 할 수 있는 가장 잔인한 일은 혼잣말하도록 내버려두는 것이다."

2019년 박주영 판사가 한 사건에 대해 내린 판결문의 일부이다. 자신이 누구인지, 자신의 삶이 어떤 의미를 가지고 있는지, 자신이 하고 싶은 일이 진정으로 무엇인지 찾는 일을 여성 개인의 믿음의 역량으로 한정 지으면 안 된다.

특별히 고유한 객체이면서도 하나 된 공동체의 일원으로 여성의 정체성을 찾는 방법으로 '생애사 쓰기'를 권하고 싶다. 독서와 더불어 글쓰기는 자신의 내면을 알고 깊이 숨겨 놓은 생각과 감정을 발견하는 가장 좋은 방법이다. 혼자서 쓰려면 쉽게 포기하게 되지만 함께 쓰면 끝까지 쓸 수 있다.

독일의 철학자 페터 비에리는 『자기 결정』에서 개인의 과거에 대해 글을 쓰게 될 때 얻는 유익에 대해서 알려 준다.

"경험된 과거를 말로, 글로 표현하는 능력은 두 개의 얼굴을 가지는데, 첫 번째 얼굴은 자아상을 발전시킬 수 있도록 허락하는 측면이다. 이때 자아상은 과거를 특정한 방식으로 경험하고 나서 결국 미래를 향한 설계도를 가진 현재에 도달한 한 사람의 초상화이다. 우리는 각자의 삶에서 의미를 찾아내기 위해, 그리고 지금의 삶을 계속 진행하기 위해 이 자아상이 필요하다. 또 하나의 얼굴은 모든 자아상이 그 진위가 모호하고, 착각과 자기기만과 자기 설득으로 가득 찬 구조물이라는 사실이다."[129]

생애사 쓰기를 통해 자신의 과거를 마주하며 자신과 관계된 타인과의 사건, 감정, 생각 등을 떠올릴 수 있다.

특별히 하나님께서 삶의 면면에 어떻게 개입하고 인도하셨는지를 기억해 낼 수 있다. 개인의 과거 중 의미 없는 시간은 없으며, 귀하지 않다고 버려질 시간은 없다. 모든 시간과 순간들이 모여 한 사람을 만든다.

글쓰기를 통해 자신이 어떤 정체성을, 어떻게 구성하면서 살아왔는지 깨닫게 된다. 이 깨달음은 미래로의 발걸음을 이끈다. 또 자신이 그동안 왜곡해서 기억했던 것은 무엇이었으며, 그 안에서 파생된 잘못된 미움과 마음을 갉아먹었던 후회, 타인과 자신에 대한 용서 등을 마주하게 된다.

낸시 슬로님 애러니는 『내 삶의 이야기를 쓰는 법』에서 자신이 글을 쓰는 이유가 무슨 생각을 하고, 어떤 감정을 느끼고, 어디에서 막혀서 앞으로 나아가지 못하는지를 알기 위함이라고 했다. 또 글을 쓰다 보면 새로운 통찰을 얻어서 치유의 길로 나아갈 수도 있다고 밝혔다.[130]

여성 각자의 삶은 교회라는 믿음의 공동체 안에서 생애사 쓰기를 함께할 때, 자기 삶이 별처럼 빛났음을 깨달을 수 있다. 글쓰기를 통해 치유가 일어나고 개인과 공동체의 회복과 성장이 일어남을 경험하게 될 것이다.

교회는 여성 개개인이 삶의 의미를 찾지 못해 길을 잃어 방황하지 않게 해야 한다. 『데미안』에서 헤르만 헤세는 인간의 삶에 대해서 이렇게 정의한다.

"한 사람 한 사람의 삶은 자기 자신에게로 이르는 길이다."[131]

자기 자신에게로 이르는 길, 자신의 고유한 정체성을 알 때, 자신의 내면으로부터 뿜어져 나오는 것을 실현하면서 살 수 있다.

교회는 여성 개인이 혼자 고민하지 않도록 정체성을 찾는 길을 밝혀 주는 등대가 되어 줄 수 있지 않을까?

교회는 여성을 하나님께서 창조하신 있는 그대로의 모습과 내면의 아름다움에 자긍심을 갖는 여성, 자신의 이름으로 주체가 되어 삶의 길을 만들어 가는 여성, 하나님께서 여성 각자에게 부여하신 하나의 달란트에 몰입하는 여성이 되도록 도울 수 있는 유일한 공동체이다.

박혜정 선교사

알바니아 선교사이자 GMP 개발연구위원이다.

중국 상하이에서 중어중문학을 공부했다. 2009년 GMP 선교사로 허입되었다. 태국을 거쳐 현재 알바니아 티라나에서 한국어 교습과 글쓰기로 섬기고 있다.

공저로 『누구나 갈 수 있는 아무나 갈 수 없는 중국유학』『목회트렌드 2023』『목회트렌드 2024』『다음세대 셧다운』『오늘도 삶의 노래를 쓴다』 등이 있다.

4 여성이 성장할 수 있는 교회를 소망하며

세상에서는 성평등 및 페미니즘의 역할로 여성의 인권과 역할이 증대되고 있다

1960년대 여성의 참정권 획득을 목적으로 미국에서 시작된 페미니즘은 대륙을 넘어 전 세계 여성들에게 힘을 실어 주었다. 그 후로 여성들의 교육받을 기회와 사회 참여의 기회는 전폭적으로 확대되는 듯했다. 그러나 아직도 존재하는 사회 각계각층의 유리천장과 사회적 차원에서의 고용 불안정, 출산과 육아 정책의 불이행 등은 여성의 삶을 획기적으로 바꾸지 못하는 실정이다.

여성들의 결혼과 가정, 출산에 대한 인식이 급격하게 변화하면서 정부도 여성 인식의 변화에 따른 정책들을 고민하고 있다. 세상은 그 변화가 미미한 것 같지만 계속해서 여성들이 모여 목소리를 만들게 하고, 그 목소리가 빛보다 멀리 가도록 작은 힘이라도 보태려고 한다.

현재를 살아가는 학생들은 초등학교에 들어간 그 순간부터 12년의 공교육을 받는 동안 학교에서 양성평등 교육과 성인지 교육을 받는다. 과거에는 여성 인권, 여성 참정권, 여성 운동·페미니즘, 여성의 사회 진출과 승진, 여성 교육이 사회교과목 성평등 내용의 주를 이루었다.

현재는 인권, 성불평등·차별, 성 역할, 성문화, 성 의식에 대한 내용이 주를 이루고 있다. 도덕, 실과, 보건 과목에서는 사랑과 성, 성 가치관, 성적 자기 결정권, 성 문제성폭력, 성매매, 양 성평등, 가족 관계, 성 건강에 있어 보건 생애 주기별 성적 발달, 임신·출산·피임, 성 매개 감염병 등에 대해서 배운다.[132]

이런 교육을 받고 자란 여성들은 더욱더 여성이기 전에 한 인간으로서의 자아 정체성을 확고히 다져 나간다. 그런 이유로 직장에서, 가정에서, 학교에서 단지 여성이라는 이유만으로 부당한 대우를 받는 것을 그냥 넘어가지 못한다. 그들 삶의 주도권과 사고의 자치권을 타인에게 넘기지 않았기 때문이다. 그들은 삶의 방향을 결정할 권리가 있고, 자신의 생각을 밝힐 자유가 당연히 있다고 생각한다.

세상은 1960년대의 여성주의로 여성의 참정권을 획득한 후로 1980년대 제2의 여성주의 물결을 만들어 내면서 섹슈얼리티, 가족, 재생산 권리, 불평등 등으로 담론 범위를 넓혔다.

1990년대 이후로 제3의 여성주의는 성 역할의 고정관념을 폐지하며 여성들의 인권과 역할을 확대했다. 2016년 강남역 살인사건으로 페미니즘이 리부트된 이후, 미투 운동 등을 통해 개인의 심적 고통을 소셜미디어 공간에 직접 토로하기 시작하면서 전 사회적인 움직임을 가져오기도 했다. 그러나 극단적으로 흐르는 여성주의는 남성과 여성의 분열을 초래하기도 하고, 또 다른 불평등과 편향을 낳기도 한다.

여성주의가 자리매김해 가면서 여성의 높은 진학률과 사회 참여율로 여성의 사회 진출이 활발히 이루어지고 있다. 아직도 많은 분야에서 여성이 고위직이나 관리직에 오르지 못하는 등의 한계가 존재한다. 그것을 깨려는 시도와 노력은 계속되고 있다.

정치 분야에서 세계 각국의 정상, 국회의원 등 여성의 정치 참여가 활발해지고 있다. 경제 분야에서도 여성 경제인 리더십이 각광받고 있다. 문화와 스포츠 분야에서 여성의 활약상은 말할 것도 없다. 세상 속에서의 여성은 계속해서 여성의 위치를 찾기 위해 고군분투하고 있다.

교회는 여성의 역할을 폐쇄적으로 접근한다

처음 조선 땅에 복음이 들어왔을 때, 예수님의 시대와 마찬가지로 여성들은 교회 안에서 숨을 쉴 수 있었다. 비록 사회는 남존여비 사상에 젖어 있었지만, 교회는 그렇지 않았다. 신분의 높고 낮음, 부의 유무, 성별, 나이와 민족을 초월하는 사랑을 보여 주신 예수님 안에서 사람 취급을 받지 못하던 인생들은 처음으로 존재의 의미를 경험하게 되었다. 여성의 정신은 복음으로 인해 자유할 수 있는 듯했다. 하지만 조선 시대에 뿌리 깊게 내려져 있던 유교 사상과 가부장 제도는 여성이 여전히 제도 안에서는 가정과 남성에게 종속된 삶을 살게 했다.

조선 시대와 일제 강점기, 광복기, 근대기를 거쳐 오면서 대한민국의 교육열은 계속해서 높아졌다. 많은 여성이 고등교육을 받게 되었다. 그러나 교육의 근간 자체가 남성성과 여성성을 확실히 갈라놓는 이분법적 교육으로 이루어졌다.

광복 이후 50년간 남성에게는 진취적, 창조적, 능동적, 독립적, 지도적, 합리적, 공격적인 성향을 교육시켰다. 반면, 여성에게는 의존적, 수동적, 순종적, 수용적, 비공격적, 양심적, 협동적인 성향을 갖도록 지도했다. 이와 같은 차별구조는 우리 사회를 지배해 온 가부장제에 기초하고 있다. 남성은 사회인으로, 여성은 가정인으로 길러 온 결과, 여성들은 사회 적응력을 기를 수 있는 기회가 없었다.[133] 이는 교회 문화에도 큰 영향을 주었다.

교회에서는 지금도 광복 50년 동안 행해진 교육과 유사한 교육이 이루어지고 있다. 교회 교육은 성경 말씀에 기초하고 있지만 대부분 꿈쩍도 하지 않는 압정처럼 고정된 성 역할에 박혀있다.

교회는 아직도 유교적 가부장제에 기초한 내용들을 가르친다. 교인들과 학생들은 아내는 남편에게 순종하고, 여성은 남성 지도자에게 순종해야 하는 것처럼 배운다. 또 실제로 그렇게 행하는 모습을 서로가 본다. 그러나 이러한 교회 교육과는 반대로 학교 교육은 사회의 고정관념을 바꾸기 위한 노력을 지속했다.

21세기에 들어오면서부터는 앞에서 언급한 것처럼 초중고 12년의 의무교육 기간 동안 양성평등과 성인지감수성을 높이는 교육이 이뤄지고 있다. 학교와 사회에서는 오히려 극단적 페미니즘에 기초하여 양성평등이라고 부르지만 남성에게 불리한 내용도 있어서 반발을 불러일으키는 경우도 종종 벌어질 정도이다. 주일학교 학생들은 학교에서 배우는 내용이 교회와 정반대되는 것에 혼란을 겪을 수밖에 없다.

새신자로 교회에 왔다가 적응하지 못하고 교회를 떠나는 젊은 여성들이 늘어나고 있다. 교회 안의 여성은 전 생애에 걸쳐 교회의 지도자에게, 가정의 가장에게 순종해야 함을 배운다. 대다수 여성은 교회에서 발언권과 결정권을 얻지 못한다. 하지만 학교와 사회에서는 교회에서 경험하는 것과 정반대의 것들을 배우고 겪는다. 그들이 겪는 괴리감은 상당하다.

2024년 4월에 발표된 미국생활조사센터 SCAL 의 설문 결과에 따르면, 베이비붐 세대에서 Z세대로 젊어질수록 종교를 떠난 여성의 비율이 증가하는 것을 확인할 수 있었다. 이 조사에서 주목할 만한 설문 내용이 있다. 양성평등이 대한민국보다 선진 수준에 도달해 있다고 여겨지는 미국에서조차 Z세대 여성 65퍼센트, 밀레니얼 세대 여성 64퍼센트가 미국교회에서 남녀가 동등한 대우를 받지 못하다고 여기고 있다는 것이다. Z세대의 경우는 남성과 비교해 11퍼센트가 높았고, 밀레니얼 세대는 남성보다 9퍼센트가 높았다. 반면 베이비붐 세대는 남녀가 동등하게 대우받느냐는 설문에 남성 51퍼센트, 여성 53퍼센트가 그렇지 않다고 응답했다.[134] 한국교회라고 별반 다르지 않다. 가부장 제도와 성차별은 젊은 여성들을 교회 밖으로 내몬다.

교회는 '성경'의 권위와 말씀을 제대로 해석하지 못한 채 남성에 대한 여성의 순종을 전면에 내세운다. 세상 어느 집단에서도 볼 수 없는 폐쇄적인 구조를 가졌다. 남성성과 여성성의 고정적인 성 역할, 질문할 수 없는 구조, 남성이 결정권을 갖는 구조, 목회자의 성범죄 등이 그 예이다. 교회에서는 아무 말 없이 저항하지 않고 따르는 것을 미덕이자 강한 믿음으로 여긴다.

세상은 계속해서 양성평등의 범위를 확대하고 있다. 반면 교회는 아무런 변화의 움직임이 없다. 교회는 세상이라는 바다에서 모두가 두려워하는 사르가소 바다가 된다. 사르가소 바다는 북대서양에 위치하여, 파도의 움직임이 전혀 없는 특이한 바다다. 해조류로 뒤덮여 해양사막으로도 불린다. 바람이 없기 때문에 사르가소에 들어간 배는 어느 방향으로도 움직일 수 없다.

교회라는 공동체에 있다 보면 사르가소 바다에 들어간 배처럼 고립되어 세상이 이해할 수 없는 편견과 아집에 갇히게 된다. 교회는 이제 복음의 진리와 사랑을 따라 흘러가야 하는지, 목회자의 개인적인 편향과 사회와 문화 안에서 만들어진 고정관념에 갇힐 것인지 선택해야 한다.

교회는 여성의 역할을 하나님의 창조 원리로 접근해야 한다

교회는 여성을 바라보는 시각 자체를 바꿔야 한다. 유교 가부장제의 문화에서 바라보는 관점을 철회해야 한다. 창조 원리로 접근해야 한다. 그래야 여성을 고정된 여성성 안에 가두지 않을 수 있다.

"주여, 제가 바꿀 수 없는 것들은 받아들이는 평온함을, 제가 바꿀 수 있는 것들은 바꾸는 용기를, 그리고 이 두 가지를 분별할 줄 아는 지혜를 허락해 주소서."

신학자 라인홀드 니부어 Reinhold Niebuhr 가 쓴 기도문 〈평온을 비는 기도〉 serenity prayer 이다. 현재를 살아가는 교회와 사역자들에게 꼭 필요한 기도이다.

사역자 개인의 가치관에 갇혀서, 사회와 문화의 고정관념에 갇혀서 말씀을 자의적으로 적용하면 안 된다. 편향으로 치우친 생각이 있다면 마땅히 고쳐야 한다. 바꿔야 한다. 공동체가 더욱 건강한 방향으로 나아갈 수 있도록 분별할 줄 아는 지혜를 구해야 하다.

미국의 심리치료자 비벌리 엔젤은 『자존감 없는 사랑에 대하여』에서 여성의 자기 상실 현상의 배경을 설명한다. 그 배경에는 여러 문화적 요인이 작용하는데, 이런 영향은 전 세계 어느 문화권에서나 존재

한다고 한다. 대표적인 몇 가지를 살펴보면 다음과 같다.[135]

① 딸은 남에게 의존하도록, 아들은 독립하도록 길러진다.
② 말 잘 듣는 여자로 키워진다.
③ 여자는 무기력을 먼저 배운다.
④ 여자는 남자를 통해 성취를 얻고자 한다.
⑤ 여자는 로맨스와 공주병에 잘 빠진다.
⑥ 여자는 남자의 인정에 매달린다.
⑦ 여자는 남의 말을 쉽게 믿는다.

문화란 한 사회의 주요한 행동양식이나 가치 체계를 나타낸다. 여성의 자기 상실 현상의 문화적 요인은 여성이 속해 있는 문화에서 나타나는 가치관, 세계관으로 인하여 여성에게 가해진 사회적 압력으로 인해 발생한 것이다. 이는 하나님의 창조 원리가 아니다. 우리가 너무나도 잘 알고 있고, 어쩌면 고정관념으로 자리 잡은 '여자는 이래야 한다'는 정의는 하나님께로부터 내려진 정의가 아니다. 인간이 만들어 낸 정의에 불과한 것이다. 절대 진리가 아닌 인간의 정의는 언제든지 재고되어야 한다. 다시 정의 내려져야 한다. 다시 쓰여져야 한다.

하나님께서는 남자와 여자 모두 자신의 형상대로 지으셨음을 명백하게 밝혀 주셨다.[136] '하나님의 형상'에는 많은 의미가 있지만 가장 기본적 의미는 인간이 하나님과 비슷한 존재로서 하나님의 대표자 혹은 대리자로 세워졌다는 것이다. 인간으로 하여금 땅에서 하나님의 통치권을 대행하게 하셨다. 그런데 남자에게만 그런 권위를 부여하신 게 아니다. 남자와 여자 모두 동등하게 하나님을 대표할 수 있는 권세를 주셨다.[137]

여성을 "돕는 배필"로 창조하셨지만 열등한 사람, 주체성을 잃은 사람으로 창조하지 않으셨다.[138] "돕는 배필"에서 '배필'로 번역된 히브리어 네게드neged는 그냥 '상대자'를 뜻하고, '돕는'이라 번역된 히브리어 에제르ezer는 '도움주는자'이라는 뜻을 가졌다.

구약 신학자 필리스 트리블은 '에제르'는 관계적 용어임을 밝혔다. 이는 호혜적인 관계를 유지하는 단어이며 하나님, 인간, 동물에게 모두 사용되지만, 그 단어가 열등성을 함축하고 있지 않다. 이 단어 자체가 관계 속의 지위를 규정해 주지 않는다. 여자는 남자와 동등한 관계에서 돕는 배필이다.[139] 하나님은 여성을 종속된 자로 창조하지 않으셨다. 하나님께서는 여성을 수동적인 자로 창조하지 않으셨다. 남성과 동등한 관계로 창조하셨다. 창조주 하나님의 형상대로 창조된 인간은 하나님과 비슷한 면을 갖고 있다. 마치 유전처럼 하나님으로부터 물려받은 것이다.

도로시 세이어즈는 『창조자의 정신』에서 하나님과 인간의 공통된 특징에 대해 찾아냈다. 바로 '무언가를 만들려는 능력'이다. 하나님은 무無에서 천지를 창조하셨지만, 인간은 무에서 어떤 것도 창조할 수 없다. 우리는 우주에 존재하는 불변의 단위들을 재배열해서 새로운 형태를 만들어 낼 수 있다.[140] 하나님은 '창조주'이시고, 인간은 '창조자'이다. '창조자'는 객체가 아닌 주체로 존재한다. 이것은 창조자가 갖는 가장 대표적인 특성이다.

남성과 여성 모두 하나님의 형상대로 창조되었다면, 창조자 남성과 여성 모두 주체이다. '주체'는 스스로 사유하고 결정할 수 있다. 하나님께서는 남성과 여성, 두 주체가 서로 협력하고 보완하기를 원하셨다. 어느 한쪽도 누군가에게 속한 객체가 될 수 없다.

교회는 여성을 바라보는 고정된 시각에 대해서 저항해야 한다. 교회가 세상과 다른 점을 명확하게 보여 줄 수 있는 부분은 세상에서 환대받지 못하고 인정받지 못하는 대상에 대하여 교회는 어떻게 반응하느냐이다.

하나님께서 자신의 아들을 십자가에 내어 주실 정도로 사랑했던 여성의 위치와 자존감과 정체성을 다시 세워 줄 수 있는 곳은 교회뿐이다. 세상이 아니다. 교회는 문화와 관습과 편향에서 벗어나 새로운 시각을 가져야 한다. 그러기 위해서는 기존의 시각에 대해서 저항해야 한다.

박종순 목사의 저서 『나의 사랑 아프가니스탄』에서 그는 "선교는 저항이다. 자신의 안일함에 대한 저항이다. 한없이 게을러지는 나 자신에 대한 저항이다. 이기심의 발로와 결정으로부터 저항이다. 저항 값이 클수록 극복해 내야 하는 에너지가 더 커야 한다. 큰 저항값을 극복하면 그에 따른 보상이 생긴다. 지구의 중력을 거슬러 저항하면 우리의 몸은 아름다운 근육을 얻는다. 근육은 우리의 몸에 큰 에너지를 공급한다"라고 강조한다.[141]

주님의 관점으로 여성을 바라볼 수 있게 된다면 마침내 교회는 큰 저항값에 상응하는 값진 대가를 얻게 될 것이다. 주님 안에서 마음껏 자유하고 꿈꿀 수 있는 여성들이 일어날 것이다. 그렇게 되면, 교회 공동체는 남성과 여성의 협력과 상생으로 더욱 풍성하게 성장하고, 말과 믿음과 행동이 일치하여 세상으로부터 존경받게 될 것이다.

교회는 여성에게 더 많은 역할과 책임을 부여해야 한다

교회는 여성이 감당할 수 있는 역할과 책임의 영역을 넓혀 주어야 한다. 한국교회 성도 중 여성이 70퍼센트를 차지하고 있다. 그러나 교회 리더로 세워지는 경우는 거의 없다. 여성은 교회가 잘 돌아갈 수 있는 최하위의 일들을 도맡아 하는 경우가 많다. 피라미드형으로 올라가는 모양을 생각해 봤을 때, 최상위를 차지하고 있는 결정권에 있어서는 목사나 장로 등 남성들이 그 자리를 차지하고 있다. 심지어 여성 안수를 인정하지 않는 교단도 있다. 국내의 사정과는 달리 해외의 여러 나라와 교회에서는 여성 목사를 최고 리더십에 세우는 일이 계속해서 일어난다.

2023년 10월 4일 작성된 「국민일보」의 기사에 따르면 해외 기독교계에서 여성이 최고 리더십에 오르는 경우가 적지 않음을 알 수 있다. 미국 장로교에서는 인디언 출신 여성이 총회장에 선출되는가 하면 여성 목사가 교단 정서기 대행으로 임명되기도 했다. 요직에 여성 목회자를 기용한 것이다.[142]

대한민국 기독교계에 다른 나라처럼 여성 리더십이 세워질 수 있을까? 현재로서는 그럴 가능성은 거의 없어 보인다. 교회에서 여성 목회자들이 인정받지 못하고, 활동조차 제약이 많은 상태에서 어떻게 최고 여성 리더십이 나올 수 있겠는가.

작년 예장합동 총회에서는 '여성 지도력 확대 결의 번복'이라는 사건이 벌어지기도 했다. 여성 안수를 인정하지 않았던 예장합동 총회가 여성 사역자에게 설교할 수 있는 강도권을 주기로 했다가 다시 번복하는 사태가 일어난 것이다. 신학교에서 여학생들에게 말씀 전하는 자로의 꿈은 실컷 꾸게 해 놓고서는 꿈을 실현하게 되는 마지막 관문에서는 꿈꿀 자격조차 없다고 말하는 것이나 다름없다. 다행인 것은 2024년 9월 25일 제109회 총회에서 여성 사역자에게 강단에서 설교할 수 있는 권한인 '강도권'을 통과시킨 것이다.

이미 20년 전에 여성 안수를 법제화한 예장통합 총회도 별반 차이가 없다. 교단 소속 남성 목사는 1만 9188명이지만 여성은 15퍼센트 수준인 2,992명에 그친다. 시무장로에서도 남성과 여성은 각각 1만 7006명과 1,179명으로 남성 장로 대비 6.9퍼센트 수준이다. 1,500명의 총회 대의원 중 여성은 고작 2.7퍼센트인 41명뿐이다.[143]

교회는 여성 리더십을 인정해야 한다. 남성과 여성 모두 하나님의 형상을 따라 지어졌다. 남성과 여성 모두 하나님의 창조 세계를 다스리라는 임무를 부여받았다. 돕는 배필이라는 뜻은 보조자라는 뜻이 아니다. 더 나은 지혜와 도움을 제공한다는 뜻이다.

하나님의 나라를 회복하고 확장하는 데 여성도 리더로 쓰임 받을 수 있다. 하나님께서는 성별에 따른 역할을 구분 짓지 않으셨다. 각자의 은사에 맞게 쓰임 받도록 하셨다. 남성만이 아니라 여성도 성령을 알며, 성령을 신뢰한다. 여성도 주님께서 잃어버린 영혼을 주님께로 인도할 수 있는 마음의 소원과 충분한 역량을 가지고 있다. 남성이든 여성이든 구분 없이 주님을 섬길 수 있다.

래리 크랩은 『영혼을 세우는 관계의 공동체』에서 영적 지도자에 대해 이렇게 정의했다.

"영적 지도자들은 성령을 아는 사람이며, 성령을 신뢰하는 사람이다. 소명과 은사와 자아 인식으로 인간 영혼의 움직임을 보고 영혼이 그 목적지를 향해 가도록 지도할 수 있는 사람이다."[144]

교회는 여성 리더십을 세우기 위해 여성이 섬길 수 있는 영역에 대해서 제한을 두지 말아야 한다. 그동안 고전적으로 여성성에 입각한 손 대접, 봉사, 돌봄, 장식, 청소, 요리 등만이 아니라 교육, 강의, 모임 인도, 교구 사역, 설교, 중요 사안 결정 등에 여성의 참여 기회를 확대해야 한다.

여성도 예수님 안에서 무엇이든지 꿈꿀 수 있다. 주님께 쓰임 받기 위해 무엇이든지 할 수 있다. 교회는 여성이 예수님의 제자가 되어 자신의 은사를 마음껏 발휘할 수 있는 첫 번째 장이 되어야 한다. 그럴 때, 여성 학자, 여성 목회자, 여성 리더가 배출될 수 있다. 또한, 여성 리더십이 세워졌을 때 여성의 고유한 특성인 임신과 출산을 배려해서 여성 리더의 사역이 단절되지 않도록 지원해야 한다.

이미 사회의 여러 단체나 회사에서 임신, 출산, 육아에 관련된 제도가 점점 확대되고 있다. 교회는 사회의 좋은 제도를 받아들여 개교회의 상황에 맞게 적용해야 한다. 출산과 육아휴직을 도입해야 한다. 더불어 목회자 사모의 출산 시에도 해당 목회자가 육아휴직을 쓸 수 있도록 해야 한다. 교회는 사모 혼자서만 아이를 돌보는 전근대적이며 가부장적인 구조에서 벗어나야 한다.

또한, 여성 목사와 장로 안수를 허용하여 여성들이 교회 내에서 공식적인 리더십 역할을 맡을 수 있도록 해야 한다. 여성들을 위한 리더십 교육 프로그램과 신학교 교육을 강화하여 리더십 역량을 키워야 한다. 더불어 교회 내 성평등을 촉진하는 정책을 도입하고, 성도들의 인식을 개선하기 위해 성평등 교육과 캠페인을 진행할 수 있다.

교회 공동체 안에서 다양한 여성 세대 간의 소통과 협력을 통해 서로의 삶의 여정을 공유하고 지지와 격려를 나눌 수 있는 장을 마련해야 한다. 다음으로, 여성 리더들이 서로 멘토링을 통해 경험과 지식을 공유하고, 네트워킹 기회를 제공하여 협력할 수 있는 환경을 조성해야 한다. 이러한 실행 방안을 통해 교회 내에서 여성 리더십이 확대되고, 더 많은 여성이 교회의 중요한 역할을 맡아야 한다. 그럴 때, 여성은 남성과 더불어 주님의 아름답고 건강한 교회, 세상이 흠모하는 교회를 만드는 데 기여할 것이다.

마지막으로, 교회는 '하는 척'을 버려야 한다. 성인지감수성이 높은 척, 양성평등을 실현하는 척, 여성을 남성과 동등하게 대하는 척, 진리만을 고수하는 척 등 말하는 것과 실제로 행해지는 것이 같은지 다른지 숙고해 봐야 한다.

대놓고 여성을 폄하하는 교회는 없다. 그러나 실제적인 제도와 생각 사이에는 큰 괴리가 발생한다. 침례교신학대학의 김병권 조교수는 자신의 논문에서 이를 '허위의식'이라고 정의했다. 여성의 안수를 인정하지 않는 교단의 목회자들이 교회 내 남녀평등이 잘 실현되고 있다고 여기는 비율이 더 높은 것을 조사 결과를 통해 보았다. 또 원론적으로는 양성평등에 동의하지만, 자신의 교회 내에서 양성평등이 실현되는 것에는 소극적인 태도를 보이는 점에서 허위적이라고 지적했다.[145] 우리는 이런 '허위의식'을 버려야 한다.

남성 리더는 자신이 혹시라도 문화나 관습에 의해 잘못 생각하고 있는 부분은 없는지 되돌아봐야 한다. 오해하고 편견에 치우친 부분이 있다면 깨우치고 시정해야 한다. 교회 조직의 수평화를 위해 의사 결정과 대화 방법을 다각화해야 한다. 교회를 구성하고 있는 성도들도 함께 생각해 보고 양성평등을 실현하기 위해 책임감을 가지고 자발적으로 참여해야 한다.

'여성'하면 떠오르는 문장이 있다. "여자의 마음은 갈대"라는 문장이다. 그동안 이 문장은 여성의 유약함과 종잡을 수 없는 변덕스러운 마음을 대변해 왔다. 그러나 갈대의 진정한 특징을 아는가? 갈대는 혼자만 서 있지 않는다. 갈대는 무리를 이루어 서 있다. 갈대의 뿌리는 하나로 연결되어 있다. 아무리 모진 바람이 불어오더라도 이리저리 휘둘리고, 휘어지기도 하지만 서로의 바람막이가 되어 그 뿌리가 뽑히지 않도록 한다.

여성도 마찬가지다. 여성은 오랫동안 세상의 기대와 사회의 요구로 그동안 자신의 고유한 모습을 찾지 못하고 갈대처럼 흔들렸다. 그러나 흔들리더라도 뿌리 뽑히지 않으려고 발버둥 쳤다. 아무리 거센 바람이라도 하나님께서 창조하신 여성만의 고유함까지는 뿌리 뽑지 못했다. 주님의 교회를 이루고 있는 여러 세대의 여성들이 서로를 지지하고 보호하는 바람막이가 되어 준다면, 남성이 여성을 자신과 동등한 객체로 인정하고 서로를 존귀하게 여긴다면, 그래서 세상살이의 어려움 가운데서 흔들리기는 해도 절대 뽑히지 않는 강인한 뿌리를 가진 강력한 연대가 되어 서로를 보듬어 준다면 교회는 달라지지 않을까? 더 나아가 세상이 변화되지 않을까?

박혜정 선교사

알바니아 선교사이자 GMP 개발연구위원이다.
중국 상하이에서 중어중문학을 공부했다. 2009년 GMP 선교사로 허입되었다. 태국을 거쳐 현재 알바니아 티라나에서 한국어 교습과 글쓰기로 섬기고 있다.
공저로 『누구나 갈 수 있는 아무나 갈 수 없는 중국유학』 『목회트렌드 2023』 『목회트렌드 2024』 『다음세대 셧다운』 『오늘도 삶의 노래를 쓴다』 등이 있다.

PASTORAL

MINISTRY

TREND

2025

1 AI 시대, 문해력이 목회의 미래를 결정한다

인공지능과 교회: 기회인가, 도전인가?

인공지능 시대가 우리 앞으로 성큼 다가왔다. 2023년 3월, 미국의 인공지능 연구소 OpenAi는 챗GPT4를 출시했다. 이 플랫폼은 출시 두 달 만에 월간 사용자 수가 1억 명을 돌파하며 그 어떤 온라인 플랫폼보다 가장 빠른 속도로 인류에 영향을 미치고 있다.

성균관대 최재붕 교수는 5년 전 『포노 사피엔스』라는 책을 출간했다. 포노 사피엔스는 휴대폰 Phono 과 지성 Sapiens 의 합성어로 스마트폰을 신체의 일부처럼 사용하는 새로운 인류를 뜻한다. 최근 최 교수는 『AI 사피엔스』라는 책을 다시 집필했다. 책 표지에는 "전혀 다른 세상의 인류, AI 사피엔스"라는 부제가 있다.[146] 그는 AI가 탑재된 스마트폰을 사용하는 'AI 사피엔스'라는 새로운 인간형을 설명하며, 챗GPT가 만들어 갈 완전히 다른 세상을 예측했다. 왜 AI 문명은 인류 역사상 가장 강력하면서도 예측 불가능할까?

챗GPT의 문자적 정의를 보면, 'Chat'은 대화를 의미하고 'GPT'는

'Generative Pre-trained Transformer'의 약자다. 'Generative'는 텍스트를 생성하는 능력을 의미하고 'Pre-trained'는 인간의 언어가 생산한 모든 데이터를 학습할 수 있는 능력을 의미한다. 'Transformer'는 자기 학습에 기반하여 새로운 문장을 재창조할 수 있는 능력을 의미한다. 무엇보다 챗GPT는 대화를 통해 인간과 자유롭게 소통할 수 있다.

인류는 지금까지 언어를 통한 학습, 창조성, 상호 소통은 인간의 고유한 능력으로 간주했다. 하지만 이제 인간을 능가하는 새로운 피조물이 등장한 것이다. 인공지능은 스스로 학습하고 의미를 재창조하면서 인간과 대화하는 존재로 우리 앞에 서 있다. 챗GPT는 스마트폰을 통해 우리의 일상에 깊숙이 자리 잡았고 인간의 사고방식에 큰 영향을 미치고 있다.

조병영은 『읽는 인간 리터러시를 경험하라』는 책에서 스마트폰이 현대인들에게 미치는 영향력을 이렇게 설명한다.

"스마트폰은 어디에나 있고, 중독성이 있으며, 항상 변한다."[147]

인공지능을 탑재한 스마트폰에 의해 이 문장은 더 강력한 의미를 갖게 되었다. 어디에나 존재하는 분ubiquitous 은 하나님밖에 없다. 모든 장소에 존재하는 하나님의 현존을 신학적으로 '편재'라고 한다. 그런데 하나님에 대한 편재 의식이 스마트폰에 대한 편재 의식에 의해 잠식당하고 있다. 더 두려운 것은 스마트폰이 갖는 영향력이다. 스마트폰은 강력한 중독성으로 인간의 마음을 장악한다. 아마도 예수님께서 이 시대에 오셨다면 "너희가 하나님과 스마트폰을 겸하여 섬길 수 없다"[148]라고 말씀하셨을지도 모른다. 따라서 인공지능 시대에 인간이 직면할 가장 무서운 상황은 '노예화'다. 인공지능에 대한 의존도가 높아질수록 인간은 스스로 읽고 생각하고 재창조하는 능력을 잃을 위험이 크다.

조병영은 디지털 세계가 인간을 '책맹'으로 만든다고 경고한다. 책맹이란 책에 대한 냉담함과 무관심으로 삶에 책이 끼어들 공간이 없는 사람을 의미한다. 이는 디지털 환경이 인간의 사고력을 퇴화시켜 책에 대한 욕구를 감퇴시키기 때문이다.[149] 인공지능은 빠르게 최선의 답을 제공하지만, 인간이 스스로 찾고 분석하며 성찰하는 과정을 불필요하게 만들었다.

검색의 시대가 끝났다. 검색의 시대에 인간은 찾고 읽고 분석하는 과정을 통해 스스로 최선의 대답을 찾았다. 하지만 챗GPT는 이런 과정을 불필요하게 만들었다.

이제는 챗GPT와 함께 설교를 준비하는 목회자들도 늘고 있다. 과거에는 어떻게 설교를 준비했는가? 설교 준비는 시간의 투자와 묵상의 인내가 요구되는 과정이다. 하지만 지금은 어떤가? 챗GPT에 물어보면 그럴듯한 정답?이 나온다. '프롬프트'[150]만 정교하게 만들면 적당히 훌륭한 설교문을 몇 초 안에 제공한다.

챗GPT 도움으로 만들어 준비된 설교에는 은혜가 없다. 설교 준비 시간은 성서의 우물에서 진리의 생수를 퍼 올리는 묵상의 시간이어야 한다. 책맹의 시대에 한국교회의 강단은 점점 무력해질 가능성이 높다. 그렇다면 디지털의 세계를 부정하고 종이책으로 돌아가는 반문명적 운동을 해야 하는가? 그럴 수 없다. 인공지능은 거스를 수 없는 대세다. 조병영은 디지털 세계와 독서의 관계를 이렇게 설명한다.

"디지털과 독서를 분리하는 무리한 이분법적 접근은 오늘 우리가 살아가고 있는 디지털 전환 시대의 다원적 리터러시 환경을 애써 외면하는 것이다. 스마트폰을 압수하고 책만 던져 줄 수 없다. 디지털과 종이책 읽기 모두 세상을 읽는 방법이자 맥락이다. 종이책으로 표현된 세상, 디지털적으로 표현된 세상, 이 둘이 교차하고 수렴하는 세상 말이다.[151]

문명의 발전은 하나님의 일반계시가 가져오는 복이다. '책'이 하나님의 선물이라면 '디지털'도 하나님의 선물이다. 인공지능이 가져올 변화를 두려워하거나 회피해서는 안 된다. 디지털 시대의 도전에 맞서 목회자는 단순히 정보의 홍수 속에 휩쓸리지 않고 깊이 있는 읽기와 묵상에 집중해야 한다. 그 과정에서 그리스도인은 새로운 세계를 주도할 대안을 찾아야 한다. 그 대안이 문해력이다.

정보 과잉 시대, 문해력이 목회의 경쟁력이다

"홍수가 나면 마실 물이 없다"는 속담이 있다. 정보 과잉의 시대에는 진리를 찾기가 더욱 어렵다는 뜻이다. 지식 정보의 시대까지는 학습 능력이 중요했다. 지식을 획득하는 것이 성공의 지름길이었다. 지식을 독점하는 전문인들이 세상을 주도했다.

인공지능의 시대에는 지식의 독점이 불가능하다. 질문만 제대로 한다면 인공지능이 최고의 지식을 누구에게나 제공하기 때문이다. 따라서 인공지능 시대에는 쏟아지는 정보를 제대로 읽고 새로운 의미를 재창조하는 문해력이 곧 경쟁력이다.

송숙희는 『일머리 문해력』에서 문해력의 중요성을 역설한다. 문장을 이해하고 평가하며 표현함으로써 자신의 지식과 잠재력을 발전시킬 수 있는 능력은 디지털 환경이 지배하는 세상에서 취업, 소득, 건강, 심리와 같은 인생 전 분야에 절대적 영향을 끼친다고 보았다.[152]

4차 산업혁명 시대가 발전하면서 인공지능과 휴머노이드 기술은 인간의 육체적, 지적 노동력을 대체하고 있다.

세계경제포럼은 2016년 발표한 <일자리의 미래> 보고서에서 인공지능과 로봇으로 인해 향후 5년간 약 5,00만 개의 일자리가 사라지리라 전망했다. 토머스 프레이 다빈치연구소 소장은 2030년까지 현재 지구상에 존재하는 직업의 약 50퍼센트가 사라질 것으로 예측했다.[153]

인간보다 몇 백 배 빠르게 일을 처리하는 인공지능의 시대에 인간은 어떻게 생존할 수 있을까? 일본 국립정보학연구소 교수인 아라이 노리코는 "읽는 힘, 독해력만이 인공지능을 이길 수 있다"고 말했다.

왜 그런가? 경쟁력은 희소성에서 나온다. 디지털 환경에서는 정보의 양보다 정보의 질이 중요하다. 디지털 환경은 인간의 사고력과 창의력을 퇴화시켜서 지적 생산성을 크게 약화시킬 것이다. 따라서 지식이 넘치는 사회에서는 인간의 사고력과 창의력이 곧 희소자원이다.

김종원은 『문해력 공부』에서 문해력이 어떻게 인생의 미래를 결정하는지를 다음과 같이 역설한다.

"문해력의 깊이가 앞으로 그가 꿈꾸고 바라보는 세상의 규모를 결정한다. 지금까지는 돈이 많거나 지위가 높은 사람들에 의해서 권력의 지도가 그려졌지만 이제는 높은 문해력을 가진 사람에게 부와 권력이 집중된다."[154]

문해력이란 자연계시에 스며있는 하나님의 지혜를 읽어 내는 힘이다. 최고의 CEO 스티브 잡스나 빌 게이츠가 자신의 성공 비결을 '독서'라고 말하는 이유가 있다. 인간이 저술한 모든 책에는 하나님의 일반계시가 농축되어 있다. 책을 읽는 사람은 일반계시의 지혜를 습득하여 인생과 세계를 남다르게 읽어 낸다.

그런 점에서 목회자에게 문해력은 더욱 중요하다. 목회자의 문해력이란 하나님의 특별계시인 성경을 읽고, 그 성경에 기초하여 인간과 세상을 해석하는 작업이다. 성경의 문자를 넘어 그 안에 숨 쉬는 하나님의 마음을 읽어야 한다. 목회자는 하나님의 마음을 현대인들의 마음에 공명하기 위해 인간의 내면을 읽어 내야 한다. 인간의 내면을 읽으려면 인간들이 살아가는 세상의 현실을 읽을 수 있어야 한다.

결국 읽어 내는 힘, 곧 문해력이 열쇠다. 문해력이 목회와 설교에 남다른 빛을 가져온다. 문해력이 살아나면 목회가 살아나고 설교가 살아난다. 목회의 경쟁력은 정보의 양이 아니라 그 정보를 재해석하여 내 목회에 적용할 수 있는 문해력에서 비롯된다.

성경과 세상을 읽는 능력, 문해력으로 키우는 목회자의 통찰

인공지능 시대에 목회자들이 가져야 할 문해력은 무엇인가? 우리는 어떻게 문해력을 기를 수 있는가? 과거에는 성경 읽기와 기도만으로 목회적 성공을 거둘 수 있었다. 현대 사회는 목회를 위한 다양한 정보와 프로그램들이 넘쳐난다. 하지만 목회적 통찰은 점점 더 희미해지고 있다. 목회적 통찰이 약해지면 목회에 성공할 수 없다. 그 이유가 무엇일까?

통찰은 깊은 생각과 묵상에서 나온다. 인터넷과 스마트폰이 없던 시절, 사람들은 생각과 놀았다. 더 근원적이고 본질적인 질문들과 씨름했다. 하나님과 인생과 죽음을 생각했다. 깊은 생각은 깊은 성경 읽기로 인도했고, 말씀은 예리한 칼이 되어 사람들의 깊은 곳을 찌를 수 있었다. 그런데 인터넷과 스마트폰 그리고 챗GPT가 우리 손에 들려지는 순간, 생각의 깊이와 능동성이 사라졌다. 쏟아지는 무수한 정보들을 흡입하기에도 버겁다. 그 결과, 묵상과 글쓰기라는 좁은 문을 포기하고 넓은 문을 선택했다.

지금 한국교회는 표절 시비로 시끄럽다. 왜 설교를 표절할까? 설교의 표절은 사고력과 글쓰기 능력의 부족에서 비롯된다. 설교란 글쓰기다. 글쓰기가 되려면 논리적으로 생각하고 표현하고 적용할 수 있어야 한다. 그런데 인공지능의 시대에 적응하면 글쓰기 근력은 손실될 것이다. 근력이 반복되는 근육운동의 노력을 통해 조금씩 형성되듯이 문해력은 깊은 읽기와 깊은 생각 그리고 창의적 글쓰기의 반복된 수고를 통해서 키워진다.

조병영은 인공지능 시대에는 "기계만도 못할 인간"이 등장할 것이라 경고한다. 과거 물질문명 시대를 통과하면서 우리는 양심을 상실한 '짐승만도 못한 인간'에 대해 말했다. 그는 "기계만도 못한 인간"은 "글자는 읽고 알지만, 개인과 공동체의 더 나은 삶에 기여하는 방식으로 기호를 다루고 의미를 만들어 내지 못하는 실질적인 문맹으로 살아가는 사람들"이라고 정의한다.[155] 인공지능에게 인간은 문해력이 뒷받침되지 않으면 인생의 해석과 판단을 맡기는 기계만도 못할 수 있다. 따라서 문해력은 단순히 글자를 읽는 능력이 아니라 세상을 읽어 내는 능력이다. 목회자의 문해력은 성경을 읽고 자기를 읽고 타인을 읽고 세상을 읽어 내는 힘이다. 이 힘으로부터 목회의 힘이 생긴다.

융합의 시대다. 정보가 우리의 현실에 갖는 의미를 효과적으로 전달하기 위해서 융합하는 능력을 갖추어야 한다. 그래서 조병영은 문해력의 의미를 "단어 읽기와 세상 읽기"로 구분해 설명한다. "세상을 읽기 위해서는 첫째로 글을 읽을 수 있어야 하지만, 글을 읽는 일手단은 늘 세상을 읽는 일目的에 종사해야 한다."[156]

목회는 성경 읽기를 통해 세상을 더 잘 읽어 내는 일이다. 목회의 목적은 성경에 나타난 하나님 나라를 이해하고 이 땅에 하나님 나라를 구현하는 것이기 때문이다. 칼 바르트는 설교자는 "한 손에는 신문을 한 손에는 성경을 들고 있어야 한다"고 말했다. 즉, 성경의 세계와 현실의 세계가 설교자의 문해력 안에서 상호 해석되면서 융합하는 일들이 일어나야 한다.

목회자는 문해력을 키워야 한다. 목회자가 문해력을 키우는 가장 좋은 방법은 질문의 힘과 은유의 힘을 기르는 것이다. 예수님 사역의 중심에는 질문과 은유가 자리 잡고 있다. 예수님께서는 종종 질문과 은유로 진리를 가르치셨다. 질문과 은유는 문해력이 맺는 최고의 열매다. 먼저 질문의 힘이다.

김종원은 질문의 중요성에 대해 말한다. "핵심을 꿰뚫어 보는 질문 하나면 스스로 기적이라고 부르는 상황의 중심에 설 수 있다."[157] 왜 그런가? 질문은 텍스트와 현실의 맥락을 이해하고 고민하는 사람의 전유물이기 때문이다. 텍스트와 현실이 참신한 질문 안에서 융합될 때 새로운 세상이 펼쳐지기 때문이다.

뉴턴의 만유인력도 떨어지는 사과를 보면서 던진 질문에서 발견되었다. 작은 질문에서 발견된 만유인력의 법칙은 과학의 비약적 발전을 이루는 계기가 되었다. 성경의 세계도 질문을 통해 열린다. 우리는 하나님께 질문함으로써 성경의 세계를 보게 되고 하나님은 성경을 통해 우리에게 질문하신다. 이로써 우리는 하나님의 세계와 나의 세계를 새롭게 보기 시작한다.

다음으로 문해력은 은유적 능력이다. 은유적 능력이란 두 가지 낯선 개념을 연결해 새로운 의미를 만들어 내는 힘을 포함한다. 따라서 문해력은 우리 일상의 곳곳에서 작동한다. 김종원은 말한다. "실제로 수많은 혁신적인 기업가와 카피라이터들은 정기적으로 시집을 읽으며 생각을 자극한다. 하지만 당장 책이 없거나 서점에 갈 수 없는 상황이라면 버스를 타고 거닐며 창밖으로 보이는 상점 간판이나 라디오에서 나오는 각종 광고 카피를 통해서도 무엇을 얻는다."[158] 대표적인 예가 피카소이다.

외출하고 돌아온 피카소의 코트 양쪽 주머니에는 돌, 바람에 날아온 신문지, 버려진 병두껑과 같은 것들이 가득 차 있었다고 한다. 보통 사람들에게는 쓰레기였지만 피카소는 일상의 작은 것들을 융합하여 위대한 예술품을 창조하는 도구였다.

세상은 이렇게 일상의 모든 현상과 사물 속에서 진리를 찾는다. 목회자는 목회의 통찰로 목회함이 절실하다. 목회자에게는 문해력이 전성시대가 돼야 한다. 특히, 영원한 진리를 전해야 할 설교자들이 일상과 성경을 연결하는 영적 문해력으로 무장되어 있어야 한다. 만약 없다면 현대인들의 귀에 어떻게 진리를 선포할 수 있을까?

문해력 부재는 목회에 악영향을 미칠 수 있다

"리더Reader 가 리더Leader 다"라는 말이 있다. '읽는 사람이 이끄는 사람이 된다'는 뜻이다. 동물과 인간이 다른 점이 여기에 있다. 동물은 힘의 논리에 따라 위계질서가 정해진다. 사람은 지성의 논리에 의해 리더의 자리에 올라간다.

리더는 남들이 보지 못하고 읽지 못하는 영역을 보고, 방향을 제시하는 사람이다. 그래서 김종원은 "읽히지 않으려면 제대로 읽어라"고 말한다. 이것이 목회자가 문해력을 가져야 하는 이유다. 문해력을 가지면 읽히지 않고 도리어 읽는 사람이 된다.

목회는 읽는 힘에서 나온다. 성경과 세상을 제대로 읽지 못하면 사탄에게도 읽히고 사람에게도 읽힌다. '읽는 목회자'가 아니라 '읽히는 목회자'가 되는 순간 목회가 어려워진다.

성경 읽기가 피상적이면 피상적 설교를 한다. 사람을 읽지 못하면 겉도는 설교를 한다. 피상적이고 겉도는 설교가 반복되면 목회적 권위가 무너진다. 사람과 세상에 대한 이해가 얕으면 적용이 천편일률적이고 사람의 깊은 내면까지 뚫고 들어가지 못한다. 세상을 읽는 인문학적 소양이 없으면 이 땅에 실현되는 하나님 나라의 비전을 보여 주지 못한다.

무엇보다 문해력이 부족하면 목회에서 발생하는 다양한 문제를 해결할 수 없다. 철학자 칼 포퍼는 "모든 삶은 문제해결의 과정이다"라고 말했다. 목회도 문제해결의 과정이다. 문제를 해결하려면 본질을 꿰뚫는 통찰이 필요하다. 목회는 이성과 경험을 넘어서 영적인 수준에서 문제를 보는 시선이 필요하다. 곧 영안이다. 영안은 현실과 동떨어진 신비한 힘이 아니라 현실을 깊이 읽고 성찰하는 데서 나오는 문해력의 힘이다.

현실을 읽는 힘, 곧 문해력은 독서를 통해 길러진다. 기독교는 말과 글의 종교다. 칼바르트는 하나님 말씀의 3중 형태를 말했다. 성육신하신 말씀, 기록된 말씀, 선포된 말씀이다. 성육신하신 말씀이신 예수 그리스도는 글로 된 성경과 말로 된 설교로 자신을 소통한다. 따라서 성경 읽기와 설교하기는 고도의 문해력이 요구되는 행위이다.

한국교회의 위기는 결국 문해력의 위기와 직결된다. 과거의 기독교는 교리를 아는 것이 중요했다. 정확한 지식과 정보를 전달하는 설교를 통해서도 세상은 기독교에 반응했다. 하지만 인공지능의 시대가 되면 지식전달과 정보전달 수준의 설교로는 세상에 가 닿을 수 없다. 정답과 정보를 주는 설교는 어쩌면 인공지능이 더 잘할 것이다.

사람들은 성경이 열어 주는 새로운 세상, 새로운 나에 대해 알고 싶어 한다. 사람들은 나를 알고 세상을 알고 싶어서 인문학에 귀를 기울인다. 김도인 목사는 『설교는 인문학이다』에서 설교자의 인문학적 소양이 얼마나 중요한가를 다음과 같이 강조한다.

"설교는 인문학의 옷을 입어야 한다. 설교는 신학인 동시에 인문학이다. 신학과 인문학의 교차점에서 교인과 공감하고 소통할 수 있는 설교가 나온다."[159]

신학은 하늘의 뜻을 아는 학문이다. 인문학은 그 하늘의 뜻을 인간에게 효과적으로 전달하는 학문이다. 따라서 설교자는 신학과 인문학을 함께 공부해야 한다.

실제적으로 어떻게 문해력을 기를 수 있을까? 독서와 쓰기를 병행하는 공부를 해야 한다. 인문학 공부법은 읽기와 쓰기가 연결되는 공부법이다. 다양한 고전과 인문학적 서적들을 읽으면서 자신의 언어로 독서노트를 기록하는 것이 중요하다. 일본의 저술가 다치바나 다카시는 "괜찮은 글 한 페이지를 쓰려면 100페이지의 독서량이 필요하다"[160]고 말한다. 100페이지의 글을 읽는 것만큼 한 페이지의 글을 쓰는 것이 사고의 힘을 강하게 한다.

안광복은 『A4 한 장을 쓰는 힘』이라는 책에서 읽기와 쓰기를 병행하는 것이 '읽어 내는 힘'을 기른다고 말한다. 글쓰기 근력은 내가 읽은 서적을 자신의 말로 요약하고 재진술하는 독서기록을 통해 생긴다고 보았다.

송나라의 시인이며 정치인이었던 구양수도 학문하는 사람에게 가장 중요한 3가지 자세를 "다독, 다작, 다상량"이라고 말했다. 다독은 많이 읽는 것이고 다작은 많이 쓰는 것이다. 다독과 다작을 연결하는 것이 다상량인데 '많이 생각하는 것'이다. 결국, 문해력은 읽고 쓰는 과정에서 키워지는 생각의 힘이다. 다만, 목회자의 읽어 내는 힘이 깊고 넓어지려면 성경과 신앙서적에 머물지 말고 다양하고 폭넓은 책들을 섭렵해야 한다.

문해력은 AI 시대의 목회적 돌파구이다

인공지능 시대는 목회자에게 위기이면서 동시에 기회가 될 것이다.

코로나를 통과하면서 한국교회는 심각한 위기에 직면했다. 하지만 교회의 본질에 천착한 교회는 코로나 위기가 오히려 기회가 되었다. 예를 들면, 건강한 소그룹이 살아 있는 교회는 코로나를 통과하면서 더 성숙하고 더 성장했다.

인공지능 시대에는 스토리텔링이 더욱 주목받을 것이다. 인공지능은 스토리텔링이 불가능하기 때문이다. 인공지능은 정보와 지식을 줄 수 있다. 하지만 마음을 울리는 이야기를 들려주는 것은 불가능하다. 왜냐하면 참된 내러티브는 삶의 경험으로부터 나오기 때문이다.

『노인과 바다』로 퓰리처상을 수상한 어니스트 헤밍웨이는 세상에서 가장 짧은 소설을 썼다. 누가 가장 짧은 소설로 가장 깊은 감동을 줄 수 있는가를 놓고 내기를 했다. 헤밍웨이는 6개의 단어로 이루어진 가장 짧은 소설로 사람들의 심금을 울렸다. 헤밍웨이가 쓴 6단어 소설은 이랬다.

"For sale : Baby shoes. Never worn."
팝니다 : 아기 신발. 한 번도 사용한 적 없음.

6개의 단어로 구성된 짧은 문장이지만 행간에서 느껴지는 인생의 슬픔이 있다. 삶의 애환이 그려진다. 인공지능은 절대로 쓸 수 없는 소설이다. 인생과 문장 그리고 의미 전달에 대한 남다른 통찰과 글쓰기를 능력을 가진 사람만이 쓸 수 있는 소설이다.

앞으로 인공지능은 인간의 지성을 압도할 것이다. 인공지능은 인간의 감성적 언어도 데이터 학습을 통해 흉내 낼 것이다. 하지만 영성은 불가능하다. 성령은 인공지능에게 임재하지 않기 때문이다.

문해력은 영성과 분리되지 않는다. 사도 바울은 에베소서 1장 17-19절까지 이렇게 기도한다.

"우리 주 예수 그리스도의 하나님, 영광의 아버지께서 지혜와 계시의 영을 너희에게 주사 하나님을 알게 하시고 너희 마음의 눈을 밝히사 그의 부르심의 소망이 무엇이며 성도 안에서 그 기업의 영광의 풍성함이 무엇이며 그의 힘의 위력으로 역사하심을 따라 믿는 우리에게 베푸신 능력의 지극히 크심이 어떠한 것을 너희로 알게 하시기를 구하노라."

진짜 읽는 힘은 지혜와 계시의 영이신 성령이 주신다. 기도하면서 성경을 읽고 기도하면서 인문학을 공부하라. 성령께서 성서의 세계와 현실의 세계를 새롭게 볼 수 있는 눈을 열어 주실 것이다. 그것이 설교의 글쓰기로 표현되기 시작할 때 사람들은 반응할 것이다.

목회는 성경과 현실을 연결하는 작업이다. 설교 역시 성경의 이야기를 오늘의 이야기와 연결하여 새로운 의미를 구축하는 작업이다. 이때 문해력이 핵심이다.

목회는 연결 짓기이다. 성경과 현실, 지식과 진리, 마음과 영성, 사람과 공동체를 융합하는 능력이다. 연결 지으려면 둘 사이의 연결점을 찾아내는 은유의 능력이 필요하다. 은유의 힘은 창의성에서 나온다. 창의성은 읽는 힘에서 나온다. 읽고 생각하고 자신의 생각으로 다시 재창조하는 훈련을 해야 인공지능의 시대 속에서 살아남을 수 있다.

송숙희는 말한다. "메타 문해력은 거침없이 진격해 인간세계를 넘보는 인공지능으로부터 우리를 지켜내는 방화벽이다."[161]

메타 문해력이란 단순히 정보를 읽고 이해하는 것을 넘어 그 정보를 비판적으로 해석하고 판단하고 적용하는 성찰적 능력이다.

문해력은 정보 홍수 시대에 길을 잃고 살아가는 목회자들에게 나침반과 같은 역할을 할 것이다. 사탄의 전략은 복음을 공격하는 것이 아니다. 복음에 집중하지 못하도록 수많은 정보 속에서 집중력을 잃게 한다. 사탄은 아담과 하와를 무너뜨리기 위해 처음부터 하나님을 대적하라고 하지 않았다. 선악과에 주목하게 했다. 먹음직도 하고 보암직도 하고 지혜롭게 할 만큼 탐스러운 나무로 보이게 함으로써 하나님이라는 존재에 대한 집중력을 빼앗아 버렸다. 현대 사회의 선악과는 쏟아지는 정보와 지식이 아닐까?

오늘날 목회자들의 영성을 무너뜨리는 가장 치명적인 문제는 'Fake News' 가짜 뉴스 다. 더 정확하게 말한다면 Fake News는 '가짜 뉴스'가 아니라 '쓸데없는 뉴스'다. Good News 복음 에 집중해야 할 목회자들이 세상에서 넘쳐나는 헛되고 피상적인 정보들에 마음을 빼앗긴 채 살아간다.

시편 1편을 보면 "복 있는 사람은 시냇가에 심은 나무"와 같다. 시냇가에 심은 나무가 되려면 1절에서 '악인의 꾀, 죄인의 길, 오만한 자의 자리'를 피하라고 경고한다. 한마디로 Fake News를 분별하고 경계하라는 뜻이다. 2절에서는 "오직 여호와의 율법을 즐거워하여 그 율법을 주야로 묵상하라"고 권면한다. Good News에 집중하라는 뜻이다. 범람하는 세상의 정보 속에서 복음에 집중하는 힘, 그것이 문해력이다. 인공지능의 시대, 문해력을 장착해야 시냇가에 심은 나무처럼 열매 맺는 목회를 하게 될 것이다.

문해력이 살아나야 목회도 살아난다

인공지능 시대에 목회자가 길을 잃지 않고 복음의 진리를 전하려면 문해력이 필수적이다. AI가 넘치는 정보를 제공하지만, 그 속에서 진리와 의미를 발견하고 해석하는 능력은 목회자에게 달려 있다. AI는 지식을 전달할 수 있지만, 영적 통찰과 마음을 울리는 설교는 깊은 묵상과 읽기를 통해서만 가능하다. 문해력은 성경의 문자 너머에 있는 하나님의 뜻을 읽고, 오늘날의 복잡한 현실과 연결해 현대인들에게 전달하는 핵심 역량이다.

문해력을 기르기 위해서는 깊이 있는 독서와 묵상이 필수다. 목회자는 성경뿐만 아니라 다양한 인문학 서적들을 읽으며, 세상을 더 넓게 이해하는 능력을 키워야 한다. 또한, 읽은 내용을 자신의 언어로 표현하고 글로 쓰는 연습도 중요하다. 이러한 과정을 통해 형성되는 사고력과 성찰이 목회자의 문해력을 강화한다. 성경의 진리와 현대인의 문제를 연결하는 힘은 꾸준한 독서와 글쓰기 훈련을 통해 길러진다.

문해력은 인공지능 시대를 돌파할 목회적 돌파구다. 디지털 시대에서 목회자는 단순한 정보 전달자가 아닌, 정보를 해석하고 성찰하는 자로서 역할을 해야 한다.

AI가 다다를 수 없는 영역, 즉 영혼을 울리고 하나님의 진리를 전하는 설교는 문해력을 통해 가능하다. 변하지 않는 진리는 하나님의 말씀이며, 그 말씀을 읽고 해석하여 오늘날의 삶과 연결시키는 것이 목회자의 고유한 역할이다.

결국, AI 시대의 목회는 문해력에서 시작된다. 문해력이 살아나면 목회도 살아난다. 문해력을 키우기 위한 꾸준한 훈련이 AI 시대에도 목회자가 복음의 본질을 잃지 않고, 세상에 하나님의 진리를 선포하는 길을 열어 줄 것이다.

권오국 목사

이리신광교회 담임이다.

영락교회, 서교동교회, 번동제일교회에서 부목사, 시애틀 안디옥장로교회 담임을 역임했다.

Liberty University에서 석사과정을 공부했고 San Francisco Theological Seminary에서 목회학 박사 과정을 공부했다. 박사논문은 '그리스도인의 정체성과 세례교육'에 대해 연구했다. '하나님 나라를 실현하는 예수님의 제자공동체'라는 비전을 품고 선교적 소그룹을 세우기 위해 힘쓰고 있다.

2 목회자의 문해력은 위기에 처했는가?

문해력이 필요한 이유

현대인은 정보와 지식의 홍수 속에서 살아가고 있다. 기술의 급격한 발전은 우리에게 방대한 양의 정보를 제공할 뿐 아니라 각종 정보가 생활 깊숙이 자리 잡고 있다. 쉽게 사용할 수 있는 첨단의 기계와 기술력은 많은 정보로 인해 손쉽게 접근 가능해졌다. 하지만 급격히 변화하는 세상 속에서 목회자의 언어는 신학과 목회의 직무와 교회의 구조 속에서 벗어나지 못하고 있다.

문해력은 단순히 글을 읽고 쓰는 능력이 아니다. 문해력이란, 텍스트를 이해하고 해석하며 비판적으로 분석하는 능력을 포함하는 종합적인 사고를 표현하며 적용하는 능력이다. 글자를 읽고 기본적인 글의 의미를 이해하고 생각과 뜻을 글로 표현할 수 있어야 한다.

문자 해석과 적용은 문해력의 기초가 된다. 이때 문자를 해석한다는 것은 단순한 이해력을 넘어 그 내용의 타당성과 신뢰성을 이해하는 것까지 포함된다. 저자의 의도를 파악해야 한다. 저자의 의도를 파악하여 글이 가지고 있는 표면적인 의미 속에 숨어있는 의미를 분석하고 자신의 견해를 전달할 수 있어야 한다. 그러므로 문해력이란 것은 다양한 출처에서 얻은 정보를 통합할 수 있는 능력이다. 이를 기초로 새로운 지식과 의미를 재창조할 수 있어야 한다. 이로써 같은 텍스트를 전달하더라도 청중이 새로운 해설을 통해 다양한 적용을 할 수 있도록 길을 열어 주어야 한다.

한국교회 부흥기에는 이 정도의 문해력만 있어도 성경의 진리와 의미를 전달하는 데 문제가 되지 않았다. 하지만 나날이 변화하는 현시대에는 새롭게 요구되는 문해력의 영역이 있다. 이에 디지털 환경에서 2025년 목회 트렌드는 문해력이 강력하게 요구된다. 디지털 환경에서 필요한 문해력은 온라인 텍스트를 이해하는 능력이다. 온라인상에서 다루어지는 텍스트와 정보를 탐색하고 평가할 수 있는 능력이 요구된다. 이것은 디지털 기기와 인터넷상에서 일어나고 있는 정보의 교류와 수집, 분석하는 능력을 포함한다.

한국교회의 위기

한국교회의 위기는 목회자들의 위기에서 시작되었다. 목회자들의 위기는 문해력의 위기에서 시작되었다. 문해력의 위기는 신앙 공동체를 희화화할 수 있는 위기를 만들었다. 신앙 공동체의 희화화는 문해력의 오해와 이해의 부족에서 출발한다.

"사랑하는 성도 여러분, 예수님이 무더운 이스라엘의 여름 사역을 잘 감당하시기 위해서 보신탕을 주기적으로 드신 것을 아십니까? 부흥강사의 강력한 강조가 있었다. 마태복음 16장 13절에서 예수께서 가이샤라 빌립보 지방에 이르러, '예수님이 가이를 사러' 빌립보 지방에 자주 가셨습니다 웃음과 아멘. 그러니 우리도 여름 사역을 위해…"

- 부흥회 강사의 설교 중 -

'가이'는 충청도에서 개를 지칭하는 지방어이다. 이것은 말도 안 되는 이야기 같지만 실제로 경험한 것이다. 미국 유학을 오기 전, 고향 교회를 방문했다. 담임목사님께 인사드리고 예배에 참여했다. 마침 부흥강사가 초청되어 오셨다. 그분의 설교는 기억나지 않는다. 아니, 기억하고 싶지 않다고 하는 게 더 정확하다. 하지만 이 내용은 아직도 기억할 만큼 충격적이었다.

미국 유학을 위해 마지막으로 방문한 고향 교회에서 있었던, 특정 장소와 시간에 있었던 일이기 때문이다. 그 후, 설교대로 강사 목사님과 교회 중직들은 보양식을 먹었다. 나도 그 자리에 초대되어 매우 곤란한 상황이었기에 나에게는 선명한 기억이다. 분명 극단적인 사례다. 이 한 가지 사례로 모든 것을 일반화할 수는 없다. 하지만 한국교회의 문제와 위기를 진단하는 현 상황에서 한국교회의 위기는 목회자의 위기에서 시작한다. 소통이 안되는 것도 문제지만 자신들끼리만 소통이 되는 것도 큰 문제다.

장주희는 『들리는 설교』에서 소통의 부재가 가져오는 설교의 문제점을 지적한다. 장주희는 설교란 "영적인 언어라 잘 짜여진 논증만으로 듣는 이를 감화시킬 수 없다"고 했다. 그는 "목회자와 성도 사이의 소통이 원활히 이루어지는 데 목적을 두어야 한다"고 강조했다.[162]

설교는 단순한 정보 전달 이상의 과정이다. 목회자는 성경 본문을 깊이 있게 분석하고 그 안에 담긴 말씀을 성도들과 소통하는 데 목적이 있다. 하지만 저 사람은 나와 말이 통하지 않는다고 하소연한다. 그런데 더 큰 문제는 자신들끼리만 소통이 되는 것이다. 이런 설교들은 영적 체험만을 강조하거나, 논리적인 설득 없이 감성적인 설교로 치우쳐 결국 균형 잡힌 신앙을 방해하는 요소가 된다. 설교란 단지 말과 의미를 전달하는 것이 아니라 성경을 문맥에 맞게 이해하고 그 의미를 정확하게 전달하는 능력까지 포함된다. 성경은 단순한 텍스트가 아니다. 오랜 시간을 거치며 기록된 문서로 다양한 문화, 역사, 시대적 배경, 인물, 정치, 세계사 등의 배경을 포함한다. 이런 모든 것을 종합적으로 해석해서 적용하는 능력이 문해력이다.

목회자의 위기는 목회자의 문해력에 있다. 목회자들의 문해력 문제는 신학교육의 한계성, 목회자들의 직무 한계성, 한국교회의 구조적인 문제에서 시작된다. 그리고 지극히 목회자들의 개인적 역량의 문제와 한계다. 역사적으로도 성경을 오독한 문해력 문제들이 있다.

먼저, "태초에 하나님이 천지를 창조하시니라" 창 1:1 가 있다.

첫째 날, 둘째 날, 성경 본문의 문해력 오류로 인해 우주가 6일 만에 창조되었다고 주장했다. 그 결과, 성경의 역사를 6천 년으로 가두며 스스로 모순된 문해력을 보여 준다.

"살인하지 말라" 출 20:13 는 성경 본문 역시 문해력의 오류로 인해 전쟁 중의 살생이나 법 제도의 사형 제도와 같은 형태도 받아들이지 못하는 문제를 발생시켰다. 한국 사회와 교회도 군대에서 총을 들지 않고 헌혈을 반대하는 특정 이단 교리들의 문제를 경험하고 있다.

가장 많은 문해력의 오류를 보여 주는 것은 요한계시록 사례다. 짐승의 숫자에 해당하는 666으로 인해 바코드나 베리칩을 사탄으로 주장하여 세상으로부터 비웃음을 샀다. 놀이공원에서 손목에 도장을 찍어 주는 것을 사탄이 사람들을 미혹하는 것이라고도 했다. 심지어 크레딧 카드를 사용하는 것조차 사탄의 역사로 설교한 목회자들도 적지 않다.

"내 살과 내 피를 마시라"는 예수님이 가르침이 문해력의 오류로 인해 기독교 박해의 가장 합리적인 이유가 되었다. 문해력의 오류는 결국 수백만 명의 피와 목숨을 빼앗는 결과를 가져왔다.

"함의 후손은 저주를 받아 노아의 다른 아들들에게 종이 될 것이다"는 구절로 미국은 아직도 인종 차별을 정당화하는 집단이 존재한다. 이런 모든 문제가 문해력의 부족으로부터 출발하여 신앙의 본질을 오도하는 결과를 만들어 왔다. 문해력의 무지는 기독교 신앙의 무지로 이어진다. 이런 일련의 일들은 문해력 부족으로부터 시작되었다. 문해력은 올바른 성경 해석에도 필요하지만 균형 있는 신앙생활에도 필수 불가결한 요소다.

목회자들의 문해력 문제를 불러온 근본적 문제들

첫째, 신학교육의 한계성

목회자들의 문해력 문제는 신학교의 한계성에서 출발한다. 신학교육 문제로 인한 문해력의 문제는 교육 내용의 제한성에서 찾아볼 수 있다. 신학교육의 특성상 주로 성경과 신학적 교리와 교회의 역사 교단 법이나 내규에 집중된다. 이러한 교육 과정은 각 교단에 적합한 목회자들을 양성하는 데 매우 유용하다. 목회자들이 기본적으로 이해해야 하는 성경의 기초적인 텍스트에 관한 내용만도 방대한 양의 교육이 필요하다. 이런 교육은 목회자들로 하여금 종교적인 텍스트를 이해하는 능력은 향상시킨다. 그러나 이런 교육은 다양한 현대적 텍스트와 정보를 공유하는 데는 한계가 있다. 신학교육은 많은 경우 전통적인 교리와 믿음 그리고 신학 체계를 공유하도록 교육한다. 이런 교육적 접근은 각 교단에 동질성을 유지하고 신학적인 합의를 이루어 가는 데 매우 중요하다. 하지만 이런 교육은 비판적인 시각과 사고를 통해 다양한 견해를 수용하고 분석하는 능력을 향상시키지는 못한다. 오히려 이런 교육으로 인해 편협한 시각과 사고를 가지게 한다. 종교적인 교리의 절대적인 신뢰성은 이해와 비판적 사고로는 받아들이기 어려운 부분까지 포함한다. 다른 관점의 사고와 교리들, 신학 체계를 다른 관점으로 탐구하고 평가하는 데 필요한 비판적 사고를 기르는 데 적합하지 않은 교육 방식이다.

목회자들은 주로 신학적인 문서와 교리적이고 종교적인 문제를 다루는 방법을 배운다. 신학교육이 폭넓은 과학적, 사회적, 경제적, 문화적인 문제들을 통합적으로 접근하며 이해하는 통찰과 해결책을 제공하는 데 한계가 있음을 인식해야 한다. 이런 교육적 한계 때문에 목회자들의 어휘는 목회자들만 공감할 수밖에 없는 어휘의 한계성을 보여 준다. 이런 어휘의 한계성이 결국 문해력의 저하를 가져오게 한 이유 중 하나다.

김윤정은 『EBS 당신의 문해력』에서 "문해력의 다섯 가지 구성 요소 가운데 가장 중요한 밑거름은 '어휘력'이다"라고 했다.[163] 어휘력은 글을 정확하게 읽고 빠르게 이해할 수 있게 해 줄 뿐 아니라 정확한 의미를 전달하기에 단어와 문장 구성에 필요한 다양한 어휘력이 필요하다. 그러나 전통적 신학교육과 신학 텍스트들은 어휘력 확장에 한계를 가져왔다. 예를 들어, '구속', '은총', '대속'과 같은 신학적 용어들을 종교적, 성경적, 신학적, 기초 지식 없이 일상에서 사용하면 그 의미가 완전히 다르게 퇴색될 수 있다.

결국, 목회자들은 신학교 졸업 이후 세상과 소통 가능한 문해력을 얻기 위한 피나는 노력을 해야 한다. 이에 목회자에겐 스스로 탐구하고 비판적으로 사고하는 능력을 향상시킬 수 있는 학습과 교육이 필요하다. 또한, 문해력을 향상시키기 위해 필요한 상호 작용적 학습이 필요하다. 즉, 토론과 협업을 통한 진지한 상호 작용과 비판이 필요하지만, 현실적으로 목회자들의 설교나 사역을 비판하고 상호 학습의 도구로 문해력을 사용하는 것은 사실상 불가능한 것이 현실이다. 결국, 목회자들이 멘토들이나 동료들, 다양한 분야의 전문가들과 교류하고 다양한 관점과 시각을 나누는 기회를 가져야 한다.

둘째, 목회자들의 직무 한계성

목회자의 직무는 단순한 종교적인 리더의 역할을 넘어 지역사회와 나아가 사회 전체에 리더로서의 역할도 수행해야 한다. 그러나 목회자의 직무는 한계성을 가진다. 목회자의 직무는 매우 제한적일 수 있다. 목회자의 직무가 제한적일 수 있다는 말은 목회자 직무의 특수성 때문이다.

목회자의 가장 큰 직무는 교회 공동체에 필요한 영적인 일들이다. 예배, 심방, 공동체의 구성원을 돌보는 일, 교단과 때로는 신학교, 각종 단체와의 교류 같은 일들은 목회자만의 고유한 직무로 다른 이들을 대체 인력으로 사용할 수 없는 한계성이 있다.

이런 제한된 직무 한계성으로 인해 목회자가 접할 수 있는 사람이나 사회적 환경도 매우 제한될 수 있음을 인정해야 한다. 이런 제한된 접근성과 직무가 결국 목회자의 문해력 한계성을 가져올 수 있다.

문해력은 단순히 글을 읽고 글을 해석하는 것에 그치지 않는다. 문해력은 글로 표현된 문자적 해석을 다양한 공동체가 다양한 상황에서 적용하고 이해하는 상호 교류 과정을 포함한다. 각 공동체마다, 각 시대마다, 각각의 사회적인 환경과 상황에 따라 상호 작용과 적용은 얼마든지 달라질 수 있다. 하지만 목회자의 직무는 종교적인 기능과 전통을 유지하는 것으로 발전해 왔다. 이런 전통적인 직무의 계승으로 인해 목회자가 직무에서 사용하는 언어와 표현들을 보편적 언어로 사용하는 것이 어렵다.

목회자가 직무를 수행하면서 전통적으로 사용하는 언어의 톤, 단어, 몸짓, 행동도 매우 종교적으로 정형화되어 있는 경우가 많다. 종교적인 복장, 의식, 혹은 제한된 규범으로 인해 목회자들이 경험할 수 있는 경험의 한계도 분명하다. 이런 목회자들의 직무의 한계성은 다음과 같이 목회자들의 문해력을 제한하는 요소를 만들어 낸다.

하나, 목회자는 종교적 교리와 전통에 깊이 얽매여 새로운 정보나 이론을 수용하는 데 어려움을 겪게 된다. 중세 교회는 지구를 중심으로 우주의 구성이 창조되었다고 믿었기에 코페르니쿠스와 갈릴레오 갈리레이를 종교적으로 탄압하고 과학적인 새로운 정보와 언어를 받아들이지 못했다. 목회자가 과학자가 되라는 말은 아니다. 하지만 과학적인 원리와 개념 정도는 숙지하고 인지해야 과학을 뛰어넘는 하나님의 경륜과 섭리에 대해서 보다 논리적이고 통찰력 있는 혜안을 가질 수 있다.

둘, 목회자 직무의 한계성은 결국 다양한 사회적 이슈에 대한 무지 또는 불감증을 심화시킨다. 코로나 사태로 인해 거리두기와 예배 인원모임 인원 제한은 목회자의 직무와 대단히 큰 충돌을 일으키는 문제였다. 비단 코로나뿐 아니라 사회적으로 이슈가 되는 성평등, 인종차별, 난민 이주자, 환경 문제와 같은 주제에 대해서 충분한 이해가 없다면 교회 공동체도 충분한 이해와 입장을 표현할 때 극단적인 표현과 결정을 하게 된다.

셋, 목회자 직무의 한계성은 학습의 기회를 제한한다. 목회자의 직무에 있어 성경 공부와 신학적인 교육은 자신뿐 아니라 교회 공동체에 매우 중요한 직무다. 목회자는 기본적인 성경 공부와 신학적인 교육이 되어 있어야 할 뿐 아니라 새로운 분야에 대한 공부가 지속적으로 필요하다. 하지만 성경 공부와 신학적 학습의 기회 이외에 다양한 주제에 대한 교육이 부족하다면 목회자의 문해력을 키울 수 있는 기회를 놓치게 된다.

결론적으로 목회자의 직무 제한성으로 인해 개인의 문해력 한계를 가져오는 것은 결국 공동체에도 큰 해악으로 작용한다. 교회 전체가 경험할 수 있는 폭넓은 지식과 정보를 습득하는 것에도 어려움을 가져온다. 공동체 전체가 사회의 일원으로 책임감 있게 사회에 반응하고 이끌어 갈 수 있는 기회를 잃어버리게 된다. 목회자가 사회 구성원들이 경험하는 모든 직무를 다 경험하고 이해할 수 없다. 하지만 목회자의 직무에 갇혀 새로운 정보와 기술, 변화와 대응력의 기회를 놓친다면 공동체의 건강한 발전과 변화에도 심각한 영향을 미칠 수 있다.

한국교회의 구조적인 문제

한국교회의 구조적인 문제도 목회자의 문해력 문제를 만드는 요소다. 한국교회는 그동안 급성장을 해 왔다. 교회의 급속한 성장과 발전은 결국 교회의 방향성을 한 방향으로 몰아가게 했다.

교회의 부흥과 발전은 매우 중요한 일이며 감사한 일이다. 하지만 교회가 부흥하는 동안 교회는 부흥만을 위한 교회 구조와 형태만을 강조해 왔다. 부흥 이후의 시대와 세대에 대한 준비가 소홀했다. 교회에 대한 기대와 목회자에 대한 기대가 교회 부흥이라는 한 이슈로 집중되었다.

결국, 목회자들의 최대 관심사는 본인이 목회하는 목회 현장을 부흥시켜 교회가 성장하고 발전하는 결과를 만들어 내는 것이다. 이런 일련의 과정에서 한국교회는 몇 가지 구조적인 문제를 보여 준다.

첫째, 권위주의

대표적인 한국교회의 구조적인 문제는 권위주의다. 권위는 매우 중요한 것이다. 권위는 하나님이 주시는 질서다. 권위는 하나님으로부터 출발하는 거룩한 질서요, 공동체를 이끌어 갈 수 있는 힘이다.

목회자들에게는 많은 권한이 주어진다. 설교할 수 있는 권위, 성례를 집례할 수 있는 권위, 출생과 죽음, 결혼과 가정생활에 직간접적으로 관계를 가질 수 있는 권위 등 목회자에게 주어진 권한이 적지 않다. 이런 권한이 권위주의가 되면 목회자는 자신의 권한과 권위를 유지하고 더 강화하는 쪽으로 변화된다. 이런 변화는 결국 목회자만이 가질 수 있는 특별한 권위와 권리로 오해되어 교회 공동체에 큰 어려움을 가져올 수 있다.

권위주의가 주는 문해력의 오해는 모든 해석을 권위주의 시각으로 해석할 수 있는 심각성에 있다. "목회자의 권위를 침해했다", "목회자의 권위에 대적했다", "목회자의 권위에 대적하면 어떤 결과가 나타나는지 알아야 한다"와 같은 이야기를 쉽게 접하게 된다. 이런 권위주의적 시각은 결국 목회자의 문해력에 치명적인 결과를 가져온다.

둘째, 소통의 단절

교회의 권위주의는 교회 내부의 수직적인 소통 구조를 만든다. 목회자와 성도와의 대화는 수평적 구조에서 의견을 나누기 어렵다. 목회자의 일방적인 선언과 성도의 일방적인 순종이 요구되는 수직적 소통의 구조가 되기 쉽다. 이런 수직적 소통의 가장 큰 문제는 성도가 느끼는 감정과 다양한 의견을 목회자와 공유하는 게 어렵다는 것이다. 일방적인 지시와 일방적인 가르침은 목회자가 경험할 수 있는 다양한 문해력의 가장 큰 장애물이다.

잘 듣는 것에서부터 소통의 큰 변화를 불러올 수 있다. 소통의 혁명은 목회자들의 문해력, 어휘력, 설력을 향상시키는 데 중요한 요소가 된다.

강원국은 듣기를 잘할 수 있는 4가지 방법을 조언한다. 그의 저서 『강원국의 결국은 말입니다』에서 그는 상대가 하는 말의 줄거리를 몇 개 단어로 정리하여 들으라고 조언한다. 의중을 헤아리며 듣기를 연습하면 표면적인 말의 의미뿐 아니라 그 말의 진위를 이해할 수 있다고 한다. 더 나아가 듣는 중에 상대의 말에 공감해 주고 맞장구를 치는 것도 듣기의 중요한 요소라고 말한다. 이런 맞장구를 통해서 상대의 의중을 더욱 잘 이끌어 낼 수 있다는 장점이 있다. 마지막으로 저자는 자신의 말을 준비해 갈 것을 조언한다. 이때 자신이 준비한 말이 끼어들기나 반론, 충고가 되지 않도록 유의할 것을 당부했다.[164]

이러한 듣기 훈련은 일상에서 소통이 일방적으로 빠지기 쉬운 부분을 보안해 준다. 상대의 이야기를 잘 듣고 이해하는 노력은 말과 글을 대하는 사람의 태도에 좋은 영향을 준다. 결국, 상대의 말과 글을 이해하려는 기본적인 기술이 문해력이다.

그러기에 문해력의 가장 기본은 '소통'이다. 글을 쓴 이나 글을 읽은 이나 기본적인 이해와 감정의 선을 공유하고 나누는 것이다. 이런 이해와 감정의 공유는 다양한 해석과 적용이 가능하다. 하지만 한국교회는 목회자의 일방적인 지시와 호통만 남았다. 다양한 의견과 감정의 공유를 기대하는 것이 어렵다. 이것은 단지 목회자와 교인들만의 문제는 아니다. 교회의 평신도 리더십을 구성하는 당회에서도 소통의 단절로 인해 발생하는 어려움을 경험하게 된다. 당회의 일방적인 결정이 교회 전체의 결정이 되어 소수 의견이나 다양한 의견이 불통되는 경우가 빈번하다. 소통의 단절은 서로의 문해력에 치명적인 문제를 일으켜 교회 공동체의 어려움을 초래하게 된다.

소통의 단절이 가져온 한국교회의 가장 큰 문제점은 현대 교회의 현대화와 디지털화된 세대에 적응하지 못하는 교회가 된 것이다. 이런 문제들은 세대의 단절을 가져왔고 젊은 세대와의 소통의 단절로 다음세대를 교회로 인도하는 데 실패하고 말았다. 목회자들이 디지털 세대의 문해력을 이해하지 못하면 결국 목회 현장에서 불통으로 인한 젊은 세대와의 단절을 경험하게 될 것이다. 이로 인해 미래 교회에서 젊은이들의 이탈이 가속화되는 위기를 맞게 될 것이다.

이처럼 한국교회는 문해력 부재로 인해 맞이하게 될 많은 어려움을 직면하고 있다. 현대 사회에서 목회자들에게 요구하는 소통의 능력은 목회자와 성도 간의 문해력 차이를 극복하는 것이다. 이에 목회자에게 이런 노력이 요구된다. 이것이 이루어지지 않는다면, 한국교회는 세상과의 소통에서도 문해력 차이를 극복해 내지 못할 것이다.

설교의 위기를 초래한다

설교는 목회자의 사역에서 가장 중요한 사역 가운데 하나다. 설교는 성경 본문을 중심으로 교회의 신앙 공동체에게 영적 양식을 공급하는 것이다.

설교의 위기는 때때로 성경 본문과 내용이 일치하지 못해 발생한다. 이는 설교자가 성경의 의미를 잘못 해석하거나 본문을 자신의 신학적 입장이나 교회의 상황에 맞추기 위해 왜곡할 때 발생한다. 이런 분위기가 성도들에게 혼란을 주며 성경의 권위를 약화시키는 결과를 낳게 된다. 선택한 성경 본문과 설교 내용이 불일치하는 이유는 두 가지다. 지나친 영적 해석과 문해력 부족이다.

설교자가 과도하게 성경의 본문을 영적화하여 해석하면 본문 선택과 설교 사이에 너무 큰 괴리감을 만든다. 설교자 개인의 영적 체험이나 신학적 입장을 덧붙여 해석하는 경우다.

가령 예수님이 바다 위를 걸으시는 사건을 마태복음 14장 22-33절 설교자가 신앙이 있으면 모든 환란과 풍랑을 이길 수 있다고 접근하면 예수님에 대한 신뢰와 믿음이라는 부분이 왜곡될 수 있다. 설교자가 우리도 바다를 걸을 수 있다고 한다거나, 환란의 폭풍 속에서도 그 위를 걸으라는 것 같은 해석은 본질을 잘못 적용할 수 있다. 이런 왜곡된 접근과 해석은 신앙의 위로를 줄 수 있지만 성경 본연의 본문이 원하는 메시지는 놓칠 수 있다.

이런 접근은 문해력의 부족에서 오는 문제와 연결된다. 성경은 고대 성경 시대의 역사적, 사회적, 문학적, 배경 속에 쓰인 글이다. 그런 맥락을 이해하기 위해서는 올바른 문화적, 문학적, 역사적 배경을 이해하는 것이 중요하다.

산상수훈은 도덕적인 강론이 아니다. 산상수훈에서는 모세가 하나님의 율법을 시내산에서 증거하며 하나님 나라의 메시지를 전한 선지자의 전형적인 모습으로 예수님이 등장한다. 산상수훈의 예수님은 모세보다 완전한 메시지를 전하는 메시아, 선지자, 왕임을 보여 준다. 산상수훈은 구약의 모세와 시내산 사건, 율법과 복음의 관계를 이해하지 못하면 도덕적 교훈과 설교로 왜곡될 수 있다.

이런 오류가 교회의 신학적 방향성에도 혼란을 줄 수 있다. 성경은 교회의 신학적 기초를 형성하는 중요한 텍스트다. 이를 잘못 해석한 결과, 하나님의 축복이 물질의 축복과 같은 기복적인 접근이 되어져 적절한 균형을 잃어버리기도 한다.

문해력 향상을 위한 제언

문해력을 단숨에 향상시킬 지름길은 없다. 문해력은 오랜 시간 글을 읽고 글이 주는 진정한 의미가 삶 속에서 열매를 맺는 일이다. 문해력 향상을 위해서 독서는 가장 필수적인 요소다. 독서는 지속적인 읽기가 요구된다.

특별히 고전 읽기는 문해력 향상을 위한 최고의 방법이 될 수 있다. 성경은 하나님의 말씀이며 세계 최고의 고전이다. 고전이란 단순히 오래된 글이 아니다. 역사 속에서 살아남아 있는 생명력을 가지고 있다. 그 생명의 흔적을 발견하는 작업이 고전 읽기다. 고전이 주는 시간의 생명력을 이해한다면 지금 우리가 읽어 나가는 글이 언젠가 누군가에겐 고전이 될 수 있다.

고전 읽기는 어휘력과 사고력을 확장시키는 데 큰 도움을 준다. 고전은 누구나 알고 있지만 그 누구도 읽은 사람을 찾기 어려운 책이다.

고전은 읽으면서 고전苦戰 하지만 지금 읽지 않으면 고전하는 책이다. 그만큼 고전은 핵심 내용을 요약하고 파악하는 것이 어렵다. 하지만 고전은 내용을 읽고 중요한 정보를 파악하는 능력을 기를 수 있는 최적의 글이다.

읽는 것에 그치면 문해력 향상은 더디게 발전할 수밖에 없다. 읽는 것과 함께 읽은 내용을 간단하게 요약할 수 있는 능력이 필요하다. 내용을 요약할 때 반드시 자신이 읽은 책의 내용을 논리적으로 구조를 분석하여 비판적인 사고로 설명할 수 있어야 한다. 자신의 삶 속에서 걸러지고 정의되어진 단어로 자신이 기록한 글만이 오래 남는다.

메모와 필기 습관이 병행되어야 한다. 메모와 필기 습관을 뛰어넘는 책을 필사하는 습관도 반드시 필요하다. 필사를 통해서 책은 다시 한번 태어난다. 작가가 전하고 싶은 본래의 뜻과 독자가 읽으며 새롭게 정의되고 해석되어진 글로 다시 태어나는 작업이 필사다. 필사는 독자의 문해력을 향상시키는 데 탁월한 방법이다.

손현 작가는 『글쓰기의 쓸모』에서 필사가 주는 유익을 다음과 같이 설명한다.

"정보를 장기적으로 전환시킬 수 있다. 어떤 글은 한 번 읽고 그걸 손으로 옮겨 적은 과정에서 몇 차례 더 읽는 동안 뇌에 좀 더 오래 각인되는 효과가 있다."[165]

그가 언급한 필사의 유익은 결국, 문해력 향상과 깊은 연관성이 있음을 알 수 있다. 손으로 옮겨 적는 과정에서 글과 정보, 어휘와 표현력이 뇌 속에 더 깊이 각인됨을 설명한다. 필사가 능동적인 학습 효과를 가져오는 것이기에 단순히 읽고 지나칠 때 놓칠 수 있는 효과를 보완해 준다. 읽은 내용과 장기 기억으로 바꾸어 새로운 정보를 이해하고 쉽게 처리하고 적용하는 능력을 향상시킨다. 이런 과정은 문해력에서 가장 중요한 요소인 정보의 처리 능력을 강화하는 데 기여하는 방법이다.

이와 함께 문해력 향상에 최고의 방법이라면 '쓰기'다. 목회자는 글을 쓸 수 있어야 한다. 아니, 목회자는 쓰는 사람이다. 목회자는 글을 써야 한다. 설교문을 서야 한다. 목회 서신도 써야 한다. 궁극적으로 목회자는 책을 쓸 수 있어야 한다.

출판이란 공적 과정을 거친 자신의 책을 쓸 때 문해력이 향상되는 것을 경험한다. 쓴 글은 환영을 받지만 쓰여진 글은 비판의 대상이 된다. 처절한 검증과 비판을 거쳐 비로소 책으로 세상에 태어난다. 결국, 스스로 글을 쓰는 비판적인 사고와 논리적 구조를 완성해야 책이라는 결과물을 만들 수 있다. 글쓰기는 더 나은 오늘을 살고자 하는 노력의 산물이다.

박종순 목사

제자들교회(미국 렌초) 담임이다.

박종순 목사는 건강한 목회자이다. 풀러신학교에서 교회성장학을 전공했고, 신학을 전공했다. 이민 목회 현장에서 건강한 공동체와 교회를 세워 나가고 있다.

2011년 제자들교회를 개척한 이후 건강한 공동체를 세우기 위해 성경 본문 중심의 설교, 선교 공동체, 상식이 통하는 목회, 공부하는 목회자로 이민교회 사역을 감당하고 있다.

목회자는 신학자이고 설교자이며, 글 쓰는 사람이라는 것을 강조하며 배우기를 늘 강조하는 목회자다. 현재 복음주의 교단인 남침례교단의 목사로 게이트웨이신학교(구 골든게이트)에서 목회학 박사 과정 중이다.

7년 전 일일 일책을 결심하면서 매일 하루에 한 권의 책을 읽고 묵상하며 독서로 건강한 교회, 건강한 공동체, 건강한 목회를 꿈꾸고 있다. 코로나 사태 이후 젊은 목회자의 깊은 영성은 깊이 있는 독서와 묵상으로부터 시작될 수 있음을 깨닫고 거룩한 독서가 젊은 목회자들의 영성 개발에 도움이 되도록 노력하고 있다.

저서로는 『열혈독서』, 『메타씽킹 - 생각의 생각』, 『목회트랜드 2024』 『다음세대 셧다운』 『나의 사랑 아프카니스탄』 『천년의 지혜 독서 멘토링』 등이 있다.

email: visionland21@gmail.com

3 문해력 증진에는 인문학 독서가 뒤따라야 한다

월터 브루그만은 『마침내 시인이 온다』[166]에서 "설교자는 뜻을 파악하기 어려운 진리, 무엇에도 구애받지 않는 진리를 담은 성경 본문과 그 본문을 환원주의 형식으로 들으려 하는 회중을 예술적으로 엮어 연결하라고 부름받은 사람이다"라고 정의내린다.

유진 피터슨은 그의 책 『비유로 말하라』[167]에서 언어의 중요성을 이렇게 말한다. "언어는 모음 하나하나, 자음 하나하나까지 모두 하나님이 주신 선물이다. 하나님은 우리를 창조하시고 우리에게 명령하기 위해서 언어를 사용하신다."

하나님의 말씀은 언어로 쓰였고 말로 전달되었다. 설교는 이 성경을 말로 전달하는 커뮤니케이션이다. 그러므로 목소리가 명료해야 하고 간결한 단문을 사용해야 한다. 청중은 원고를 보는 것이 아니라 말씀을 듣기 때문이다. 간결하며 명료하게 전달하면 목소리로도 확신을 줄 수 있게 된다. 설교자가 확신을 갖고 설교하면 청중은 가랑비에 옷 젖듯 말씀에 젖어 들게 될 것이다.

설교자는 진리의 말씀을 예술적으로 엮어서 잘 들리게 전달하는 사람이다. 이런 설교자가 만들어지려면 어떤 훈련이 필요할까? 대학 4년, 신학대학원 3년을 마친 부교역자들은 설교의 훈련을 잘 받았을까? 책 읽기와 글쓰기 훈련은 충만했을까? 신학적인 훈련과 더불어 인문학적인 공부를 훈련했을까?

설교자는 고된 훈련이 필요한 사역자이다. 읽기와 쓰기 그리고 맥락을 이해하는 고도의 문해력이 필요하다. 성경이 말씀하는 바 핵심 메시지가 무엇인지 잘 드러내어 현대의 청중에게 들려주어야 할 책무가 있기 때문이다.

설교자는 그가 읽는 텍스트의 진정한 의미를 깨달아야 한다. 그저 정보를 얻기 위한 독서가 되어서는 곤란하다. 데이비드 고든은 『우리 목사님은 왜 설교를 못할까』[168]에서 "우리는 문화적으로 더 이상 성경이든 일반 텍스트든 정독하지 않는다. 정보를 찾아 훑어보는 눈은 있어도 심미안은 없다. 풀어서 설명하는 능력을 잃어버린 셈이다. 우리는 글쓴이의 세계로 들어가 그가 보는 현실을 들여다보려고 텍스트를 읽지 않는다. 우리는 이미 믿고 있는 것을 확인받으려고 텍스트를 읽는다."

이렇게 된 이유가 무엇일까? 그 이유와 원인은 문해력에 문제가 생겼기 때문이다. 2008년 국립국어원이 실시한 '국어 능력' 조사에 따르면, 우리나라 성인의 문맹률은 1.7퍼센트에 불과하다. 그런데 문해력 수준은 어떨까? EBS 특집으로 발간된 『EBS 당신의 문해력』[169]에서 우리나라 중학교 3학년 문해력을 측정했다. "또래인 중학교 3학년 수준에 '미달'하는 아이들의 비율이 27퍼센트에 달했으며, 이 가운데 초등학교 수준에 해당하는 아이들의 비율도 11퍼센트나 되었다." 많은 전문가가 문해력 저하 원인이 글 읽는 시간이 줄어들고 글 읽기를 싫어하게 된 데에 있다고 결론 내린다. 문자 콘텐츠보다는 영상을 더 많이 접하는 환경 때문에 '글 읽기'가 부족해졌다. 이로 인해 문해력 저하 현상이 두드러지게 나타난 것이다.

그럼, 목회자들은 현주소는 어떠할까? 일반인들보다는 나을 것이다. 우리나라 일반인들은 1년에 평균 4권의 책을 읽는다고 한다. 설문 조사용이지 않은가 싶다. 어쩌면 1년에 책 1권도 읽지 않는 사람이 꽤 있을 것이다. 이런 현실 속에서 목회자가 독서와 글쓰기에 진력한다면 어떤 일이 벌어지겠는가? 성경과 인문학이 결합된다면 어떤 현상이 일어나겠는가?

목회자의 독서는 금광맥을 캐는 광산과 같다

한 교회의 리더는 목사이며 교사이다.

'그가 어떤 사람은 사도로, 어떤 사람은 선지자로, 어떤 사람은 복음 전하는 자로, 어떤 사람은 목사와 교사로 삼으셨으니'(엡 4:11).

여기서 목사와 교사는 다른 직분이 아니다. 원문에 정관사가 앞에

붙어 있으며, 접속사로 연결된 구문이다. 그러므로 목사와 교사는 한 직분이다. 영어로 말하면, "The pastors and teachers"NIV 이다. 목회자는 설교자이면서 동시에 교사가 되어야 한다. 설교자와 교사의 직분을 잘 감당하려면 평생 공부하는 사람이어야 하는 것이다.

한 가정에서도 아버지가 공부하면 아이들도 따라서 공부한다. 부모가 책을 읽으면 아이들도 책을 읽는 가정이 되는 것이다. 교회의 리더인 목회자가 공부하면 공부하는 교회가 되는 것이다. 이지성의 『리딩으로 리드하라』[170]에 보면 독서의 중요성을 이렇게 이야기한다.

"인류 역사를 보면 항상 두 개의 계급이 존재했다. 지배하는 계급과 지배받는 계급. 전자는 후자에게 많은 것들을 금지했는데, 대표적인 것이 인문 고전 독서였다."

왜 그러했을까? 그만큼 독서의 파급력이 대단한 것이기 때문이었다. 이 사실을 알고 있는 국가에서는 독서를 참 많이 강조한다. 미국 명문 사립 중고교의 인문 고전 독서 열기는 놀라울 정도다. 청소년들에게 플라톤의 『국가』를 읽고 소화하게 한다. 도서관에서 플라톤의 『국가』를 주제로 집필된 모든 책을 찾아 읽도록 한다. 그들은 독서에서 멈추지 않는다. 플라톤의 『국가』를 주제로 에세이를 쓰고 토론하게 한다. 즉, 책 읽기와 글쓰기를 통해 지성을 성숙시켜 가는 것이다.

이지성은 독서와 공부의 중요성을 두 가문을 비교하면서 이야기한다. 미국 뉴욕시 교육위원회에서 조나단 에드워즈 가문을 5대에 걸쳐서 조사한 적이 있다고 한다. 한 사람의 영적, 지적 수준이 후손에게 어떤 영향을 미치느냐를 조사했는데, 그 비교 대상으로 마커스 슐츠를 선정했다. 그는 에드워드와 같은 시대 사람이었고, 같은 지역에 살았으며, 같은 경제력을 가졌고, 같은 수의 가족이 있었다. 다만 영적으로 '성경'을 삶의 지표로 삼고, 지적으로 인문 고전 독서에 힘쓰는 전통을 후손에게 물려준 에드워즈와 달리 슐츠는 '성경'에 무관심하고 인문 고전 독서에 문외한인 전통을 물려주었다.

조나단 에드워즈의 후손은 896명이었다. 여기서 1명의 부통령, 4명의 상원의원, 12명의 대학 총장, 65명의 대학교수, 60명의 의사, 100명의 목사, 75명의 군인, 85명의 저술가, 130명의 판검사 및 변호사, 80명의 공무원이 나왔다.

마커스 슐츠의 후손은 1,062명이었다. 여기서 전과자가 96명, 알코올 중독자가 58명, 창녀가 65명, 빈민이 286명, 평생 막노동으로 연명한 사람이 460명 나왔다. 미국 정부는 마커스 슐츠의 후손들을 위해서 무려 1억 5,000만 달러의 국고보조금을 지출했다. 공부한 가정과 그렇지 못한 가정의 극명한 대조가 아니겠는가?

주변에서 은퇴하는 목사님들을 참 많이 봐 왔다. 명예롭게 원로 목사가 되는 분도 있다. 어떤 교회는 원로 대접은 해 드리되 자기 교회에는 오지 말라고 결정하는 교회도 있다. 심지어는 원로 목사로 추대하기를 거부하는 교회도 있다. 참 안타까운 일들이 벌어지는 것이 현실이다. 왜 이런 일이 벌어지고 있는가?

여러 이유 중 가장 중요한 것은 목회자의 자기 성장이지 않을까 생각한다. 성도들의 이야기를 듣다 보면, 참 안타까운 점이 있다. "우리 목사님 언제 은퇴하셔?" 목사 나이 60이 넘으면 서서히 교인들 사이에서 나오는 이야기라고 한다. 목사님이 연세 드시니 하신 이야기 또 하고 또 하시니 들을 것이 없다는 것이다. 그러니 빨리 은퇴하시고 젊은 목사님이 부임하면 좋겠다는 것이다.

이 문제를 설교자의 공부에서 찾아야 한다고 생각한다. 영성과 지성의 문제라고 생각한다. 영성과 지성은 서로 분가 불리의 관계이다. 지도자는 이성과 지식을 개발해야 한다. 여기에 믿음으로 계시의 말씀을 믿어야 한다. 지식과 은혜가 함께 가야 한다. 지성과 영성이 함께 어우러질 때 성숙한 지도자가 되는 것이다. 그러므로 지도자는 공부 머리가 있어야 한다.

기독교가 로마에서는 법이 되었고 유럽에서는 문화가 되었으며, 미국에서는 기업이 되었다고 한다. 더구나 대한민국에서는 대기업이 되었다는 어느 철학자의 말처럼, 현대 교회는 대기업의 정신과 가치를 따르고 있다. 목회를 비즈니스 정신으로 한다면, 교회도 대기업이 되기도 한다. 그러나 이것은 아니다. 목회가 비즈니스가 안 되려면 목회자가 공부해야 한다. 목회자가 시세를 읽을 줄 알고, 사람을 알아야 한다. 시대정신, 사람, 성경을 알려면 목회자는 공부하는 사람이 되어야 한다.

공부의 방법은 여러 가지이겠으나, 여기에서는 목회자의 공부로 독서를 강조하고 싶다. 나는 세 가지 독서 모임에 참여하고 있다. 하나는 지역 담임목사들의 모임이다. 12명 정도의 회원을 두고 있다. 신학적인 책을 주로 읽는 모임이다. 첫 시간은 책을 함께 공부한다. 두 번째 시간에는 성경을 연구하기도 하고, 설교에 도움이 되는 자료를 공부하기도 한다. 매주 금요일 아침 7시에서 9시까지 진행하는데 벌써 10여 년째 계속되고 있다.

또 하나의 모임은 교회 부교역자 독서 동아리 Lectio Divina이다. 매주 한 권씩 책을 선정해서 독서한다. 각자가 맡은 분량을 요약하여 발표하고 토론 문제도 준비한다. 책 읽고, 노트하고, 토론하면서 공부한다. 사역하면서 책 읽기가 쉬운 일은 아니지만, 저녁 시간을 틈틈이 이용하여 일주일에 한 권씩 좋은 책을 섭렵하고 있다.

'슬로우 미러클' slow miracle 이라는 프로그램도 진행했다. 슬로우 미러클은 하루에 한 권의 영어 그림책을 읽는 프로젝트이다. 영어로 된 그림책이며 동화책이다. 상당히 좋은 글과 그림, 그리고 메시지가 담겨 있는 책들이다. 글밥이 적은 책들이라 하루에 한 권을 읽는 것은 그리 어렵지 않다. 일 년이면 200권의 책을 읽는 프로젝트이다. 우리 목회자들은 하루에 한 권씩 영어 그림책을 읽고 그중 한 권을 정해서 주제 삼아 글을 쓴다. A4 한 장 분량 정도의 글을 써서 발표하고 토론하기도 한다.

또 하나의 모임은 평신도 그룹과 함께하는 독서 모임이다. 매주 한 번씩 모이는데 2주에 1권씩 책을 읽는다. 경건 서적, 일반 자기개발서를 비롯한 자녀 양육에 관한 책들을 읽는다. 심지어 당회에서도 책을 읽는다. 당회 회의는 2개월에 한 번 하고, 2개월에 한 번은 기도와 책 나눔의 시간을 갖는다. 평신도들이 좋은 책을 읽게 되면 사고가 달라진다. 세계관이 열리게 된다. 건설적이고 창의적인 아이디어가 나오게 된다. 참 행복한 시간이다.

이렇게 끊임없이 공부하여 지성과 영성을 가다듬으면 설교자가 성장할 것이다. 설교자가 성장하면 설교자가 행복해진다. 설교자가 행복해지면 교회가 행복해진다. 교회가 행복해지면 무슨 일이든지 시도할 수 있게 된다.

그럼, 설교자는 어떤 책을 읽어야 할까? 리처드 포스터는 『영적 훈련과 성장』[171]에서 "성경 학습과 고전적인 경건 서적 학습을 겸하는 것이 지혜로운 일이다"라고 말한다. 성경 학습의 한 방법으로 에베소서나 요한일서와 같은 작은 책을 택하여 일 개월 동안 매일 한 번씩 통독해 보면 좋다. 먼저 주석에 의존하지 말고 독서를 통해 성경 저자의 의도를 파악해 보면 좋다. 그 책을 통해 무슨 메시지를 주고 있는지 이해하는 것이 중요하다. 이런 시간을 가지게 되면 목회자의 독서 수준이 올라간다. 목회자의 삶이 변화될 것이다. 작은 본문, 한 단락을 30-40번 정독하게 되면 그 본문이 우리에게 말을 걸어오게 될 것이다. 본문에서 소리가 들리게 될 것이다.

리처드 포스터는 성경 학습에 추가하여 기독교 문학의 고전을 읽기를 추천한다. 성 어거스틴의『참회록』부터 시작해서 토마스 아 켐피스의『그리스도를 본받아』를 읽어 보라. 브라더 로렌스의『하나님의 임재 체험하기』를 빼놓지 말라고 한다. 파스칼의『팡세』, 칼빈의『기독교 강요』, 디트리트 본회퍼의『제자도의 대가』, C.S 루이스의『순전한 기독교』를 읽어 보면 좋다. 이렇게 좋은 책을 읽는 목적은 책을 읽었다는 성취감에 있는 것이 아니다. 읽는 것을 체험하는 것이 중요하다. 그때 목회자는 영성과 지성이 겸하여 일취월장하게 될 것이다.

목회자가 독서 시간을 확보하는 방법을 터득해야 한다

목회 현장이 참 바쁘다. 한국적 현실에서 한 주에 설교를 무려 10여 편이나 해야 하는 상황이기도 하다. 여기에 훈련과 심방 사역 또한 만만치 않다. 어느 하나 빼놓을 수 없는 목회 사역이다. 이런 현실에서 어떻게 독서할 수 있겠는가? 해답은 '틈틈이' 이다.

하루 24시간 중 허투루 보내는 시간이 얼마나 많은지 아는가? 한국인은 하루의 2.5시간을 길 위에서 이동하며 보낸다는 빅데이터 분석 결과가 나왔다.

국토연구원의 보고서에 따르면 개인이 외부에서 보내는 활동 시간은 평균 10.3시간이며, 이 중 이동하는 시간이 2.5시간으로 하루 활동 시간 중 24.3퍼센트를 이동에 소비하고 있다. 대중교통이나 자차를 이용하면서 자투리 시간을 잘 활용하면 공부할 시간이 확보된다.

시간을 잘 활용하는 사람들은 자투리 시간이 주어질 때마다 할 일이 머릿속에 들어온다고 한다. 5분이 주어졌을 때는 안부 전화를 하고, 10분이 주어졌을 때는 신문 사설 한 편을 읽고, 20분이 주어졌을 때는 어학 공부나 동영상 학습을 한다. 이렇게 하면 시간을 허투루 보내지 않을 것이다.

자투리 시간을 알차게 활용하는 방법 중 하나로 독서를 꼽을 수 있다. 자투리 시간을 활용해서 오디오북을 들어보면 어떨까? 오디오북은 시간과 장소에 구애받지 않고 독서를 할 수 있는 매체이다. 이렇게 하면 하루에 적어도 1시간 이상은 공부할 수 있을 것이다.

목회자에게 있어 아침 시간은 황금의 시간이다. 새벽기도를 충분히 하면서 주님과 데이트를 하게 된다. 이 시간이 얼마나 복된 시간인가? 주님과 독대한 후 성경 읽기와 독서의 시간을 확보할 수 있을 것이다. 아무도 방해하지 않는 시간에 공부하는 시간을 확보할 수 있다. 젊은 목회자들에게 좀 아쉬운 면이 있다. 아침 시간에 축구나 탁구, 등산을 즐기는 분들이 있다. 물론 건강을 위해 운동도 해야 할 것이다. 그런데 아침에 이런 시간을 많이 보내다 보면 오전 시간이 다 소요되는 것을 본다. 운동하고 식사하고 사우나 하면 오전 시간, 황금 시간이 날개를 달고 다 날아가 버리지 않겠는가?

목회자에게 있어 아침, 오전 시간은 황금 시간이다. 누구에게도 양보할 수 없는 시간이다. 이렇게 새벽과 아침 시간을 확보하면 적어도 하루에 3-4시간은 공부할 수 있는 시간이 될 것이다. 매일 이런 루틴으로 생활하면 1년에 몇 권의 책을 읽을 수 있겠는가? 1년에 성경을 얼마나 많이 연구할 수 있겠는가? 이렇게 10년만 투자해 보라. 설교와 목회에 전문가가 될 것이다. 전문가가 되면 물어오는 사람들이 생길 것이다.

또한, 저녁 시간도 참 좋은 독서의 시간이다. 퇴근하여 식사하고 가족과 대화한 후, 그날의 뉴스 정도는 시청할 필요가 있다. 세상 돌아가는 이야기도 알아야 하기 때문이다. 뉴스 시청 후 잠자리에 들기 전 1시간 정도는 짬이 날 수 있다. 이 시간을 잘 활용해 보라. 공부하기 좋은 시간이다. 잠자리에 들기 전의 독서는 성숙의 좋은 자양분이 된다.

전문가들은 책을 읽으면 우리의 주의를 잠에서 책의 내용으로 돌리게 돼 뇌의 각성 상태가 나아지기 때문에 잠이 잘 온다고 한다.

2021년 아일랜드 연구진은 991명을 대상으로 실험을 했다. 두 그룹으로 나눠 한쪽은 자기 전에 독서를 하게 하고 다른 쪽은 책을 읽지 않게 했다. 그러고 나서 얼마나 잘 잤는지를 조사했더니 책을 읽은 그룹이 안 읽은 그룹보다 15퍼센트 더 잘 잤다고 한다. 자기 전에 책을 읽으면 잠도 잘 온다. 자기 전에 책을 읽으면 우리의 지성도 성장하게 된다. 자기 전 성경을 읽으면 꿈속에서라도 주님을 만나지 않겠는가?

목회자의 독서 시간은 우선순위의 문제이다. 마음의 문제이다. 자투리 시간을 확보하고 의도적으로 아침 시간을 확보하면 충분한 독서가 가능하게 된다.

소설 읽기를 하자

목회자가 소설을 읽어도 되는가? 삼류소설은 문제가 있겠지만, 명작이나 현대 사회 이슈를 다룬 소설은 목회에 참 많은 도움이 된다.

『소설 읽는 그리스도인』[172]에서 이정일 목사는 "사소한 이야기를 할 수 있는 사람이 진짜 친구"라고 말한다. 목회자들은 대체로 영적인 이야기, 공적인 이야기를 자주 한다. 설교도 어떤 면에서 교조적으로 딱딱하게 하기도 한다. 그런데 성도들의 귀를 열고 마음을 열게 하는 것은 어떤 면에서 목회자의 사소한 이야기이다. 목회자가 느꼈던 이야기, 경험했던 스토리, 책에서 감명 깊게 읽었던 이야기일 수 있다. 사소함이 위대한 것이 될 수 있다. 이런 사소함의 소재들을 소설에서 많이 얻을 수 있다.

소설을 읽을 때는 자신만의 느낌이 중요하다. 소설은 줄거리와 사건의 전개도 흥미롭지만, 자신만의 느낌을 찾아보는 것이 큰 도움이 된다. 그 상황에서 나라면 어떻게 할 것인가? 주인공은 왜 그런 선택을 해야만 했을까? 그 이야기 속에서 발견한 나의 상상력은 무엇인가? 소설이 주는 신선한 도전일 수 있다.

소설을 읽을 때 어떤 유익이 있는가? 소설이든 성경이든 공부하는 것보다 중요한 것은 그것을 읽어 내는 시각이다.

『불편한 편의점』에서 작가는 "삶은 관계이고 관계는 소통이기에 내가 내 옆에 있는 사람과 마음을 나누게 되면 행복은 저절로 밀려온다는 것을 보여 준다. 이런 작은 시각 하나가 내 안에 어둠이 깃들지 못하도록 지켜주는 등불이 된다."

목회자가 삶을 읽어 내는 시각을 갖게 된다면, 성도들의 아픔을 공감하게 될 것이다. 이런 시각으로 성경을 다시 읽는다면 성경 안에 있는 풍성한 메타포와 서사를 끄집어낼 수 있을 것이다. 소설을 읽으면서 갖게 되는 흥분된 경험일 수 있다.

소설을 읽을 때 따라오는 몇 가지 유익을 더 생각해 보자. 소설을 읽으면 자신을 이해하는 지름길을 발견한다. 우리는 하나님을 발견하면서 나를 발견하는 것이 사실이다. 그런데 여기에 덧붙여서 소설을 읽게 되면 자신을 발견하게 된다. 소설 속의 주인공에게 몰입하면서 그 인물에게서 나를 보게 되기 때문이다.

또한, 소설을 읽으면 사유의 지평이 넓어진다. 소설 속에는 공감하기 어려운 불가해한 사람들이 많이 나온다. 그들을 보면서 그런 사람도 있을 수 있구나! 그런 상황이라면 나도 그렇게 행동할 수 있겠네? 공감과 이해 속에서 우리 사유의 지평은 푸른 바다처럼 넓어질 수 있게 된다.

소설을 읽을 때 찾아오는 즐거움 중 하나는 미래를 예측할 수 있게 된다는 것이다. 조지 오웰의 『1984』의 경우, 그 당시에는 상상조차 하기 어려웠지만 소설 속의 구성은 오늘날의 현실을 정확히 예견했다. 공상과학소설이 현실이 되는 경우가 얼마나 많이 있는가? 소설을 통해서 우리는 미래를 예측할 수 있는 통찰을 얻을 수 있다. 소설은 훌륭한 글쓰기 교재이다. 소설가는 문장뿐만 아니라 조사 하나도 신중하게 골라서 사용한다. 소설가는 사물의 이름을 잘 아는 사람이다. 그래서 소설을 읽다 보면 어휘력이 풍부해진다. 목회자가 쓰는 어휘가 풍부해지면 성경 말씀이 더 풍성해지지 않겠는가?

부교역자가 있는 교회에서는 함께 소설 읽기를 도전해 봄직하다. 한 달에 한 권 정도를 정해서 천천히 느껴 가며 읽어 보면 많은 것을 배우게 된다. 가능하면 한 달에 하루는 책 읽는 날로 정하면 좋겠다. 사역을 열심히 하다가 하루는 off하고 카페로 가면 어떨까? 함께 책 읽는 날로 보내면 사역에도 활력을 불어넣을 것이다. 책 읽고 식사하고 커피를 마시며 영육이 살찌는 시간을 가져 보면 목회자도 성도들도 행복해지리라 확신한다.

문해력 증진에는 글쓰기가 최고다

책을 쓰면 어떤 유익한 점이 있을까?

첫째, 글쓰기를 하면 마음은 겸손해지고 지성과 영성은 성장한다. 글쓰기를 하다 보면 자신의 무지함이 들통난다. 글을 써야 하는데 글감이 미천함을 발견하게 된다. 자신의 부족함을 발견하면 더욱 공부하는 목회자가 될 수 있다.

둘째, 타인 의존적 학습자에서 자기 주도적 학습자로 바뀌게 된다. 독서하는 사람은 책에 담겨진 내용을 수동적으로 받아들이지만, 작가는 책에 담을 내용을 능동적으로 전달해야 하므로 자연스럽게 주기 주도적 학습자가 될 수 있다.

셋째, 책을 쓰게 되면 한 가지에 집중하는 '몰입'의 경험을 할 수 있다. 글 한 편을 쓰기 위해서도 책상에 앉아 집중해야 한다. 그런데 책 한 권을 쓰려면 어떠하겠는가? 그러므로 책을 쓰게 되면 더 깊은 집중력을 필요로 하게 된다.

설교 한 편을 작성하기 위해서도 그러하다. 주해와 질문을 만들고 책을 참고하며 깊은 묵상을 통하여 글을 쓰게 된다. 30분짜리 설교 한 편을 작성하기 위해서도 얼마나 많은 집중력이 필요한가? 영감과 집중력이 임하면 단숨에 한 편의 설교 원고를 작성할 수도 있게 된다.

그러면 어떻게 글쓰기를 훈련할 수 있을까? 목회자는 일주일에도 몇 편씩 설교문을 작성하게 된다. 자기의 묵상과 사고로 설교문을 써야 한다. 챗GPT에 의존해서 쓴다든지, 인터넷에 떠도는 설교문을 그대로 인용하는 것보다 자신의 글로 써야 한다. 설교는 어떤 면에서 글쓰기가 아닌가? 매주 이렇게 글쓰기를 하면 목회자도 작가가 될 수 있을 것이다.

목회자는 가끔 축사나 격려사를 하게 되는 경우가 있다. 이때도 글쓰기를 통해 자신의 글을 써 보는 것이 좋다.

"축사가 뭐냐? 격려사는 이것이다!"라고 우스갯소리로 일관하지 말았으면 좋겠다. 3분에서 5분짜리 연설이라도 직접 글을 쓰면 어떨까? 논리적으로 감동적으로 축사를 하면 청중의 뇌리에 오래 남게 될 것이다. 도전이 될 것이다. 칼럼을 매주 써 보는 것도 큰 도움이 된다. 주보나 신문에 게재할 칼럼을 정성스럽게 쓰면 좋은 글쓰기 훈련이 된다.

박윤성 목사

익산 기쁨의교회 담임이다.

총신대신학대학원을 졸업하고 미국 탈봇신학대학원에서 신약학 (Th.M)을 공부했고 풀러신학대학원에서 김세윤 교수의 지도하에 목회학 박사학위(DMin)를 받았다.

부산 수영로교회에서 목회를 배운 뒤 지성과 영성을 겸비한 목회자 가 되기 위해 자기 훈련을 게을리하지 않고 있으며, 지역 교회를 돕 는 일에도 열심이다.

저서로는 『요한계시록 어떻게 가르칠까』, 『히브리서 어떻게 가르칠 까』, 『수영로교회 소그룹 이야기』, 『톡톡 요한계시록1, 2』, 『포스트 코 로나시대의 리더십, 정의로운 교회』, 『목회트렌드 2023』, 『목회트렌 드 2024』 등이 있다.

4 문해력이 목회력(力)이다

세상의 문해력이 심각하다면 목회 문해력은 심각하지 않은가?

세상의 문해력이 심각하다. 한국교육개발원의 2002년 연구 조사에 따르면 우리 국민의 국어 능력은 경제협력개발기구 Organization for Economic Cooperation and Development: OECD 회원국 중 최하위였다. 한국인은 OECD 회원국 성인 중 문서를 읽고 해독하는 능력이 최하위 수준이었다. 특히, 수리 자료를 포함하여 문서나 논증을 이용하여 평가하는 문해력에서 고학력일수록 세계 수준과 큰 차이를 보였다고 한다.

교육부와 국가평생교육진흥원이 발표한 제4차 성인문해능력 조사 결과에 따르면 지난해 우리나라 성인 3.3퍼센트146만 명 의 문해력이 초등학교 1-2학년 수준인 것으로 나타났다.

최근 유튜브 꼰대희 채널에서는 출연자가 결혼식 '축사'를 '소 키우는 곳'으로 이해하는 모습이 공개되며 많은 이의 웃음을 자아냈지만, 한편으로는 문해력 저하 문제의 심각성을 보여 주는 예시로 언급되고 있다.

2024년 9월 6일 구독자 171만 명의 유튜브 채널 '꼰대희'에는 "안녕하세요 말대희입니다, 이제 이 채널은 제 겁니다"라는 영상이 업로

드되었다. 영상에서는 꼰대희 개그맨 김대희 와 말대희 고말숙 가 부산에 있는 돼지국밥집을 찾아가 대화를 나눴다. 김대희는 부산의 명물 돼지국밥을 먹으며 지난달 말부터 이달 1일까지 열렸던 부산국제코미디페스티벌에 참석해야 한다고 말했다.

이어 "마침 코미디페스티벌에 참석차 부산에 왔는데 초등학교 동창의 딸이 결혼한다"며 "친한 동창 딸의 결혼식에서 축사와 덕담도 해야한다"고 전했다. 이를 듣던 고말숙이 "축사는 소 키우는 데 아니에요?"라고 말하자 순간 김대희는 말을 잃으며 "솔직히 웃기려고 한 얘기야? 진짜 모르는 거야?"하고 물었다.

고말숙은 "축가까지는 안다"고 말하며 당황스러운 모습을 보였다. 김대희가 편집을 요청하며 이미지 관리에 나서 주겠다며 해프닝으로 끝났지만 일상생활 곳곳에서 볼 수 있는 문해력 저하의 모습이다.

한편 2024년 9월 5일, 다수의 온라인 커뮤니티에는 "추후 공업고등학교가 어디야?"라는 제목의 글이 올라왔다. 대학교 익명 커뮤니티 게시글에 "추후 공업고등학교가 어디야? 카카오맵에 왜 안 뜨지? 어딘지 아는 사람?"이라며 학생들에게 도움을 요청했다. 이에 학생들과 누리꾼들은 A씨가 장소 공지에 적힌 '추후 공고'를 보고 이를 '추후 공업고등학교'라고 받아들인 것 같다고 추측했다.[173]

세상의 문해력이 이처럼 심각하다. 그러면 목회자의 문해력은 어떤가? 더 심각하지 않은가? 세상 사람들을 만난 후 목회자를 만나면 더 답답할 때가 많다.

목회자는 목회자가 독서하는 것을 싫어한다. 어느 목회자가 독서하면 다른 목회자가 이렇게 말한다. "목회를 하지 왜 독서를 해."

'설마?'라고 생각할 것이다. 목회자는 목회자가 목회하지 않고 독서하는 것을 목회라고 생각하지 않는다. 교회를 위한 사역, 곧 성경 가르침, 심방, 행정 등이 아니면 목회라고 생각하지 않는다.

목회가 문해력이다. 그렇다면 독서가 목회이다. 목회자는 목회자가 독서하는 것을 달가워하지 않는 것에 반해, 사모나 교인은 목회자가 독서하는 것을 싫어하는 것을 본 적 없다. 단, 목회는 전혀 하지 않고 독서만 하는 것을 싫어할 뿐이다.

목회자는 교회뿐 아니라 세상의 리더다. 박노자의 말을 빌리면 성직자는 우리나라 4퍼센트 안에 드는 리더란다. 세상의 리더가 문해력에 문제가 있다면 말이 되지 않는다. 서울 소재 대학교 들어가려면 15퍼센트 안에 들어야 한다. 15퍼센트 안에 든다면 문해력을 갖추었다고 할 수 있다. 신학대학교에 입학하는데 6등급, 7등급, 심지어 10등급 받고도 합격이 가능한 실정이다. 그러면 문해력을 기대할 수 없는 목회자라는 것이 아닌가?

문해력이 떨어지면 목회 분별력도 떨어진다

목회자는 리터러시, 곧 문해력을 갖춘 후 목회해야 한다. 문해력은 글자를 읽고 쓰는 힘인데 우리나라 성인은 이조차 갖춰지지 않았다.

2017년, 우리나라의 만 18세 이상 성인, 4,000여 명을 대상으로 문해력 테스트를 시행했다. 그 결과는 무척 충격적이다. 우리 국민의 약 35퍼센트가 중학교 이하의 문해력을 가졌다는 사실이 밝혀졌다. 글자를 읽어도 그 단어의 의미를 모르거나, 개별 단어는 알아도 그 문장이 무슨 뜻인지 모른다. 무려 10명 중 3명이나 그랬다. 기본 문맹률이 1퍼센트인 나라에서 실질 문맹률이 이렇게 높다는 것은 상당히 충격적이다.

갈수록 복잡해지는 세상을 살아가는 현대인의 환경은 문해력을 기를 수 있기보다는 떨어뜨릴 수 있는 환경에 가깝다. 현대인의 뇌는 '팝콘 브레인' 상태다. 시도 때도 없이 입력되는 정보에 시달리는 뇌로 살아간다. 3초마다 딴짓을 한다는 연구결과도 있다. 이제 15분 이상을 몰입하지 못하는 것을 뜻하는 '쿼터리즘'이라는 단어도 옛말이 되었다. 15분은커녕 15초도 깊이 생각하기 어려운 환경에서 살아간다.

목회자의 문해력 지수는 세상 사람들과 다른가? 별반 다르지 않은 것 같다. 목회자는 글자를 읽고 쓸 줄 안다. 하지만 글의 맥락을 파악하고 자기 것으로 만들어 전달하는 목회자만의 문해력은 부족하다.

이주윤은 『요즘 어른을 위한 최소한의 문해력』에서 "'글자'를 읽을 수 있지만 '글의 맥락을 파악하지 못하는 사람들이 늘고 있다. … 그렇다면 문해력 공부를 시작해야 할 때이다"[174]라고 말한다. 그녀는 사람들이 문해력을 공부해야 한다고 말한다. 마찬가지로 목회자는 목회자 문해력 공부를 시작해야 한다. 목회자 문해력이란 성경 읽기는 물론 세상 읽기, 사람 마음 읽기까지 할 수 있는 능력이다.

김병영이 『읽는 인간 리터러시를 경험하라』에서 "리터러시는 글자 읽기에서 세상 읽기로 발전됩니다"[175] 라고 한 말처럼 성경 읽기에서 세상 읽기까지 할 수 있는 것이 목회자 문해력이다.

목회자의 문해력은 세상의 문해력인 글자를 읽는 것이 아니다. 글자 읽기를 넘어 글자 쓰기이다. 글자 쓰기를 넘어 자기만의 글쓰기다. 남의 설교 참고해서 자기 설교 만들기다. 목회 문해력은 문자의 의미를 해독하는 것을 넘어 문맥 안에서 문장이 의미하는 바를 해석하는 능력이며, 설득하는 글쓰기이기에 그렇다.

목회자가 문해력이 떨어지면 분별력도 떨어진다. 한국교회 문제는 목회자의 분별력 부족으로 생긴다. 세습을 해야 하는지? 교회 재정을 어떻게 관리해야 하는지? 목양의 방향성은 무엇인지? 삶과 목회의 균형이 무엇인지? 등의 분별력 부족으로 발생한다.

목회 분별력이란 세상에서 목회자가 성경적인 바른 안목을 지녔는가다. 설교만 예를 들어도 목회에서의 분별력이 어떤가를 알 수 있다.

현대 목회자들의 설교는 짜깁기 설교라 할 수 있다. 하나님은 하나님의 것으로 설교하셨다. 성경의 저자들은 자신들의 것으로 설교했다. 예수님의 제자들은 자신들의 것으로 설교했다.

현대 목회자의 설교는 짜깁기다. 자기의 것과 남의 설교를 짜깁기해 설교한다. 이 문제의 핵심엔 문해력이 있다. 짜깁기 설교는 짜깁기 설교에 그치지 않고 설교 표절로 이어진다. 설교 표절은 분별력을 지니지 못했음을 말해 준다.

목회자가 문해력이 부족하면 하나님의 것과 인간의 것, 자기 것과 남의 것, 해야 할 것과 하지 말아야 할 것을 분별하지 못한다. 문해력은 목회자가 지금 무엇을 해야 하고, 무엇을 하지 말아야 하는지를 분별할 수 있게 한다.

문해력을 갖추면 상황을 분별하는 능력이 생긴다. 김병영은 『읽는 인간 리터러시를 경험하라』에서 "텍스트를 통해서 이해하고 배운 새로운 아이디어, 새로운 지식을 생활 세계의 다양한 문제 상황에 적용합니다. 그들의 리터러시는 알갱이의 크기가 서로 다른 변화를 추구합니다"[176] 라며 생활 세계의 다양한 문제 상황에 문해력을 적용하라고 조언한다.

문해력은 생활 세계의 다양한 문제 상황에 적용할 수 있도록 해 준다. 목회자가 생활 세계의 다양한 문제 상황에 적용을 하면 적용을 통해 더 나은 상태로 변화를 추구할 수 있다.

목회 문해력이 떨어지면 성경 문해력도 떨어진다

목회자는 목회 문해력이 탁월해야 한다. 목회자가 목회 문해력이 떨어지면 두 가지 문제가 발생한다. 하나는 성경에 대한 문해력도 떨어진다는 것이다. 다른 하나는 챗GPT에 의존하게 된다.

목회자가 갖추어야 할 첫 번째는 목회 문해력이다. 목회 문해력이 부족하면 교인을 잘못된 신앙으로 이끈다. 목회자가 잘못된 교리에 함몰되면 자신만의 교리가 무조건 정답이라고 우긴다.

옛날 포천 할렐루야기도원에서 병을 낫게 하는 물이 있다고 해서 사람들은 줄지어 물을 떠갔다. 최근에는 허경영이 장흥 본부의 물이 병을 낫게 한다고 한다. 이 말을 그대로 믿는 사람들은 그 물을 마셔서 병을 고치겠다고 한다.

목회 문해력이 부족하면 목회자는 잘못된 교리를 만들어 퍼트려서 교인들을 비정상적인 사람으로 만든다. 그 또한 세상에 있어서는 안 되는 불행한 리더로 전락한다. 목회 문해력이 부족하면 교인들을 행복한 신앙생활이 아니라 불행한 신앙생활을 하게 만든다.

다음으로 문해력이 부족하면 성경에 대한 문해력도 떨어진다. 목회자의 문해력은 성경 텍스트를 콘텍스트에 맞게 해석해 교인에게 전달하는 것이다. 성경을 시대와 상황에 맞게 해석하려면 문해력을 향상시켜야 한다.

한재욱 목사는 『인문학을 하나님께 4』에서 문해력이 성경 문해력까지 연결된다고 말한다.

"목회자 리더들의 일반적인 문해력이 떨어지면, 성경에 대한 문해력도 떨어질 수 있다고 합리적인 추론을 할 수 있다"[177]

목회자는 성경을 바르게 해석할 수 있는 문해력을 지녀야 한다. 바르게 그리고 시대에 맞게 성경을 해석하는 문해력을 가지면 목회에 무기가 된다.

송숙희는 『일머리 문해력』의 '나가는 글'의 부제를 이렇게 정했다. "변화에 가속도가 붙는 미래, 문해력이 우리의 무기다." 문해력이 급변하는 시대, 인공지능 시대에 목회자의 무기다. 그녀는 메타 문해력 시대가 도래했다고 말한다. 메타 문해력이란 '문해력+정보 분별력'이다.

세 번째로 목회자는 미래 문해력을 준비해야 한다. 미래를 통찰하지 못하면 신학과 성경을 세상에 접목할 수 없다. 조지은 교수는 『미래 언어가 온다』에서 "미래 언어의 문해력이 필요하다"[178]고 말한다. 그녀는 기성세대에게 미래 문해력을 준비하라며 다음과 같이 조언한다.

"기성세대는 미래 세대의 문해력을 걱정하기에 앞서 자신들의 '미래 언어 문해력'부터 돌아보아야 한다. 미래는 미래 언어를 소유한 사람들의 것이다. 미래 세대와 함께 미래를 살아가기 위해서는 미래 언어를 이해하고 준비하는 통찰력이 바로 오늘 필요하다."[179]

기성세대인 목회자는 현재 언어는 물론 미래 언어까지 준비해야 한다. 현재 언어는 물론 미래 언어가 부족하면 목회자는 챗GPT를 의존할 수밖에 없다. 막 시작된 인공지능 시대는 현재이자 미래이다. 문해력이 갖춰져 있으면 미래를 준비할 수 있다. 문해력을 갖추지 못하면 자신의 능력이 아닌 챗GPT의 능력으로 목회해야 한다.

문해력을 갖추지 못하니 목회자들이 챗GPT 세미나에 관심이 지대하다. 목회자들이 이런 질문을 한다.

"챗GPT 세미나가 설교자에게 필요한가요?", "챗GPT 세미나를 가야 할까요?", "챗GPT 세미나를 다녀오면 설교에 큰 도움이 될까요?" 등이다.

챗GPT에 문제가 있는 것은 아니다. 챗GPT 세미나를 통해 챗GPT에 의존하려는 것이 문제다. 챗GPT에 관심이 많아지면 책에서 관심이 멀어진다. 책을 읽지 않고 정보를 얻고 사용하면 미래 언어를 가질 수 없게 된다.

문화물리학자이자 KAIST 문화기술대학원 박주용 교수는 『미래는 생성되지 않는다』에서 챗GPT를 이렇게 평가한다.

"챗GPT에 대한 평가는 성능이 좋아질수록 오히려 '철학을 논할 수 있는 대화 상대'에서 '문서 작성 도우미'로 달라진 것이다."[180]

챗GPT는 문서 도우미로 활용해야 할 뿐이다. 목회자는 철학을 논하고, 삶을 논하고, 성경의 진리를 세상과 삶에 어떻게 적용할 것인가를 논해야 한다. 그렇지 않으면 챗GPT에 이끌려 간다.

목회자는 목회 문해력을 키워야 한다. 문해력이 좋은 사람이 목회를 잘할 수 있다. 문해력이 좋으면 소통 능력도 좋다. 문해력이 좋으면 공감 능력도 좋다.[181] 문해력이 좋으면 다른 목회자보다 설교를 잘할 확률이 월등히 높다. 문해력이 좋으면 세상의 니즈와 원츠 파악을 잘한다. 문해력이 좋으면 자기를 제대로 파악해 목회하는 방법을 알고 목회한다.

설교자는 어휘 사용 능력이 남달라야 한다. 어휘 사용은 문해력으로부터 나온다. 목회자는 목회 문해력 성장을 위해 노력해야 한다. 문해력은 목회와 무관하지 않고 아주 밀접하기 때문이다.

스마트폰은 목회 문해력 향상을 방해한다

2024년 9월 잠실실내체육관에서 내한 공연한 미국의 싱어송라이터인 올리비아 로드리고가 부른 노래 '첼러시, 첼러시'에 이런 가사가 있다.

"나는 휴대폰을 방 건너편으로 던져 버리고 싶어."

목회자는 목회 문해력 향상에 방해가 되는 스마트폰을 방 건너편으로 던져 버릴 수 있는가? 아마 쉽지 않을 것이다. 목회자가 교인들에게 중독, 특히 스마트폰 중독 폐해를 종종 설교한다. 설교하는 목회자는 중독을 강의하기 전에 자신의 스마트폰 중독 여부를 살펴야 한다. 요즘 남녀노소를 막론하고 스마트폰 중독이 심화되고 있다. 급기야 세계보건기구World Health Organization: WHO 는 스마트폰과 소셜 미디어의 영향력이 갈수록 높아지면서 담배와 유사한 방식으로 스마트폰을 규제할 필요가 있다는 의견을 내놓았다. 금연 구역처럼 스마트폰을 할 수 없는 구역을 정해 규제해야 한다고 말한다.

스마트폰 사용이 과한 아이들이 불안하게 살아가고 있다. 조너선 하이트는 『불안 세대』에서 스마트폰이 여자아이들을 마법처럼 끌어모은다고 한다.

"왜 소셜 미디어는 그토록 마법 같은 힘으로 여자아이들을 끌어당길까? 정확하게 어떤 방식으로 그들을 빨아들여 우울증과 불안 장애, 섭식 장애, 자살 충동 등을 유발하는 해를 가할까?" 앞에서 보았듯이, 2010년대 초반에 우리가 기본 휴대폰에서 스마트폰으로 넘어가면서 디지털 활동의 종류와 강도가 크게 증가했고, 그와 함께 네 가지 기본적인 해악 사회적 박탈, 수면 박탈, 주의 분산, 중독 도 크게 증가했다. 2013년 무렵에 미국과 그 밖의 영어권 국가들에서 정신과 병동들이 불균형적으로 여자아이들로 꽉 차기 시작했다."[182]

스마트폰이 지금은 중독을 염려하지만 2007년 아이폰이 세상에 나오기 전에는 해악이 그리 크지 않았다. 그렇지만 사람들이 TV 시청과 비디오게임에 많은 시간을 사용하기는 했다. "즉, 하루 6-8시간은 십대가 모든 화면 기반 레저 활동에 보내는 시간이다. 물론, 스마트폰과 인터넷이 일상생활의 일부로 자리 잡기 전에 이미 어린이는 TV 시청과 비디오게임에 많은 시간을 쓰고 있었다.

미국 청소년을 장기간에 걸쳐 조사한 자료에 따르면, 1990년대 초반에 평균적인 십대가 텔레비전을 시청하는 시간은 세 시간이 조금 못 되었다. 1990년대에 대다수 가정이 전화선과 모뎀을 통해 인터넷에 접속하고 2000년대에 고속 인터넷이 도입되자, 인터넷 기반 활동에 쓰는 시간이 늘어난 반면에 TV 시청 시간은 줄어들었다. 아이들도 비디오게임을 하는 시간이 늘어난 반면, 책과 잡지를 읽는 시간은 줄어들었다. 종합하면, 스마트폰 기반 아동기의 도래는 스마트폰 시대 전의 삶과 비교해 아이의 하루에 추가적인 화면 기반 활동 시간을 평균 두세 시간 늘린 것으로 보인다."[183]

조너선 하이트는 스마트폰의 중독 현상이 본격적으로 빚어진 시점을 다음과 같이 진단한다.

"무엇보다도 2009년에 페이스북이 '좋아요' 버튼을, 트위터가 '리트윗' 버튼을 도입한 것이 큰 계기가 되었다. 그러자 다른 플랫폼들도 이 혁신을 광범위하게 받아들였고, 그럼으로써 바이럴 콘텐츠 확산이 가능하게 되었다. 이 혁신은 모든 게시물의 성공을 계량화했고, 사용자에게 널리 확산되는 게시물을 제작하도록 인센티브를 제공했는데, 이는 가끔 더 극단적인 발언을 하거나 더 심한 분노와 혐오를 표현하도록 조장하는 결과를 낳았다."[184]

스마트폰이 주는 유익이 크다. 반대로 스마트폰이 주는 해악도 크다. 이 해악에 목회자도 예외가 아니다. 목회 문해력이 중요한 시대에 목회자는 문해력 향상에 방해를 주는 것 중 하나인 스마트폰 사용을 절제해야 한다. 목회 문해력에 방해를 주는 스마트폰과 멀어질 필요가 있다.

목회 문해력이 부족하면 교인이 목회자를 버린다

"회장님, 감독님! 한국 축구를 버렸습니까?"

이 말은 한국 축구대표팀이 수준 차이가 나는 팔레스타인과 월드컵 최종 예선전에서 1:1로 비기자 나온 말이다. 이 게임이 끝난 뒤 축구 팬들이 정몽규 회장과 홍명보 감독에게 이렇게 일갈했다. 이에 그치지 않고 경기장에 관람하러 온 관중이 이렇게 외쳤다.

"정몽규 나가!", "홍명보 나가!"

대한축구협회의 국가대표팀 감독 선출이 공정하지 못한 것에 대한 축구 팬들의 분노 폭발이었다. 이런 상황을 지켜본 사람들이 한 말이 있다.

"이 정도로 욕먹었으면 창피해서라도 내려오겠다 부끄럽지도 않나?"

하지만 그들은 부끄러운지 모른다. 그들은 여전히 자신들은 공정한 절차대로 선임했다고 한다. 자기의 자리에서 스스로 내려올 생각이 없다.

이 사건을 통해 한 단체를 대표하는 리더가 얼마나 중요한지 정확히 깨달을 수 있다. 축구 팬들은 축구협회가 목표를 제시하고 인재를 배치하고 동기를 부여하며 팀워크를 고취하고 성과를 내도록 만드는 그런 리더이길 원한다. 결정이 투박하고 절차와 시스템이 보이지 않고 비판에는 귀를 닫는 그런 리더를 원하지 않는다.

그 뒤 청문회에 나온 정몽규 회장, 홍명보 축구 국가대표팀 감독, 이임생 기술총괄이사 등은 달라진 것이 없었다. 그들은 축구 팬들과 완전히 다른 세상에 사는 사람들로 비쳤다. 그들은 국회의원의 질문에 속 시원하게 답하지 못한다. 동문서답으로 청문회를 휩쓸었다. 축구 팬들은 그들이 답변하는 것을 보고 답답해서 미칠 지경이었다. 그들은 형편없는 문해력을 가지고 있었다. 그들에게 필요한 것은 그만 두게 하는 것밖에 답이 없었다.

20세기 음악계는 스트라빈스키와 쇤베르크로 양분되어 있었다. 쇤베르크는 강의 시간에 이렇게 말하기도 했다. 그는 이 말을 들려주고 싶을 뿐이다.

"내가 너희들을 가르치는 목적은 너희들이 작곡을 그만두게 하기 위해서다."

한국교회에 대해 교인들이 말한다.

"목사님! 한국교회를 버렸습니까?"

목회자들은 이런 외침에 뭐라고 답할 것인가? 목회자가 왜 이런 말을 듣는가? 축구협회 회장, 축구 국가대표팀 감독과 별반 다르지 않다고 생각되지는 않는가? 질문해야 한다.

목회자가 "목사님! 한국교회를 버렸습니까?"라는 말을 교인들로부터 듣는다면 이것은 다른 문제 때문이 아니라 문해력 문제이다. 목회자가 문해력이 뒤떨어지면 축구 국가대표팀이 전략이 없어 팔레스타인과의 경기를 망쳤듯이 한국교회를 전략 없이 스스로 무너뜨릴 것이다.

오프라인 인쇄 광고에서 가장 중요한 원칙이 있다. 이를 아이다 AIDA 라고 말한다. 그 네 가지는 아래와 같다.[185]

첫째, 주목(Attention)하게 만들어라.

둘째, 흥미(Interest)를 끌어라.

셋째, 욕망(Desire)을 형성하라.

넷째, 행동(Action)으로 이끌어라.

아이다를 이행하려면 목회자가 문해력을 갖춰야 한다. 문해력을 갖출 때 주목하게 하고, 흥미롭게 하고, 복음을 전하려는 욕망을 이끌어 내고, 하나님의 자녀답게 살도록 행동하게 만들 수 있다.

목회자는 문해력을 지녀야 한다. 목회 문해력을 갖춰야 한다. 세상과 교인을 속 터지지 않도록 하려면, 탁월한 문해력으로 무장돼 있어야 한다. 미래학자 앨빈 토플러가 한 위대한 말이 있다.

"미래의 문맹자는 읽고 쓸 줄 모르는 사람이 아니라 배우고(learn), 배움을 잊고(unlearn), 새로 배울(relearn) 줄 모르는 사람을 가리킬 것이다."

목회자는 현재의 선도자여야 한다. 현재의 선도자도 다가오는 미래의 문맹자가 될 수 있다. 목회자는 과거에는 선도자였다. 지금은 추격자가 되었다. 목회자가 목회 문해력을 갖출 때 교회에서만이 아니라 교회 밖에서도 진정한 리더 역할을 감당할 것이다.

목회자는 목회 문해력 증진에 열을 올려야 한다. 그러려면 먼저 성실함을 갖춰야 한다. 2024년 8월 31일 방송된 MBC 특집 방송 〈손석희의 질문들〉 5회에서 '어른이 된다는 것의 의미'를 짚어 봤다. 배우 윤여정이 출연했는데, 그녀는 지금까지 배우를 할 수 있었던 이유를 성실함이라고 말한다.

그녀는 "지금 인정받는 건 오래 해서다"라고 말한다. 그러면서 그녀는 "그런데 나 성실하다. MBC PD들한테 물어봐라. 성실해서 살아남은 게 아닐까"라며 자부심을 드러내기도 했다. 그녀는 운동을 일주일에 두세 번 하는데, 트레이너가 그런 그녀를 향해 이렇게 말한다.

"자신이 지도하는 사람 중 가장 성실하다."

성실함은 꾸준함의 다른 말이다. 목회자들은 자신에게 부끄럽지 않게 성실해야 한다. 그럴 때 시대가 요구하고 교인이 원하는 목회 문해력을 갖출 수 있다.

문해력은 사역 머리를 갖게 해 준다

목회를 다른 말로 '사역한다'고 한다. 목회자가 문해력을 갖춰야 하는 이유는 문해력은 사역을 잘할 수 있는 머리를 갖게 해 주기 때문이다.

송숙희는 『일머리 문해력』에서 문해력이 일머리를 갖느냐 갖고 있지 못하느냐를 결정한다고 한다. 그녀는 일머리 문해력을 이렇게 말한다.

"일머리를 구동하는 메타 문해력은 읽는 능력, 생각하는 능력, 쓰는 능력으로 구성되며, 이 각각의 능력은 '분별하는 힘' 안에서 발휘된다."[186]

사람은 일머리 문해력을 지님으로 자신이 할 일과 하지 않을 일을 분별하는 힘을 가지고 있어야 한다.

목회자는 사역 머리를 갖고 사역할 수 있는 문해력을 지녀야 한다. 만약 지니지 못하면 목회가 되지 않는다. 목회 문해력이 부족하면, 신학만으로 목회가 충분하다고 생각한다. 복잡한 세상, 융합이 필수인 세상에서 한 분야만 공부해서는 힘 있게 목회하기 어렵다. 다른 학문인 인문학과 융합해 목회해야 한다. 이것이 지금의 목회 문해력이다.

목회자에게 문해력이란 목회력이다. 목회 문해력이란 10명을 목회할 때 10명으로 어떻게 목회하는가의 대안을 갖고 있는가이다. 30명을 목회할 때 130명으로 어떻게 목회를 하는가의 대안을 갖고 있는가이다. 100명을 목회할 때 100명으로 어떻게 목회를 하는가의 대안을 갖고 있는가이다. 1,000명을 목회할 때 1,000명으로 어떻게 목회를 하는가의 대안을 갖고 있는가이다.

목회자에게 목회 문해력이 절실하다. 만약 목회 문해력이 부족하면, 책 한 권을 읽고 한 권의 책을 따라 목회하게 된다. 한 권의 책이면 세상을 다 설명할 수 있다고 말한다. 한 권의 책에서 사람을 다 이해했다고 말한다. 목회자가 편협한 생각에서 벗어나 다양성의 사회에서 자신이 할 사역을 찾아내는 것은 문해력을 가질 때 가능하다.

문해력이 목회력(力)이다

문해력이 목회에서 차지하는 비중은 어느 정도인가? 절대적이다. 인공지능 시대는 인공지능으로 세상의 정보를 취합해 준다. 우리의 필요를 만족스럽게 해결해 준다. 심지어 글도 써 주고, PPT도 순식간에 만들어 준다.

문해력이 목회력이 되려면 독서가 더 중요하다. 김성우는 『인공지능은 나의 읽기 - 쓰기를 어떻게 바꿀까』에서 읽기가 더 중요하다고 한다.

"인공지능 시대에 쓰기가 자동화될수록 읽기는 더 중요해진다."[187]

일반적으로 문해력은 글을 읽고 쓸 줄 아는 능력, 문맥과 문자를 이해하는 능력, 문자를 해독하는 능력이다. 삶을 살아가는 문명적 삶의 8할은 리터러시 literacy: 읽고 쓰는 능력 및 특정 분야 문제에 관한 지식과 능력 에 의해 결정된다. 리터러시는 글을 표현하고 소통하고 활용할 줄 아는 능력이다. 즉, 글자문자와 시각적 기호, 영상적 기호를 풀어 이해하고, 이해한 것을 활용하는 능력이다. 그러므로 목회자는 리터러시에 탁월해야 한다. 문해력이 목회력이기 때문이다.

목회는 문해력에 의해 결정된다. 목회자는 문해력에 남다른 관심을 기울여야 하는데 그렇지 못하다. 목회자들이 시간을 많이 보내는 것은 설교다. 설교를 준비하기 위해 관련된 책을 읽는다. 자기 개발도 꾸준히 해야 한다. 목회자들은 일상의 삶이 목회보다 바쁜 것 같다. 목회나 문해력 향상, 자기를 개발에는 바쁘지 않다. 목회자는 문해력 향상에 많은 시간을 투자해야 한다.

김종원은 『너에게 들려주는 단단한 말』의 5장에서 '지성'에 관해 이렇게 서술한다.

"수준이 높은 사람은 어제보다 오늘 더 발전하는 사람이다."

수준 높은 사람이 어제보다 오늘 더 발전한 사람이라면 목회자는 오늘이 더 발전한 수준 높은 사람이 되기 위해 문해력 향상을 위해 노력해야 한다. 교인들과 대화를 하면 목회자를 존경하는 얼굴빛을 거의 볼 수 없다. 무시하지 않으면 다행이다. 교인들은 목회자의 문해력을 좋게 평가하지 않는다. 교인과 대화 중에 이런 말이 오고 갔다.

"목회자들 대상으로 독서 모임 하나 하면 좋겠습니다."

"교인들과 함께 독서 모임 하면 좋겠습니다."

돌아온 대답은 독서 모임을 할 사람이 없다는 것이었다. 오프라인으로 독서 모임을 함께할 4명만 있으면 하고 싶단다. 한국교회, 목회자 그리고 교인의 문해력에 대한 아픈 모습이다. 교인이 독서하지 않는 것은 목회자의 문해력에 매력을 느끼지 못한 결과다.

하나님의 교회를 지금처럼 만든 것이 누구 책임인가? 목회자 책임이다. 목회자가 문해력이 떨어지니 사람들은 그를 본받으려 하지 않는다. 어떤 장로님에게 목회자를 존경하느냐고 묻자, 존경하지 않는다고 직설적으로 말한다. 목회자들의 지성이 좋으냐고 묻자, 지성에 문제가 심각하다고 답한다.

목회자의 삶과 사역의 본보기인 예수님은 문해력이 탁월하셨다.

'아기가 자라며 강하여지고 지혜가 충만하며 하나님의 은혜가 그의 위에 있더라'(눅 2:40).

'듣는 자가 다 그 지혜와 대답을 놀랍게 여기더라'(눅 2:47).

그리고 초대교회 빠진 제자들을 채울 때 조건 중 하나가 문해력이었다.

'형제들아 너희 가운데서 성령과 지혜가 충만하여 칭찬받는 사람 일곱을 택하라 우리가 이 일을 그들에게 맡기고'(행 6:3).

사도들은 부족한 예수님의 제자를 채울 때 그 조건으로 문해력을 꼽았다. 이것은 지금도 똑같다. 더 깊고, 더 넓은 문해력을 지닌 목회자가 많아야 한다.

아들은 자기 주위에 박사학위를 받지 않은 사람이 거의 없다고 한다. 한국의 수도 서울에 사는 30대는 박사학위가 기본 조건이 된 듯해서 놀랐다. 이런 교인들을 상대해야 하는데, 문해력이 미흡하면 목회하기 어렵다.

최근에 "책을 읽지 않는 시대에 책을 출간하고 싶은 사람은 너무 많다"는 말을 종종 듣는다. 이런 사람 중에 목회자도 많다. 투고 받은 글 중에 문해력이 좋은 것이 많지 않아 씁쓸하다. 문해력이 목회라면 목회자는 문해력 향상을 위해 시간을 쏟아부어야 한다.

신학대학교가 미달이라고 한다. 10등급을 받아도 신학대학교에 입학이 가능하다고 한다. 문해력이 심각할 수밖에 없다. 한국교회의 처음 신학교인 평양신학교는 적어도 5퍼센트 안의 지식을 가져야 입학이 가능했다고 생각한다. 당시 대학교 공부는 소수만 했기 때문이다.

1976년도 대학입시 결과만 보더라도 신학대학은 상당한 지력이 있어야 입학이 가능했다. 당시 대학 입학 순위를 보니 총신대학교는

23위, 한신대학교는 26위, 장로회신학대학교가 32위다. 지금 좋은 대학교라고 하는 동국대학교, 중앙대학교, 전북대학교, 건국대학교보다 점수가 높았다. 2020년대는 전혀 다른 양상이라 안타깝다.

중세 때 지식이 0.1퍼센트 안에 속한 사람이 신학을 했다고 한다. 우리가 알듯이 미국 청교도의 대학 졸업자 대부분은 목사로, 대학 졸업자 전체 130명 가운데 98명이었다.

인공지능 시대, 창의력 시대에 점점 문해력이 중요해지고 있다. 초등학생에게 문해력을 갖추지 못하면 장래가 불투명하다는 생각으로 문해력 증진에 최선을 다한다. 목회자도 다르지 않다.

담임목회자는 부교역자들에게 사역만 죽도록 시키는 것을 지양해야 한다. 그들의 인격, 지력, 영성도 성장시켜야 한다. 문해력을 높일 시간도 줘야 한다. 문해력이 목회력이란 것을 안다면 말이다.

김도인 목사

'아트설교연구원'과 '글과길' 출판사 대표이다.

지천명 때 독서를 시작해 10년 만에 5,000여 권의 책을 읽은 독서
가이다. 설교자들에게 글쓰기로 설교를 가르치며 책 쓰기 코칭, 책
쓰기 여행 등의 프로그램을 운영한다.

저서로는 『설교는 글쓰기다』, 『나만의 설교를 만드는 글쓰기 특강』,
『설교는 글쓰기다 3』, 『설교는 인문학이다』, 『설교자와 묵상』, 『설교
트렌드 2025』 등 20여 권이 있다.

한국교회에 목회트렌드를 제시하는 『목회트렌드 2023』, 『목회트렌
드 2024』 등에 이어 『목회트렌드 2025』를 기획했다.

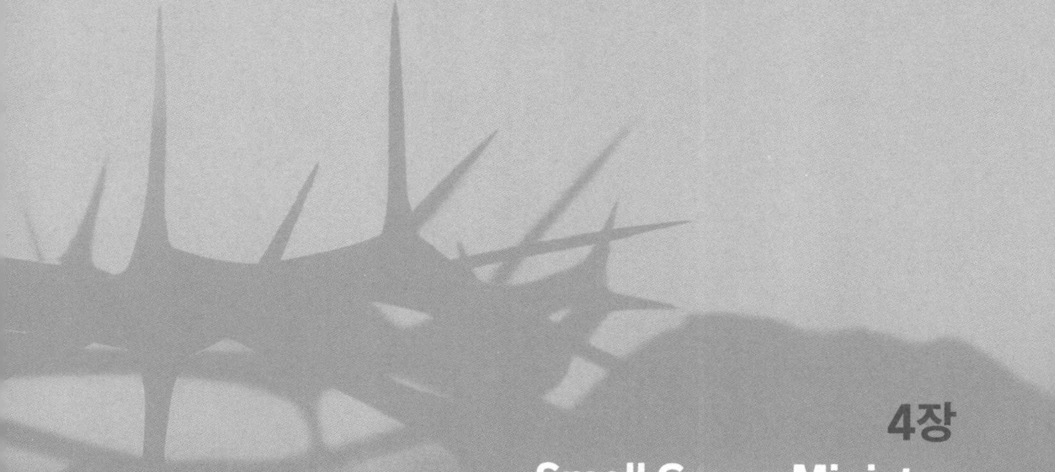

4장
Small Group Ministry
소그룹이 미래 교회를 만든다

PASTORAL

MINISTRY

TREND

2025

1 교회 쇠퇴기에 건강한 소그룹을 세워야 한다

소그룹이 교회를 소생시키는 핵심이다

소그룹에 교회 미래가 달려 있다. 소그룹이 교회를 소생시키는 핵심이다. 그러므로 교회에 소그룹 조직이 있고 없고의 차이는 아주 크다.

영국의 조지 휫필드는 존 웨슬리의 제자이자 믿음의 친구였다. 그는 1735년 30세에 회심을 경험하고 적극적으로 야외 설교를 하며 부흥 운동가가 되었다. 그는 설교를 탁월하게 잘해서 언제나 존 웨슬리의 회중보다 더 많은 회중 앞에서 설교하였다. 당시 역사가들은 이렇게 말했다.

"18세기 부흥 운동 중심에는 조지 휫필드가 있었고, 변방에는 존 웨슬리가 있었다."[188]

조지 휫필드는 설교에는 강했지만 조직에는 약했다. 그는 수많은 사람을 설교로 감동시켰고, 수많은 회심자를 낳았지만 그들을 그냥 뿔뿔이 흩어지게 하였다.

존 웨슬리는 조지 휫필드와 달랐다. 존 웨슬리는 한 지역에서 설교를 시작하면 오랫동안 그곳에서 머물면서 지속적으로 설교하였다. 그는 설교의 능력과 인기에서는 조지 횟필드에 비해 많이 뒤졌지만 설교로 감동시킨 사람들과 회심자들을 작은 모임으로 연결하고 조직하였다.

존 웨슬리는 이 작은 모임 안에서 그들을 계속 훈련시키고 성장하게 도왔다. 이후 존 웨슬리를 따르는 감리교도들은 영국은 물론 전 세계에 지속적으로 영향력을 끼쳤다. 조지 횟필드는 이것을 몰랐다. 조지 횟필드는 대중 설교에는 성공했지만, 조직을 만들지 못했다. 반면, 존 웨슬리는 연결하고 조직하는 데 성공하였다.

존 웨슬리가 감리교를 시작할 수 있었던 요인은 소그룹 조직 능력에 있다. 이에 비해 소그룹 조직 능력이 부족한 조지 횟필드는 '나는 너무 늦었다'고 후회한다.

"횟필드는 너무 늦게 자신의 약점과 실수를 깨닫고 존 웨슬리의 연결 조직의 능력을 인정하였다. '존, 당신은 옳은 길을 따르고 있소. 나의 형제 존 웨슬리가 지혜롭게 행하였소. … 그는 그의 전도를 통해서 깨어난 영혼들을 속회[189]에 연결시켰으며, 이로써 그의 수고가 계속 결실하게 되었단 말이오. 나는 이것을 게을리 했소. … 그러나 나의 추종자들은 모래 밧줄처럼 되었소.'"[190]

소그룹이 있고, 없고의 차이가 존 웨슬리와 조지 횟필드의 평가에 큰 영향을 끼쳤다. 그만큼 소그룹이 중요하다는 것을 시사한다. 추락하는 한국교회의 미래는 소그룹에 달려있다.

소그룹이 교회 미래에 중요하다면 질문해야 한다. '당신의 교회에는 소그룹이 있는가?' 그리고 또 질문해야 한다. '그 소그룹은 건강한가?'

교회에 소그룹이 있다면 소그룹에 참여하는 수가 중요하다. 교회 연구가 톰 레이너는 문을 닫지 않고 소생한 10개의 교회 중 7개의 교회가 늘 점검했던 것이 있었다고 말한다. 그것은 바로 소그룹 참여자 숫자였다.

"제임스는 위스콘신주에서 소생한 교회를 이끌고 있는 목회자다. 제임스는 두 가지 척도를 철저히 추적하면서 옳은 궤도를 유지하려고 애썼다고 말했다. 그 척도는 예배 출석 청중 숫자와 소그룹 참석자 숫자였다. (…) 쇠퇴기에도 교회를 지킨 사람들은 대부분 소그룹 활동에 참여했다는 사실이 눈에 들어왔다. (…) '교회를 떠난 사람들의 3분의 2는 예배에만 출석하는 청중이었다. 끝까지 남은 청중은 소그룹 활동에 참여한 사람들이었다. 그들이 우리 교회의 구심점이었다.' (…) '쇠퇴기에 사람들을 붙잡는 데 소그룹이 얼마나 중요한지를 발견했다. 소그룹이 우리 교회의 회복에서 중요하다는 사실을 알았다.' (…) 소그룹이 교회의 건강에 매우 중요했기 때문에 그 교회는 소그룹들의 주간 출석률을 늘 점검했다. 소그룹 출석 숫자를 점검한 것이 회복의 열쇠까지는 아니었지만 중요한 요인이었다."[191]

소그룹 출석 숫자를 점검한 것이 중요한 요인이다. 한국교회의 미래는 소그룹 존재 여부에 달려 있다. 작은 교회일지라도 소수의 소그룹이 가능하다. 2025년 한국교회는 전 교회가 소그룹 구성에 힘써야 한다.

소그룹, 건강해야 한다

교회에 만들어진 소그룹은 존재하는 것도 중요하지만 더 중요한 것은 건강한 소그룹이어야 한다는 것이다. 건강한 소그룹은 교회를 바르게 이끈다.

"교회가 사는 길은 빠름에서 바름으로 전환하는 것에 있다. 빨리 성장하려고 용쓰는 것이 아니라 바르게 성장하려고 애를 써야 한다. 이것이 교회와 신앙을 건강하게 세우는 일이다. 그러기 위해서는 교회의 본질에 대한 진지한 고민이 있어야 한다."[192]

건강한 소그룹은 교회 본질을 고민함으로 만들어진다. 교회가 교회의 본질을 배우려면 예수님으로부터 배워야 한다. 예수님은 12명의 제자와 함께 소그룹 사역을 하셨다.

초대교회 때 놀라운 역사가 일어났던 현장에도 역시 소그룹으로 모였다. 이 소그룹은 각 가정에 모여 떡을 떼며 말씀과 은혜를 나누고 폭발적인 성장을 이루었다. 우리가 주목할 것은 소그룹 사역은 성경이 보여 주는 귀한 모델이란 것이다. 소그룹이 건강하면 교회에 활기가 생긴다.

건강한 소그룹을 만든 교회는 교회가 추락하는 때도 부흥을 이뤄냈다. 많은 교회 중에 소그룹으로 교회를 부흥시킨 모범적인 사례들이 있다. 그중 하나가 경기도에 있는 S교회이다.

담임인 L목사는 청년 사역을 통해 소그룹의 중요성을 경험했다. L목사는 S교회에 부임하면서 건강한 소그룹을 세워 나갔다. 그는 소그룹에서 큐티를 통해 말씀을 묵상하는 훈련을 했다. 제자 훈련을 통해 소그룹의 리더를 키워 내는 기초 작업을 든든히 했다.

제자 훈련은 삶을 나누고, 말씀을 나누고 기도를 나눈다. 그는 이런 시간을 반복해서 진행했다. 그 반복된 훈련 그 자체가 소그룹을 경험하며 배우는 시간이었다. 또 그들을 소그룹 지도자로 세웠다. S교회는 '수요 구역 지도자 모임'을 통해서 소그룹 모임을 어떻게 이끌지를 구체적으로 전수해, 리더들이 비법을 전수받고 직접 소그룹을 인도하는 시스템을 만들었다.

장년뿐 아니라 청년부에도 동일한 과정을 만들었다. 장년과 청년이 사용하는 교재는 달랐다. 하지만 방향과 비전은 동일했다.

코로나 시기에도 소그룹 모임을 담임목사를 중심으로 진행했다. 방법은 줌Zoom 이었다. 만약 줌이 어려운 경우에는 톡 라이브로 계속 이어 갔다. 코로나 기간에도 담임목사와 수요 구역 지도자들이 삶, 말씀 그리고 기도를 나눔으로써 훈련은 계속되어졌다. 줌으로 진행되었기에 코로나에 큰 영향을 받지 않았다. 지속된 소그룹으로 교회 소그룹은 건강하게 세워졌다.

소그룹은 교구목사도 동참해서 건강한 소그룹 만들기에 집중했다. 그래서 교회는 자연스럽게 소그룹 중심으로 교인을 돌보는 사역을 지속할 수 있었다.

L목사는 혹여 코로나 같은 상황이 온다고 해도 소그룹 중심 모임을 더 집중적으로 가질 계획이다. 다양한 방식으로 교인을 소그룹으로 만나는 것이 건강한 교회를 세울 수 있다는 확신 때문이다. S교회의 소그룹은 코로나가 끝난 후 더욱 건강하게 세워지고 있다.

소그룹이 건강하지 못하면 교회는 죽은 교회가 된다. 교회 연구가 톰 레이너는 『죽은 교회를 부검하다』에서 사라지는 교회들, 죽은 교회들의 특징들을 이야기한다. 죽은 교회를 부검한 첫 번째 사인은 "아무도 알아채지 못할 만큼 서서히 쇠퇴했다"고 한다. 한국교회가 지금 이런 상황으로 가고 있지 않은가? 두 번째 사인은 "어떤 변화도 한사코 거부한다"고 한다. 과거의 영광만 바라볼 뿐이라는 것이다.

'한국교회가 다시 소생할 수 있을까?'라는 질문에 당신은 뭐라고 대답할 것인가? 건강한 소그룹으로 가능하다고 대답해야 한다. '변할 것인가, 죽을 것인가?'를 고민하는 지금, 우리는 교회를 살리기 위해 몸부림을 쳐야 한다. 그 방법은 건강한 소그룹이다.

교회는 사람들이 속하고 싶은 소그룹을 만들어야 한다

교회는 건강한 소그룹을 만들어야 한다. 그뿐 아니라 사람들이 속하고 싶은 소그룹까지 만들어야 한다. 존 맥아더 목사가 목회하는 미국의 그레이스 커뮤니티교회에는 소문난 것이 있다. 사람들이 교회의 소그룹에 들어가려고 교회에 등록한다고 한다. 왜냐하면 교회 소그룹 멤버들이 교양이 있을 뿐만 아니라 모임의 분위기가 너무나 매력적이기에 그렇다. 이처럼 교회에는 사람들이 함께하고 싶은 매력적인 소그룹이 필요하다.

미국의 윌로우크릭교회에도 사람들이 속하고 싶은 소그룹이 많다. "윌로우크릭교회의 소그룹은 회원의 개인적 필요와 영적 수준에 따라서 다양하게 만들어진다. 따라서 수없이 많은 다양한 소그룹이 상황에 맞게 창조되어 2,954개의 소그룹이 현재 운영되고 있다. 이러한 소그룹들은 다양한 종류임에도 불구하고 보편적으로 다음과 같은 4가지의 큰 틀 안에서 구별된다.

첫째 유형은 연령과 인생의 각 단계Aged/Stage Based 에 기초한다. 이 범주 안에 들어가는 소그룹은 주로 부부 소그룹, 가족 소그룹, 기혼 남성 소그룹, 기혼 여성 소그룹, 싱글Single 소그룹 등이다.

둘째 유형은 필요 중심적인 소그룹Need Based 이다. 개인의 삶에 있어서 필요로 하는 영역을 복음으로 응답하기 위해 세워진 소그룹이다. 이러한 소그룹에는 이혼한 가정들을 위한 이혼 회복 소그룹, 사별한 가정의 회복을 위한 사별 회복 소그룹, 암 환자 가정을 위한 소그룹, 낙태나 아기 유산으로 인한 어려움의 회복을 위한 낙태·유산 회복 소그룹 등이다.

셋째 유형은 사역 Task 중심적인 소그룹이다. 이 소그룹은 회원들이 은사에 따라 섬기고 있는 목회 사역팀을 중심으로 구성된 소그룹이다. 예를 들어, 찬양팀 소그룹, 행사 장식팀 소그룹, 주차 사역팀 소그룹, 망치 사역팀 소그룹, 병원 선교 소그룹 등 사역을 위해 구성된 소그룹들이다.

넷째 유형은 개인이 가지고 있는 관심과 취미 Interest Based 에 따라서 구성되는 소그룹 범주이다. 주로 예수님을 모르거나 초신자들에게 가까이 다가가 복음을 전하기 좋은 소그룹의 유형이라 할 수 있다. 이러한 유형에는 다양한 스포츠와 축구, 배구, 자전거 소그룹, 컴퓨터를 좋아하는 사람들의 소그룹, 새가족을 위한 소그룹 등이 이에 속한다."[193]

다양한 소그룹은 사람들이 교회에 관심을 갖게 한다. 많은 목회자는 윌로우크릭교회만 가능하다고 생각한다. 꼭 그렇지 않다. 모든 상황에서 적용 가능한 모델이다.

"윌로우크릭교회는 대형 교회 중 하나이다. 그래서 많은 사람이 윌로우크릭교회의 소그룹을 배워도 이것은 대형 교회에서나 할 수 있는 시스템이라 생각하고 포기한다. 그러나 그렇지 않다. 윌로우크릭

교회의 모델은 얼마든지 변화 가능한 것이다. 개척 교회든, 소형 교회든, 중형 교회든 교인의 숫자와 상관없이, 목회의 방향이나 회중의 관심, 독특성에 따른 맞춤형 소그룹 모델이라는 점에서 오히려 폭이 넓은 소그룹 모델이다. 획일적으로 소그룹이 형성되어지는 것이 아니라, 대상에 따라서 소그룹 회원이 1명이든, 2명이든 상황에 맞는 소그룹을 창조할 수 있다는 점에서 모든 상황에서 적용 가능한 모델이라 할 수 있다."[194]

사람들이 속하고 싶은 소그룹이 되려면 교회 운영이 단순해야 한다. 단순하지 못하면 교회는 건강한 소그룹, 사람들이 속하고 싶은 소그룹이 되지 못한다.

"기본적으로 교회는 예배와 소그룹 중심으로 운영하되, 기타 다른 모임들을 줄이고, 또 단순화시킴으로 보다 효율적인 목회의 집중과 양육을 할 수 있는 것이다."[195]

교회는 소그룹을 운영해야 한다. 그 소그룹은 사람들이 속하고 싶어야 한다. 그러기 위해 소그룹 중심으로 목회를 단순화해야 한다.

교회의 매력은 액티브한 소그룹에서 나온다

소그룹은 액티브해야 한다. 그 이유는 액티브한 소그룹은 본질에 충실하고 건강한 모습이기 때문이다. 그 모습은 사도행전 2장 42-47절의 초대교회에서 찾아볼 수 있다.

우리가 사도행전 2장에서 나타난 '다섯 가지 성경적 목적'을 추구하면 세상에 큰 영향력을 끼치게 될 것이다. 이것이 액티브한 소그룹이 지향해야 할 방향이기 때문이다.

"사도행전에서 묘사된 교회의 탄생은, 건물도 없이 모인 믿는 자들의 공동체였다. 교회가 건물을 갖게 된 것도 그로부터 수백 년이 지나서였다. 초대교회의 성도들은 예루살렘 도시가 들썩거릴 정도로 폭발적인 성장을 경험했다. 실제로 단시간에 교회에 5천 명이 모였다. 도시 곳곳의 성전과 각 가정의 모임(소그룹)을 통해 성도들은 교제, 제자 훈련, 사역, 전도, 예배라는 다섯 가지 성경적 목적을 실천했다. (…) 이것이 바로 건강함의 근간이다. 초대교회가 그랬듯이, 오늘날의 소그룹에 있어서도 이 목적들의 균형은 매우 중요하다. 그러나 안타깝게도 오늘날의 소그룹들은 한 가지 목적에만 초점을 맞추는 경우가 많다."[196]

초대교회 소그룹의 5가지 목적[197]은 다음과 같다.

첫째, 교제하는 청중이다.
청중은 "떡을 떼며 기쁨과 순전한 마음으로 음식을 먹고"[행 2:46] 교제에 참여했다. 당신의 소그룹 구성원들은 서로 잘 지내고 있는가?

모임을 즐거워하며 웃음이 끊이지 않는가? 서로 음식 베풀기를 마다하지 않는가? 간혹 보면 교제가 단지 서로 어울려 놀고 좋은 시간을 보내는 것에 그치는 경우가 있다. 진정한 교제는 겉으로 드러나는 모습 이외에 속 깊은 내면까지 파고 들어가 이루어져야 한다. 진정한 교제는 구성원 간의 연결뿐 아니라, 그들을 그리스도께로 연결시킨다.

둘째, 훈련하여 영적으로 성장하는 성도들이다.

"그들이 사도의 가르침을 받아…힘쓰니라" 행 2:42 고 말한다. 이는 그들이 그리스도 안에서 자라고 성장하는 데에 헌신했다는 의미다. 성경 공부는 제자 훈련의 일부일 뿐이다. 하지만 많은 소그룹이 성경 공부를 유일한 목표로 삼는다. 구성원들이 하나 되어 영적 성장을 경험하기 위해서는 단순히 하나님의 말씀을 '배우는' 기존의 성경 공부에서, 다섯 가지 성경적 목표를 통해 삶의 모든 부분에서 진리를 살아내는 제자 훈련으로 체험이 확장되어야 한다.

셋째, 서로에게 사역하는 청중이다.

"각 사람의 필요를 따라 나눠 주며" 행 2:45. 이것이 청중 간의 사역이다. 소그룹은 매주 특정 요일에 잠시 모이는 모임 정도에 머물러서는 안 된다. 사역에 적극 관여하고, 그리스도의 몸을 이루는 각 지체의 필요를 채워야 한다. 때로 사역은 구성원들이 위기를 함께 통과하면서 이루어질 수도 있다. 또한, 구성원마다 자신의 고유한 은사를 사용하여 지체를 돕는 형태로 이루어질 수도 있다.

넷째, 전도하는 청중이다.

전도는 그들의 의무였다. "주께서 구원받는 사람을 날마다 더하게 하시니라" 행 2:47. 다섯 가지 성경적 목적이 소그룹 구성원들의 삶 속에 일어날 때 전도의 요인이 된다. 사람들은 성도들의 삶에 나타나는 건강한 변화에 관심을 갖는다. 모든 소그룹에는 세상을 향한 임무가 있다. 한 주 동안 자신이 만나고 부딪히는, 이웃을 포함한 자신의 영향권 내에 있는 사람들이 바로 그 대상자이다.

다섯째, 예배하는 청중이다.

"그들이… 떡을 떼며 오로지 기도하기를 힘쓰니라… 하나님을 찬미하며" 행 2:42. 47. 다시 말해 초대교회 청중은 그들의 집에서 예배했다. 우리는 소그룹에서 진정한 예배가 드려지도록 힘써야 한다. 하나님의 임재를 바라고 찬양하며 기도, 경배를 비롯한 갖가지 형태를 통해 하나님을 향한 우리의 사랑을 표현하는 시간 말이다.

교회의 미래가 달린 소그룹은 초대교회 소그룹에서 배워야 한다. 다섯 가지는 균형을 이루어야 한다. 그럴 때 교회 소그룹은 액티브할 것이다.

간절한 마음이 건강한 소그룹을 세운다

건강한 소그룹을 세워야 한다. 소그룹을 건강하게 세우려면 먼저 간절한 마음이 있어야 한다. KG그룹 곽재선 회장은 『간절함이 열정을 이긴다』에서 이렇게 말한다.

"사람은 무언가 간절히 원하는 것이 있어야 한다. 우리는 더 채우고 싶고, 더 원할 수밖에 없도록 만들어진 존재다. 동물도 무언가를 원하긴 한다. 배고프면 먹고 싶은 생존 본능, 후손을 얻고 싶은 생식 본능이 그런 것들이다. 그러나 인간에게는 그러한 본능을 넘어선 뭔가가 있다. 남과 다르고 싶고, 남보다 더 누리고 싶고, 남들로부터 인정받고 싶고, 더 나아가 존경받고 싶어 하는 갈망이 그것이다. 시작은 누구나 같다. 하지만 왜 다른 결과가 나오는가? 나는 그 답을 간절함에서 찾는다."[198]

소그룹을 이끄는 리더와 목회자는 간절한 마음으로 소그룹을 준비해야 한다. 기업도 간절함에서 답을 찾는다. 예수님도 십자가를 앞두고 간절함으로 하나님 앞에 섰다. 교회 소그룹이 건강하려면 간절함이 있어야 한다.

목회자가 소그룹을 통해 좋은 결과가 있기를 원한다면, 자신의 모든 것을 갈아 넣어야 한다. 목회자와 소그룹 담당자가 전력투구해야 한다. 이들이 소그룹 전문가가 될 정도로 성장해야 한다. 그리고 교회도 소그룹에 좋은 인력으로, 물질로, 기도와 관심으로 과감히 투자해야 한다. 소그룹이 잘 안 되는 경우는 투자를 하지 않기 때문이다.

다음은 소그룹 사역을 준비했던 존 웨슬리, 조엘 코미스키, S교회 J목사 그리고 새들백교회의 사례다. 이들이 어떻게 준비했는지 그 과정을 살펴보자.

첫째, 존 웨슬리는 속회 소그룹, Class meeting 뿐 아니라 다른 연결 조직 애찬회, 반회, 선발 신도회, 참회자반 등 과 같은 여러 조직과 은혜의 방편을 준비했다. 이런 것들은 "존 웨슬리가 창안한 것은 별로 없었고, 거의 다 다른 교회들이 하는 것을 보고 배워 적용한 것들이었다. 존 웨슬리는 남의 것이라도 유익하고 좋은 것이라면 주저 없이 빌려다 자신의 것으로 만들어 좋은 열매를 거두는 모방과 응용의 천재였다. 존 웨슬리는 모든 신도를 이와 같이 다양한 연결 조직에 넣었으며 여러 가지 은혜의 방편을 사용하여 효과적으로 양육하고 돌보았다."[199]

둘째, 조엘 코미스키는 목회자들을 대상으로 코칭 사역을 해 온 소그룹 전문가이다. 그는 수강하는 이들에게 "자신의 전부를 쏟아부어라"고 이야기한다.

"나 조엘 코미스키 는 2001년에 전임으로 목회자 코칭 사역을 시작했다. 그런데 한 가지 문제가 있었다. 바로 사람들을 어떻게 코치해야 하는지 방법을 몰랐던 것이다. 당시에 나는 안다고 생각했지만 착각이었다. 그때부터 나는 코칭에 대한 책이란 책은 모조리 파헤치기 시작했다. 공부를 하면 할수록 새로운 길이 내 앞에 열렸다. 또 내가 어려운 시간을 보내는 동안 참아 주었던 너그러운 지도자들은 내 관점이 바뀐 데에 환영했고, 준비된 나를 보며 기뻐했다. … 대상자들을 성공적으로 이끌려면 필요한 모든 방법을 동원해야 한다는 것을 배웠다. … 코칭을 할 때는 그 자리에서 자신의 전부를 쏟아부어야 한다. 내 인생의 한 부분이 아니라 인생 전반을 포함하는 인격, 교육, 소그룹 경험, 지식을 가지고 그들을 위해 몰입해야 하는 것이다. 끌어낼 수 있는 것은 뭐든지 다 사용한다. 나는 코칭을 하면서 코치하는 법을 배웠다. 코칭하는 동안 나도 성장했다. 커다란 실패도 해 보고, 작은 실수도 하면서 배운 것이다. 물론 지금도 배우는 중이다."[200]

조엘 코미스키는 자신의 모든 것을 쏟아 부어야 한다고 말한다.

한국교회가 소그룹이 목회 대안이라고 한다면 소그룹에 모든 것을 쏟아부어야 한다. 쏟아붓는 것은 여러 가지다. 좋은 인력, 물질, 기도, 그리고 관심을 과감히 투자해야 한다. 목회자의 간절한 마음이 건강한 소그룹을 세울 수 있기 때문이다.

건강한 소그룹을 만들려면 오랜 시간 동안 준비해야 된다

2025년 한국교회는 건강한 소그룹을 만들어야 한다. 건강한 소그룹은 오랜 시간 준비 기간을 가져야 한다. 오랜 시간 준비하지 않으면 교회 쇠퇴기에 건강한 소그룹은 만들어지지 않는다.

대전의 S교회를 통해 소그룹을 얼마만큼 준비했는가를 알아보고자 한다. S교회 J목사는 소그룹 회복 사역을 오래 시간 준비했다.[201] 교회가 소그룹을 통해 회복 사역을 하려면 먼저 준비해야 한다. J목사는 다섯 가지를 오랜 시간 준비했다. J목사가 준비한 다섯 가지는 다음과 같다.

첫째, 소그룹에 대한 담임목사의 철학을 정립했다.

둘째, 목회자들과 비전을 공유했다.
① 소그룹 사역에 대한 책 읽기를 했다. 교회 목회자들과 일주일에 두 시간씩 모여서 함께 책을 읽고 교회론을 정립하고 소그룹 회복에 대한 생각들을 나누고 교회의 소그룹 모델을 만들었다.
② 목회자들을 소그룹 세미나에 보냈다. '책 읽기'를 통해서 가졌던 아이디어들을 구체적인 현장에서 어떻게 적용되는지를 살펴볼 수 있는 기회가 되었다.

③ 시범 소그룹 4개를 운영하였다. 시범 소그룹 4개를 운영으로 새
　로운 소그룹으로 전환하는데 파생되는 문제점과 어려움들을 미
　리 파악하였다.

셋째, 교회 평신도 지도자들과 비전을 공유했다.

① 소그룹 리더들에게 그들만의 특별한 교육 시간을 통해 비전을
　나누었다.

② 기획위원회 부부수련회를 가져 교회 리더십에게 소그룹 비전을
　나누고 변화에 대해 준비했다.

넷째, 교인들과 비전을 공유했다.

① 소그룹 회복에 대한 연속설교를 시작했다.

② 소그룹 리더 배출을 위한 성경 공부를 시작했다.

다섯째, 새로운 소그룹 리더들을 준비시켰다.

① 소그룹 리더로 자원할 사람을 대상으로 '소그룹 회복을 위한 세
　미나'를 개최해 새로운 소그룹 리더를 세워 나갔다.

② 소그룹 리더 후보자 교육을 지속적으로 했다.

여섯째, 전 교인에게 소그룹 참여를 자원하게 했다.

위와 같이 준비하려면 오랜 시간이 필요하다. 적어도 5년은 준비해야 한다. 미국 새들백교회가 온라인 사역을 위해 장기간 준비했다. 2009년부터 2017년까지 준비했다.[202] 마찬가지로 교회 소그룹을 정착시키려면 '빠르게'가 아니라 '바르게' 하기 위해 오랜 시간 준비해야 한다.

김지겸 목사

오클랜드감리교회(뉴질랜드) 담임이다.
감리교신학대학교와 대학원을 졸업하였다. 1995년에 양천구에서 개척한 살림교회를 시작으로 경기도 수지 목양교회와 광화문에 위치한 종교교회에서 12년간 부목사로 사역하였다.
개척교회에서, 신도시에서, 전통 있는 교회에서 그리고 이민교회 등 다양한 형태의 목회적 도전과 성과를 이뤘고 이를 통해 목회자로서의 경험과 지식을 나누고 있다.
저서로는 공저로 『다음세대 셧다운』과 『목회트렌드 2024』 등이 있다.

2 소그룹에서 가르침이 먼저인가? 경청이 먼저인가?

가르침 중심에서 경청 중심으로 바꿔라

소그룹을 운영할 때, 인도자가 가르치는 것이 먼저인가? 멤버의 말을 듣는 것이 먼저인가? 이것이 중요하다. 어떤 사람은 가르치는 것이 중요하다고 할 것이다. 어떤 사람은 잘 들어주는 것이 먼저라고 할 것이다.

이상화 목사는 『건강한 교회 성장을 위한 소그룹 리더십』에서 경청이 먼저라고 말한다.

"일방적인 소통으로는 상대방이 무슨 생각을 하고 있는지, 필요가 무엇인지 알아볼 길이 없다. 그래서 소그룹 리더들은 소그룹 모임 진행 과정 속에서 바로 우리 소그룹에는 역동적인 대화와 토론이 일어나지 않는다는 큰 고민을 호소한다. 1년 동안 수십 번의 소그룹 모임을 해도 대답하고 대화에 참여하는 사람만 참여를 하고, 끝까지 입을 열지 않는 소그룹 멤버와 함께 모임을 진행하는 것은 리더의 큰 부담이다. 그러나 소그룹 리더가 질문과 경청으로 소그룹에 속한 사람들이 진정한 그리스도인으로 살아가도록 이끄는 데 필요한 내용을 나눌 수 있다면, 소그룹의 생명력과 역동성은 저절로 살아날 수 있다."[203]

리더가 소그룹을 인도할 때 대답하고 대화에 참여하는 사람만 참여를 하고, 끝까지 입을 열지 않기에 가르치는 것보다 경청이 먼저라고 한다.

경청이 중요한 것은 소통이 중요하기 때문이다. 가르치기가 강조되면 소통보다는 일방적인 말하기 위주로 갈 확률이 높다. 소그룹에서 리더와 멤버가 소통이 잘 돼야 한다. 소그룹은 소통하는 공동체이기 때문이다.

소통하는 공동체가 되어야 한다

소그룹은 소통이 기본이다. 방유성의 『잘되는 교회에는 이유가 있다』에 의하면, 잘되는 교회는 '소통이 기본'이라고 한다.

"교회의 지도자 간, 지도자와 성도 간의 소통이 그리 말만큼 쉽지 않다. 교회 지도자는 성도들에게 충분히 설명했다고 생각하는데, 성도는 교회로부터 아무것도 들은 것이 없다고 하는 경우가 비일비재하다. 왜 그럴까? 조직 내 소통이 잘 안되는 이유는 많지만, 다양한 유형의 사람들이 모여 있는 조직의 특성으로 인해 소통 문제는 당연히 일어날 수밖에 없다. 그러므로 거의 모든 조직은 소통을 위한 체계적인 운영 메커니즘을 갖추고 있어야 한다."[204]

소통에서 먼저 할 것은 경청이다. 제대로 된 경청이 안 되면 소통이 이루어지지 않는다. 소통이 되는 D교회 소그룹 사역의 사례를 통해 소통의 중요성을 알 수 있다.

D교회는 밥집 교회 소그룹의 이름 을 운영한다. 청중은 각자 일주일 동안 큐티를 하고 주일예배 후 밥집에서 주일 설교 말씀과 1주일간 큐티한 내용 그리고 각자의 기도 제목을 나눈다.

밥집 멤버는 주일예배 후 교회나 혹은 주변 카페에서 모인다. 청중은 밥집에 참여함으로 영적으로 성장하고 성숙해진다. 또한, 서로가 격려하고 상호 도전을 주며 동기 부여를 주고받는다. 밥집은 청년 공동체, 여성 공동체, 남성 공동체 등 60개가 있다. 밥집은 매주일에 한 번씩 모인다. D교회는 밥집을 통한 소그룹 사역을 20년째 해 오고 있다. 청중의 소그룹 참여율은 80-90퍼센트에 이른다.

밥집은 잘 훈련된 '작은 목회자'로 불리는 리더가 인도한다. 담임목사는 밥집 리더의 훈련에 집중한다. 밥집 리더가 되려면 적어도 2년 반의 온라인 교육을 마쳐야 한다. 새가족이 교인이 되려면 4주 동안 교육을 받아야 한다. 그다음에야 목회팀의 논의를 거쳐 밥집으로 연결된다. 새가족의 밥집 참여율은 80퍼센트 이상이다.

주목할 것은 밥집이 코로나19 기간에도 줌 Zoom 미팅이나 카카오톡으로 운영되었다는 것이다. 활발한 밥집 운영은 코로나19 시기에 오히려 성장하였다. D교회는 소그룹을 통해, 교회 사역에 대한 청중의 공감과 소통이 잘된다. 리더에게 소통의 중요성을 가르친 덕분이다.

소그룹 운영이 활발한 교회에는 특징이 있다. 청중과의 피드백을 소그룹 운영에 반영한다. 새들백교회 소그룹 사역 담당 목사 스티브 글레이든은 더 나은 소그룹 사역을 위해 교인들과 활발하게 피드백한다.

"나는 매년 소그룹 사역 팀원에게 지난해 사역에 대한 피드백을 요구한다. 나는 이것을 '360 리뷰'라고 부른다. 또한 허심탄회하게 의견을 말할 수 있도록 익명으로 써 달라고 요청한다. 그들의 솔직한 피드백을 읽고 있자면 조금 괴롭기도 하지만, 이것은 분명 더 나은 사역을 위한 원동력이 된다."[205]

피드백을 한다는 것은 가르침보다 소통이 먼저라는 것을 보여 준다. 2025년도 교회 소그룹은 가르침이 먼저되지 않고 원활한 소통이 우선되어야 한다.

소그룹은 관리가 아니라 사랑과 섬김으로 해야 한다

소그룹은 관리 차원에서 운영되면 안 된다. 소그룹은 사랑과 섬김의 측면에서 이루어져야 한다. 만약에 청중 관리를 위해 소그룹을 운영한다면 그 소그룹은 죽은 것과 다르지 않다. 왜냐하면 보고하기 위한 소그룹, 모이지도 않고 헌금만 하는 소그룹은 생명력이 없기 때문이다. 반대로 사랑과 섬김으로 출발하는 소그룹은 살아 있는 소그룹이다.

살아 있는 소그룹 리더는 소그룹을 사랑으로 섬긴다. 소그룹 리더가 소그룹 멤버를 사랑으로 섬길 때 나타나는 5가지 모습이 있다.

첫째, 사랑하면 시간을 투자한다.

"시간을 나누지 않으면 만남과 교제는 시작조차 되지 못한다. 돈이 있어도 셀원을 위해 시간을 나눌 수 없다는 것은 마음을 나눌 수 없다는 것과 똑같다. 셀장으로 섬기기 위해서는 철저한 시간 관리와 남는 시간을 잘 활용할 줄 알아야 하며 셀원을 위해 자신의 시간을 기꺼이 나눌 줄 알아야 한다. 바쁘지만 셀원들을 위해 시간 분배를 잘해야 한다." [206]

둘째, 사랑하면 재정을 투자한다.

"셀 만남과 교제가 시작된다면 그에 대한 재정이 사용될 것이며 만남이 많으면 재정 또한 많이 드는 법이기에 철저한 재정 관리가 필요하며 특히 아웃팅을 계획했다면, 필요한 비용을 모으는 것은 꼭 필요하다. 공동체와 셀이 바뀌고 활성화되는 중요한 요소 중 하나로는 셀장들과 리더들에게 가장 기본적인 물질을 어떻게 쓰고 분배하며 사용하느냐에 달려 있다고 해도 과언은 아니라고 생각한다." [207]

셋째, 사랑하면 예수님의 이야기를 나눈다.

"가장 기초적인 재정이 확보되고 더 중요한 요소인 시간이 확보되었다면 가장 중요한 예수님에 대한 나눔이 필요하다. 이때 삶 속에서 경험한 예수님의 이야기와 청년의 시기는 어떻게 살아가야 하는지 꼭 말해 줘야 한다. 그러기 위해 셀장은 끊임없이 하나님과 교제해야 하며 삶 속에서 경험하고 만난 예수님의 이야기를 나눠야 한다. 리더들은 자신의 신앙생활과 더불어 셀원의 올바른 신앙생활을 위해서라도 하나님과의 교제를 놓아서는 안 된다."[208]

넷째, 사랑하면 경청한다.

"헨리 나우웬은 '듣기는 꼭 개발되어야 하는 예술이다'라고 말했다. 우리가 개발해야 하는 예술로서의 경청은 그냥 상대방의 말을 방해하지 않고 듣는 수준이 아니라 상대를 깊이 사랑하고 있음을 그 사람이 느낄 수 있도록 그 사람의 말과 소리, 몸짓까지 집중해서 들어주는 것을 의미한다. 그러므로 경청은 상대를 잘 알게 해 준다. 아는 것이 사랑하는 것의 기본 단계이다. 상대를 사랑한다고 하면서 경청하지 않는 것은 그 사람이 어떤 사람인지 알려고 노력하지 않고 그저 내 생각대로 그 사람을 평가하며 사랑한다고 하는 것이다. 그 사람의 깊은 내면을 알고 그 모습 그대로를 용납하며 사랑하기 위해서는 경청해야 한다."[209]

우리가 경청을 잘하면 말하는 사람이 신뢰감, 안정감, 편안함과 치유를 받는다.

다섯째, 사랑하면 좋은 질문을 한다.

"깊이 있는 대화로 의미 있는 교제를 가능케 하는 한 가지 방법은 상대의 관점에서 좋은 질문을 함으로써 마음을 열어 주고, 나누고자 하는 이야기들을 경청하는 것이다. 풍성한 대화를 위해서는 잘 들어 주는 기술을 개발해야 한다. 그중에서도 질문하는 기술은 좋은 관계를 위해서는 반드시 개발해야 하는 중요한 도구이다."[210]

소그룹 리더가 소그룹 멤버를 사랑으로 섬기려면 관리를 하면 안된다. 소그룹은 관리의 대상이 아니기 때문이다. 소그룹은 사랑과 섬김의 대상이다.

소그룹은 가족이다

소그룹은 가족과 같은 사람들의 모임이 아니라 가족이 되는 것이다. 소그룹을 가족이라 부르는 것은 가족처럼 삶을 나누는 관계이기 때문이다. 가족은 함께 모여 서로의 시간과 사랑을 나눈다. 때로는 기쁨, 슬픔, 고통, 아픔 등 모든 것을 나눈다. 그러려면 돌봄과 치유, 용서와 포용이 있어야 한다. 소그룹이 가족이므로 상호 의존하고 상호 책임을 동시에 진다. 이런 과정을 통해 소그룹은 가족처럼 하나가 된다. 소그룹이 가족처럼 하나가 되는 것은 소그룹이 서로를 붙들어 주고 세워 주는 안식처이기 때문이다.

이제 소개할 모 교회에 출석하는 여성의 이야기[211]를 통해 가족과 같은 소그룹이 되어가는 과정을 알게 된다. 그녀는 남편과 함께 살며 어린아이들 셋을 키우고, 시부를 모시고 산다.

나는 속회 모임에 나갔다. 속회 모임은 1주에 한 번, 가정마다 돌아가며 갖는다. 아이를 데리고 다녀야 함은 물론 곧 배 속에 아이까지 함께 참석하는 것이 엄두가 나지 않았다. 속회 식구들은 사정을 알고 '걱정하지 말라. 나도 아이가 셋이다, 모두 아이 둘 셋 키우는 엄마들이라 다 이해한다. 무엇보다 엄마가 힘을 얻어야 아이들을 돌볼 수 있지 않냐? 미안한 마음 접어도 괜찮다'라고 말해준다. 나는 속회 모임 때마다 임신과 건강, 힘들어하는 가정을 위한 기도를 통해 위로와 격려를 받는다. 이제 힘든 시간들을 보냈다. 비로소 조금이나마 여유를 갖게 된 것이 꿈만 같다. 나를 사랑으로 섬겨 준 속회 식구들에게 정말 감사하다. 속회 모임이 아니었다면 지금의 나의 평안한 생활은 생각할 수 없다. 속회 식구들을 통해 나에게 힘 주시고 위로하셨던 분이 하나님이셨음을 느낀다. 지금은 하나님께 기도한다. 말씀을 통해서 힘을 얻는다. 속회 식구들의 챙김, 사랑은 소그룹에 정착하는 데 큰 힘이 되었다. 소그룹은 내가 우울할 때, 힘들 때, 괴로울 때 살아가야 할 이유를 알려 주었다. 소그룹은 가족과 같다. 가족처럼 나의 마음, 상황, 형편을 편하게 털어놓았다.

신앙생활은 나 홀로 할 수 없다. 교회는 혼자 신앙생활 하는 곳도 아니다. 대그룹으로 모여 삶을 나누는 것은 힘들지만 소그룹으로 모여 삶을 나누는 것은 큰 힘이 된다.

소그룹 멤버가 가족과 같으면 연합으로 함께 하며, 하나가 될 수 있다. 소그룹에서는 멤버가 서로 합심하여 각자의 문제를 내놓고 함께 기도하면 진정한 영적 가족이 된다.

온라인 소그룹을 준비해야 한다

『빅체인지 한국교회』에서 저자 최윤식, 최현식은 "전염병도 다시 돌아온다"고 말한다.

"2010년 필자는 '다음번 전염병 대유행'에 대한 시나리오를 발표했다. 2009년 신종 플루가 전 세계 팬데믹을 일으킨 후 저자는 앞으로 빠르면 12년 후에 또 다른 전염병 팬데믹이 발생할 가능성이 크다고 예측했다. 코로나19 이후에 새롭게 만들어지는 환경 뉴노멀이 있다. 일명 '전염병 일상화'다. 지엽적 전염병과 팬데믹이 하나의 패키지를 이루면서 반복되는 패턴 형성이 뉴노멀이다. 반복되는 패턴의 주기는 '10-12년'이다."[212]

따라서 우리는 코로나19 같은 치명적인 바이러스가 다가올 가능성을 대비하기 위해 오프라인 소그룹은 물론 온라인 소그룹을 준비해야 한다.

온라인 사역이 활발한 교회가 있다. 그중 하나가 미국 새들백교회이다. 새들백교회는 2013년부터 온라인 소그룹을 시작했다. 새들백교회 온라인 사역 담당 케빈 리 목사는 온라인 소그룹으로 약 2,100개를 인도하고 있다. 그는 『온라인 사역을 부탁해』에서 온라인 소그룹에 대해 이렇게 말한다.

"온라인 사역은 답이 아니라 방향이다.", "현재의 필요성으로 인해 시작되었지만 미래의 가능성을 바라보며 준비해야 한다."

그는 온라인 소그룹 운영에 관해 다음과 같이 몇 가지 팁들을 준다.

첫째, '온라인 사역의 기초는 바로 교회'라는 사실을 강조한다.

온라인 사역을 하다 보면 '왜 온라인 소그룹을 해야만 하는지'에 대한 그 목적을 잊어버려 표류할 수 있다. 이때 온라인 소그룹은 교회의 목적을 실천하는 것이 최우선이어야 한다. 이것이 온라인 소그룹 사역을 위한 기초가 된다.

둘째, 지금 당장에 온라인 소그룹이 불편할 수 있지만 미래에는 필수적인 사역이 되리라 전망한다.

특별히 주목할 것은 교회에 다음세대가 잘 정착되고 성장하기를 원한다면 온라인 소그룹은 필수라고 말한다. 왜냐하면 젊은 세대들은 지금 온라인에서 많은 시간을 보내고 있기 때문이다.

셋째, 온라인 소그룹은 '대화식 소그룹' 방법으로 진행한다.

소그룹 리더의 역할은 대화가 잘 진행되도록 돕는 것이며 한 사람이 오랫동안 이야기하는 것은 바람직하지 않다.

"가르치는 사람도 듣는 사람의 반응이 잘 안 보여 불안하고, 듣는 사람 또한 한 시간 이상 집중하면서 듣기는 쉽지 않다. 대화 중심의 온라인 소그룹을 돕는 가장 좋은 도구는 온라인 소그룹 교재일 것이다. 소그룹 교재는 15-20분의 가르치는 영상과 학습 내용에 대한 질문 3-5가지로 구성하여 4-6주 정도 시리즈로 묶으면 된다. 15-20분 정도의 강의·메시지를 영상으로 제작하면 리더가 그 영상을 줌이나 화상 채팅 어플을 통해 구성원들에게 스크린 공유를 한다. 온라인 소그룹 강의 영상을 본 후 리더가 이 질문들을 구성원들과 나눈다. 함께 본 영상 강의 내용이 나에게 어떻게 다가오는지 또는 어떻게 이해되는지 질문한다. 강의를 통해 특별한 감정이 자극된다면, 그 감정에 대해 물어보는 질문을 한다. 들은 강의 내용과 나눈 대화를 통해 내 삶에 적용해야 할 점이 무엇인지 질문한다."[213]

넷째, 오프라인 모임도 진행한다.

온라인 소그룹이지만 가끔 오프라인으로 만나 관계를 쌓아 나가는 것도 유익하다.

다섯째, 온라인 사역의 열매들을 남겨야 한다.

"온라인 사역의 열매들을 보는 눈을 갖기 위해 우리 사역팀이 늘 주시하는 두 가지가 있는데 첫 번째는 통계이고, 두 번째는 이야기이다. 온라인 사역에 있어서 중요한 숫자들을 지속적으로 모아서 통계 내는 것을 권장한다. 미국교회에서 숫자를 세는 데는 이유가 있다. 숫자 하나하나가 한 영혼 한 영혼을 말해 주고, 그 영혼들의 삶에서 하나님이 하시는 일을 말해 주기 때문이다. 두 번째 주목해야 하는 열매는 이야기이다. 성도들이 받은 은혜를 나누는 이야기에 귀 기울이다 보면 온라인 사역을 통해 받은 은혜들이 있을 것이다. 이 이야기들을 그저 한 사람의 간증으로 듣고 끝나는 것이 아니라 온라인 사역의 열매로 남겨 두어야 한다."[214]

여섯째, 온라인 소그룹 사역의 대상은 우리가 생각하는 것보다 넓고 다양하다.[215]

다른 교회에 출석하지 않고 특별한 상황에 처한 사람들을 온라인 교인으로 받을 것인지 진지하게 고려해 보아야 한다. 왜냐하면 이들은 온라인 교인으로 등록을 받고 온라인 소그룹으로 사역을 할 수 있는 대상이기 때문이다. 이런 사람들의 경우는 다음과 같이 특별하다.

첫 번째, 주위에 교회가 없어서 교회를 나가지 못하는 경우다.

두 번째, 안전상의 이유로 오프라인 교회를 가지 못하는 경우도 많다. 교회를 가면 배우자가 폭행을 한다든지, 가족이 믿지 않기 때문에 오프라인 교회를 찾지 못하는 경우가 가장 많고, 또 글로벌적인 관점으로 보면 중동 지역에 있는 이들이 온라인 교회를 많이 찾았다.

세 번째, 삶의 여러 가지 이유로 인해 교회를 다니지 못하는 이들이다. 삶의 계절이 변화할 때 오프라인 교회를 찾지 못해 온라인 교회를 찾는 경우다. 결혼, 이혼, 출산 등을 거치거나 사랑하는 사람을 잃어 고독의 시간을 보내는 이들이 온라인 교회를 찾는다.

네 번째, 각종 질병으로 인해 교회를 다니지 못하는 이들이 있다.

코로나19 같은 것이 다시 온다면 교회 사역의 모든 것을 멈출 것인가? 아니다. 온라인 소그룹을 미리 준비하고, 온라인 교인을 받는 것도 적극적으로 고려해야 한다.

우리가 잘 아는 대로 한국은 IT 강국이다. 한국교회에서 온라인 소그룹 사역에 대한 좋은 사례를 찾을 수 있어야 한다. 세계 선교를 주도하는 한국교회가 온라인 사역, 특별히 온라인 소그룹에도 그 영역을 확장해 나아가야 한다.

김지겸 목사

오클랜드감리교회(뉴질랜드) 담임이다.

감리교신학대학교와 대학원을 졸업하였다. 1995년에 양천구에서 개척한 살림교회를 시작으로 경기도 수지 목양교회와 광화문에 위치한 종교교회에서 12년간 부목사로 사역하였다.

개척교회에서, 신도시에서, 전통 있는 교회에서 그리고 이민교회 등 다양한 형태의 목회적 도전과 성과를 이뤘고 이를 통해 목회자로서의 경험과 지식을 나누고 있다.

저서로는 공저로 『다음세대 셧다운』과 『목회트렌드 2024』 등이 있다.

3 소그룹은 어떻게 삶의 변화를 이끌어내는가?

우리는 누구나 삶의 변화를 꿈꾼다. 교회는 삶의 변화가 일어나는 곳이다. 삶의 치유와 회복이 있는 곳이다. 삶의 공유, 공감, 소통이 있는 곳이다. 함께 꿈꾸고 기도하고 하나님 나라를 경험하는 곳이다. 하나님의 임재가 있고, 성도의 교제가 있는 곳이 교회이기 때문이다. 우리 시대 소그룹을 통해서 삶의 변화를 꿈꾸는 일은 허상이 아닌 실상이어야 한다.

소그룹에서 변화된 사람들의 이야기는
언제나 우리에게 교회란 무엇인가를 고민하게 한다

A교회 청년부는 소그룹 중심의 교회다. 예배 참석자의 90퍼센트 이상이 소그룹에 참여한다. 왜일까? 소그룹에 참석하면서 하나님을 알고, 하나님을 사랑하고, 하나님을 경험하기 때문이다.

청년 사역자는 소그룹을 사역의 핵심에 두고 리더 훈련과 소그룹 원형 만들기에 집중한다. 리더를 훈련시키는 것은 소그룹의 농도와 질을 결정한다. 리더에게 소그룹 원형을 경험하게 하는 것은 그 경험이 소그룹으로 흘러 들어가기 때문이다. 청년들이 삶을 나누고, 말씀을 나누고, 서로가 서로를 위해서 기도하면서 하나님을 경험하게 되면 증인이 된다. 그들은 강요가 아닌 자발적인 전도자가 된다. 복음과 하나님을 알게 되면 침묵하지 못한다. 사랑하는 이들에게 복음을 외치게 된다.

소그룹은 하나님을 경험하는 가장 좋은 토양이다. 대그룹 예배에서 초월성을 경험한다면 소그룹 모임에서는 친밀함을 경험한다. 친밀함의 경험 가운데 나눔과 섬김이 일어나고 더 깊은 차원의 헌신이 이어진다. 사랑과 돌봄이 소그룹 안에서 일어난다. 하나님의 은혜와 긍휼을 소그룹 안에서 경험한다. 이때 변화가 일어나는 것이다.

한국교회의 모습은 설교 만능주의로 흐르고 있다. 설교가 중요하다는 것은 의심의 여지가 없다. 그러나 한 명의 목회자만 의지하는 구조는 위험하다. 성도 서로가 서로에게 지체가 되고, 예수 그리스도를 머리로 모신 공동체가 될 때 건강한 그리스도의 몸으로 세워진다. 소그룹을 통해 하나님을 경험하면 그 교회는 살아난다. 활성화된다.

소그룹이 삶의 변화를 가져오는 성경적 증거

초대교회는 초대형 교회가 아니었다. 오히려 삼삼오오 가정에서 모였다. 건물 중심으로 모인 것이 아닌 가정 중심의 소그룹으로 모였다.

두세 사람이 예수님의 이름으로 모여서 기도와 간구를 하면 그곳에 하나님의 임재가 나타난다. 하나님의 능력이 나타난다. 예수님은 우리에게 말씀하신다.

'진실로 다시 너희에게 이르노니 너희 중의 두 사람이 땅에서 합심하여 무엇이든지 구하면 하늘에 계신 내 아버지께서 그들을 위하여 이루게 하시리라 두세 사람이 내 이름으로 모인 곳에는 나도 그들 중에 있느니라'(마 18:19-20).

예수님은 소그룹에 함께하신다. 소그룹에서 서로가 서로를 위하여 기도하면 하나님의 역사가 나타나는 이유가 여기에 있다.

사도행전 2장의 초대교회 모습은 대그룹의 은혜 역사와 소그룹의 역동성이 교회를 건강하고 생명력 있게 변화시킨다는 것을 깨닫게 한다. 특히, 사도행전 2장 42-47절을 주목해서 볼 필요가 있다.

'그들이 사도의 가르침을 받아 서로 교제하고 떡을 떼며 오로지 기도하기를 힘쓰니라 사람마다 두려워하는데 사도들로 말미암아 기사와 표적이 많이 나타나니 믿는 사람이 다 함께 있어 모든 물건을 서로 통용하고 또 재산과 소유를 팔아 각 사람의 필요를 따라 나눠 주며 날마다 마음을 같이하여 성전에 모이기를 힘쓰고 집에서 떡을 떼며 기쁨과 순전한 마음으로 음식을 먹고 하나님을 찬미하며 또 온 백성에게 칭송을 받으니 주께서 구원받는

사람을 날마다 더하게 하시니라.'

초대교회 교인들은 베드로의 설교를 통해 대그룹으로 가르침을 받았다. 베드로의 메시지를 통해서 초자연적인 은혜를 경험하였다. 그리고 거기에 머물지 않았다. 은혜의 경험은 소그룹 안에서 삶의 공유, 공감으로 이어졌다. 좋은 예배와 좋은 설교와 가르침은 교제, 떡을 뗌, 기도로 이어진다. 하나님의 역사를 깊이 경험하자 필요를 따라 나누는 유무상통의 역사가 나타난다. 이기적인 세상에서 이타적 경험을 하면서 구원받는 사람이 증가한다.

B교회는 소그룹에서 삶이 공유되고, 깊은 죄에 대한 회개까지도 공유가 된다. 큐티를 중심으로 스스로가 죄인임을 자각하게 하면서 소그룹의 나눔과 섬김과 기도 가운데 많은 변화를 경험한다. 대그룹 예배를 중심으로 모이지만 철저하게 소그룹 나눔으로 흩어져서 삶을 공유하는 소그룹을 통해 역동성이 살아 숨 쉬는 공동체를 이루고 있다. 소그룹이 활성화된 교회는 코로나의 영향을 빨리 극복하고 어려움에 대해서 적극적이고 즉각적인 대처가 빠르다.

소그룹의 핵심은 나눔에 있다. 삶 나눔, 말씀 나눔, 기도 나눔을 가지면서 하나님을 경험하는 것이다. 그러면 구체적으로 어떻게 소그룹 나눔을 할 때 하나님 경험이 일어나는 소그룹이 될까?

첫째, 삶 나눔이다.

이 시간은 자신의 1주일간의 핵심적이고 인상적인 삶을 나누는 시간이다. 구성원 모두가 돌아가면서 다음과 같은 것을 나누게 된다.

1주일간 가장 힘들었던 것이나 가장 좋았던 것, 1주일을 보내면서 자신이 심각하게 직면한 문제들, 1주간 보내면서 은혜받은 사건, 1주간의 큐티나 성경 읽기 가운데 가장 다가왔던 말씀, 예수님과 함께했던 24시간 영성 일기 나눔, 1주간의 일상 가운데 자신의 마음에 상처가 된 일들이나 마음을 아프게 하고 슬프게 한 일들, 설교 말씀을 깨닫고 한 주간 실천하고 적용한 것들, 한 주간을 보내면서 들었던 하나님의 음성과 순종한 일들 등 아마도 주제는 너무나 다양하고 많을 것이다. 중요한 것은 열린 마음을 가지고 나눌 수 있도록 분위기를 이끌어 가는 것이다.

이러한 삶 나눔의 시간에 리더는 모임할 때 구성원들이 나눈 것들을 간단히 메모하는 것이 필요하다. 중요한 것들은 표시해 놓고 필요에 따라서 상처가 있는 지체를 위해서 잠시 중보기도를 하고 넘어 가거나 경우에 따라서는 1:1로 만나서 더 깊은 나눔을 이어 갈 필요가 있을 것이다. 삶 나눔의 시간에 구성원의 삶을 챙기고 축하하고 위로하고 격려하는 시간을 가지는 것도 빠뜨리지 말아야 할 소중한 시간이다.

이 시간에 일반적으로 모든 구성원이 대부분 간식을 함께 나누어 먹는 가벼운 식탁 교제를 하면서 서로의 삶을 나눈다. 이때 생일 축하와 서로의 애경사를 챙겨 주는 축제의 시간을 가진다면 더욱 친밀한 영적 가족이 될 수 있을 것이다.

둘째, 말씀 나눔의 시간이다.

이 시간은 말씀을 중심으로 삶에 적용하고 말씀과 삶을 연결하고 소화를 시키는 시간이며 닫힌 질문보다는 열린 질문을 통해 모두가 말씀을 먹는 시간이 되어야 한다. 많은 경우에 정답이 있는 지식 중심의 성경 공부를 하니, 신앙의 수준에 따라서 어려움을 느끼고 흥미를 느끼지 못하는 경우가 있다. 그러므로 말씀을 토대로 나눔에 집중함이 좋다.

말씀 나눔 시간에 성경적인 기초 지식이 필요한 부분은 리더가 미리 공부하여 나누어야 한다. 이때 중요한 것이 바로 열린 질문이다. 함께 나눈 말씀에 대한 구성원의 생각과 적용점을 나누는 데 질문만큼 좋은 것이 없기 때문이다.

말씀 나눔은 지식 중심이 아니라 삶의 적용 중심이기에 지식 전달 중심의 일방적인 리더보다는 잘 섬기고 돌보고 격려할 줄 알고 여러 구성원이 대화에 참여하도록 이끌어 가는 대화형의 리더가 좋은 리더이다.

셋째, 기도 나눔이다.

이 시간에는 말씀을 적용하도록 소그룹 구성원이 함께 기도하고 개인적인 기도 제목을 나누고 서로가 서로를 위하여 중보기도를 한다. 끝으로 하나님 나라를 위한 비전을 나누고 전도할 대상자를 품는 중보기도의 시간을 가지면 좋다.

기도 나눔의 시간은 소그룹을 섬기는 리더에게는 때로 부담이 되는 시간이다. 또한, 기도 응답의 경험을 통해 하나님을 경험하기 좋은 시간이기도 하다. 많은 경우에는 시간의 분배를 적절히 하지 못해 기도의 시간을 가지지 못하고 끝낸다.

소그룹이 할 수 있거든 개인의 기도 제목을 구체적으로 나누고 주중에 서로 기도하면서 하나님께서 어떻게 역사하시는지 함께 경험한다면 거룩한 영적 추억을 공유하는 소그룹이 될 것이다.

특히, 개인의 기도 제목과 더불어 공동체와 교회를 위한 기도 제목이나 민족과 열방을 위한 기도 제목을 나눈다면 더 풍성한 시간이 될 수 있을 것이다. 그러나 형식적으로 나눈다면 힘든 시간이 될 수 있다. 이에 리더는 미리 성령 충만을 위해 기도하면서 준비하는 것이 필요하다.

소그룹이 변화를 이끌어 내지 못하는 5가지 이유

문제는 소그룹에서 하나님 경험이 일어나지 않는 경우이다. 그렇다면, 왜 하나님의 역사를 경험하지 못하는가를 점검할 필요가 있다. 왜일까?

첫째, 기준과 원칙을 따르지 않기 때문이다.

삶 나눔, 말씀 나눔, 기도 나눔의 패턴은 아주 단순하다. 너무 단순하니까 원칙대로 하지 않고 자신의 생각으로 자꾸 기준과 원칙에서 벗어난다. 그러면 변화는 나타나지 않는다. 특히, 드라마나 영화 이야기, 동산과 부동산 이야기로 채워지게 되면 결국 세상 사람들과 구별됨이 없는 사교 모임으로 전락한다.

둘째, 성경이 아닌 세상 이야기에 초점을 두기 때문이다.

소그룹에 참여하는 이들은 하나님 경험을 원한다. 하나님 나라에 관심이 있다. 그런데 세상 이야기만 하다가 말씀에 대한 깊은 나눔이 빠지면 시간이 흐를수록 무기력한 모임으로 바뀐다. 결국에는 수많은 문제가 발생하여 결국 정체되거나 쇠퇴하고 마는 경우가 허다하다.

셋째, 전체가 참여하지 않고 한 사람이 지나치게 시간을 사용하기 때문이다.

소그룹 모임은 전체의 참여가 중요하다. 특정한 한 사람이 5-10분을 넘기지 않도록 하는 것이 중요하다. 그러나 성령의 인도하심이 있다고 느껴지는 경우에는 편안하게 나눔을 갖도록 이끌어 주어야 한다.

리더는 성령님의 인도하심에 민감해야만 소그룹 모임이 하나님의 임재와 하나님의 능력을 경험하게 되기에 평상시에 소그룹 모임과 구성원을 위해 중보기도를 꾸준히 하게 하는 것이 중요하다.

소그룹이 특별한 상황이 아니라면 지나치게 1명에게만 집중하게 되면 위험하다. 소그룹 모임의 역동성이 사라지기 때문이다. 전체가 함께 참여하고 함께 만들어 가는 모임이 되도록 리더는 흐름을 조정하는 역할을 하되 지나치게 대화를 독점해서는 안 될 것이다.

넷째, 나눔 가운데 말씀 나눔을 생략하기 때문이다.

말씀 나눔을 생략하지 말라. 성령님은 말씀을 통해 역사하시기에 리더는 자신이 모든 것을 하려고 하지 말고 말씀을 중심으로 나눔을 이어 가도록 촉진자 역할을 하면 된다. 리더는 잘못된 방향의 토의가 되지 않도록 말씀을 중심으로 나눔이 이어지도록 이끄는 나침반과 같은 길잡이가 되면 좋을 것이다.

기억하라. 누구든 영적 갈망이 있기에 소그룹에 참여하는 것이다. 말씀 나눔은 꼭 필요하다는 확신을 가져라. 이 확신은 반드시 필요하다.

말씀 나눔 질문은 단순하며 열린 형태의 질문으로 하라. 그래야 모두가 참여하면서도 충분히 깊이 있게 나눌 수 있는 시간이 되고 성령께서 일하시는 소중한 시간이 될 것이다. 말씀을 중심으로 나누는 시간이 없으면 소그룹은 죽는다.

다섯째, 기도와 나눔에 진정성이 없기 때문이다.

리더는 혼자가 아니라 구성원들과 더불어 진정성이 담긴 기도와 나눔을 통해 하나님 나라 비전을 공유할 때 소그룹은 생명력 있게 성장한다. 그러므로 구성원들에게 전도에 대한 열정을 나누고 섬김의 활동을 나누고 세상을 향한 하나님의 열심에 동참하도록 함께 해야 한다. 함께 큐티하기, 함께 기도회 참석하기, 함께 봉사활동 계획하고 참여하기 등 구성원이 공유하고 공감하도록 공동체적인 비전을 끊임없이 소통하도록 해야 한다. 먹이가 있는 곳에 고기는 모인다. 맛집도 찾아다니는 시대이다. 하물며 영적 맛집은 더욱 간절히 찾는 소그룹 모임이라는 것을 기억해야 한다.

소그룹의 변화를 이끌어 내는 5가지 방향

소그룹이 변화를 경험하게 하려면 어떻게 해야만 하는가? 결국은 기본으로 돌아가야 한다. 단순하게 하나님을 믿고, 하나님께서 보여 주신 방식으로 순종하면 변화는 일어난다.

첫째, 목회자의 중심에 소그룹이 있어야 변화가 일어난다.

목회자가 가장 중요한 사역으로 소그룹을 생각하면, 교회는 소그룹을 살리는 방향으로 향한다. 목회자 자신이 먼저 소그룹의 역동성을 경험하고 소그룹을 인도할 수 있어야 한다. 목회자는 성경 공부와 교회의 모임을 소그룹의 토양 위에서 진행하도록 교회를 소그룹 중심으로 가꾸는 것이 필요하다.

둘째, 하나님께 초점을 두면 변화는 일어난다.

소그룹의 중심은 사람이 아니다. 하나님 중심이다. 소그룹이 하나님 중심일 때 변화는 일어난다. 소그룹이 인간관계 중심으로 흘러가게 되면 세상 이야기로 채워진다. 그곳에는 영적 변화가 일어나지 않는다. 오히려 문제의 근원지가 된다. 하나님께 초점을 두게 되면 성령의 감동 감화와 교통 교제가 풍성하게 나타난다. 그때 우리 삶 가운데 일하시는 하나님을 발견하게 되고 소그룹 모임이 하나님께서 행하신 일들로 채워지게 된다. 하나님께 초점을 두게 되면 상처에 머물지 않고 상처 입은 치유자로 변화가 나타난다. 하나님께 초점이 선명할수록 우리 안에서 소원을 두고 행하시는 하나님을 만나게 된다.

셋째, 리더가 성장하는 만큼 변화는 일어난다.

소그룹에서 리더는 예수님을 따라가는 사람이다. 예수님을 닮아가는 사람이다. 예수님을 생각나게 하는 사람이다. 소그룹 리더는 믿음의 주요 온전케 하시는 예수님을 머리로 모시고 늘 바라보는 사람이다. 그런 까닭에 소그룹 리더의 변화와 성장은 그만큼 소그룹 멤버에게도 흘러간다.

소그룹이 살아나기를 원한다면 먼저 소그룹 리더들에게 영적인 충만을 경험하도록 해야 한다. 소그룹 리더에게 진심과 전심을 쏟아야 한다. 소그룹 리더야말로 교회 속의 작은 교회 목회자들이다.

넷째, 삶 나눔과 말씀 나눔, 기도 나눔으로 하나님을 경험하면 변화가 일어난다.

단순함의 힘을 믿어야 한다. 머리가 아닌 삶으로 소화되는 말씀을 나누게 되면 섬김이 흘러가는 공동체로 바뀐다. 이기적이지 않고 낮은 곳으로 소외된 곳으로 이타적으로 흘러간다. 하나님 아버지의 마음이 느껴지기 때문이다. 그 중심에는 성장과 성숙으로 이어지는 말씀이 있어야 한다. 건강한 말씀 적용과 양육으로 이어지는 나눔이 건강하다. 누구나 관리되기를 원하지 않고 관심을 가져 주길 좋아한다. 삶, 말씀, 기도 나눔에 충실하면 공동체가 꽃피고 열매를 맺을 것이다.

다섯째, 진정성 있는 모임에는 반드시 변화가 나타난다.

우리 시대는 광고의 시대이다. 홍보가 넘친다. 진정성이 없는 모든 것은 잡음이자 소음이다. 시대가 혼란하고 혼탁할수록 사람들은 진정성 있는 모임을 찾는다. 우리 시대 교회가 성경 정신에 기초한 진정성 있는 모임이 된다면 교회는 절대 쇠퇴하지 않을 것이다.

교회는 세상을 따라가는 모임이 아니다. 세상을 변화시키기 위해서 교회를 허락하셨다. 교회는 한 영혼에 대한 진정성을 가지고 있을 때 가장 교회다움이 살아난다. 진정한 지체 의식으로 그리스도 안에 모이는 모임은 주님이 함께하시기에 반드시 변화가 나타난다.

소그룹은 교회 변화의 영적 핵심이다

소그룹은 교회를 건강하게 하는 핵심이다. 소그룹에서 삶이 변화되고 새롭게 되기 때문이다. 교회는 모이지 못해도 만날 수 있음을 기억하면서 소그룹의 역동성을 회복해야 한다. 소그룹이 건강한 교회는 쉽게 무너지지 않는다. 소그룹의 리더들이 교회 안의 수많은 목회자이기 때문이다. 가족이 사라져 가는 시대에 모이기에 힘쓰는 소그룹이 있는 교회야말로 또 하나의 가족이다.

D교회 청년대학부는 소그룹을 중요하게 생각하고 소그룹 중심의 공동체를 세우는 데 주력했다. 첫 시작은 리더 훈련이었다. 소그룹의 역동성은 소그룹 리더의 역동성과 연결되기에 리더 훈련을 소그룹 중심으로 집요하게 했다.

리더 모임은 단순하게 삶 나눔, 말씀 나눔, 기도 나눔으로 지속, 반복, 집중한 것이었다. 리더 모임에서 하나님의 임재와 능력을 경험하자, 그 흐름은 소그룹으로 그대로 흘러갔다. 성령의 역사하심을 경험한 리더들은 자신들이 먼저 진정성 있는 모임을 위해서 열린 마음으로 진솔한 나눔을 준비해서 가졌다. 진솔한 나눔과 기도가 있으니 성령의 역사가 나타났고 이를 통해 소그룹 안에서 다양한 치유와 회복이 나타났다. 청년들이 꿈과 비전을 회복하고 생명력 있는 삶으로 변화가 나타났다.

소그룹을 삶 나눔, 말씀 나눔, 기도 나눔으로 단순하지만 하나님의 은혜를 의지하면서 진행하자, 소그룹 안에서도 하나님의 역사가 나타나기 시작했다. 메마른 뼈 같은 삶에 생기가 들어가고 변화가 나타났다. 소그룹 안에서 멤버가 하나님을 경험하며 변화되자 다른 친구들을 공동체로 계속 초대하면서 영적 부흥을 경험하였다. 소그룹 중심의 공동체는 15명으로 시작되어 3년 만에 120명이 출석하는 건강한 공동체로 변화되었다.

E 교회는 개척교회이다. 코로나 기간에 2배로 성장한 교회이다. 코로나라는 어려운 상황에서 개척교회의 한계를 극복하고자 목회자는 리더에게 영적 에너지를 쏟아서 살피고 돌보고, 리더는 구역원들을 살피고 돌보는 일에 전력을 다하였다. 힘들고 지치기 쉬운 때에 줌으로, 톡 라이브로 다양한 방식으로 만나지 못해도 모이기에 힘쓰고 서로가 서로를 돌아보며 격려하자, 오히려 교회가 건강해지고 구역이 살아났다. 부정적인 상황과 환경에 집중하는 것이 아니라 할 수 있는 방법을 찾아서 다양한 시도를 할 때 새로운 돌파구가 열린 것이다.

F교회는 전통 교회이다. 전형적인 구역 모임을 진행하면서 구역 모임을 큐티 교재를 중심으로 바꾸었다. 성경 읽기와 큐티를 함께 할 수 있기 때문에 작은 관심만 가지면 영적인 성장과 성숙을 경험하기에 아주 좋기 때문이다.

코로나 이전에 4년에 1번 구역 심방을 하면서 소그룹 모임을 했지만, 코로나 기간에는 1년에 1번 소그룹 모임을 함께 가졌다. 줌이나 톡 라이브를 통해서 삶 나눔을 가지면서 각 가정의 상황을 나누고, 말씀 나눔을 통해서 각 가정과 소그룹을 응원하고, 기도 나눔을 통해서 함께 기도하면서 어려움들을 헤쳐 나갔다.

가정 심방을 할 때는 집안 정리에 온통 신경을 쏟았지만 줌으로 하니 오히려 적극적인 참여가 이루어졌다. 모이지 못해도 만나야 한다는 적극적인 관심으로 코로나 이후에 청년과 다음세대와 장년 모두가 빠른 회복과 변화를 경험하였다.

교회의 변화를 원한다면 소그룹에 더욱 집중해야 한다. 성도들의 삶이 나누어지고, 건강한 말씀의 나눔이 있고, 구체적인 기도 제목이 나누어지는 곳에서 하나님께서 일하신다. 소그룹은 우리 시대, 선택이 아닌 필수로 변화의 진원지임을 기억할 때다.

이상갑 목사

산본교회 담임이다.
청년사역연구소 대표, 학원복음화협의회 중앙위원,
OM선교회 이사이다.
저서로는 『설레임』 『바이블정신』 『결국 말씀이다』 등이 있다.

4 소그룹이 교회를 바꾼다

현대인의 갈망, 제3의 공간을 교회가 선점하라

스타벅스는 한국에서 폭발적으로 성장하면서 한국인의 커피 문화를 바꿨다. 커피 한 잔이 밥 한 끼에 맞먹는 비용이지만 스타벅스의 모든 매장에는 언제나 사람들이 넘쳐난다. 스타벅스의 영업 이익은 20년 만에 350배로 증가했다. '스세권'이라는 신조어가 생길 정도다. 스타벅스와 역세권이 합쳐진 말로 스타벅스가 지역사회에 미치는 강력한 영향력을 보여 준다.

스타벅스의 성공 비결은 무엇일까? 미국의 사회학자 레이 올덴버그는 '제3의 공간'이라는 개념을 처음 소개했다. 제1의 공간은 가정이고 제2의 공간은 직장이며 제3의 공간은 휴식과 사귐의 공간이다. 올덴버그의 책 표지에는 "작은 카페, 서점, 동네 술집까지 삶을 떠받치는 어울림의 장소를 복원하기"라는 부제가 있다.[216] 스타벅스는 현대인들에게 필요한 제3의 공간을 주도적으로 선점한 것이다.

앤디 스탠리 목사는 『소그룹으로 변화되는 역동적인 교회』라는 책에서 어떻게 스타벅스가 자신의 정체성을 제3의 공간으로 '포지셔닝'하는지 하나의 일화를 소개한다.

앤디 스탠리 목사는 우연히 스타벅스의 구인광고 카드에 기록된 홍보 문구를 보았다.

"스타벅스에서 일하십시오. 근사한 커피로 하루를 즐기면서 이웃과 친구들이 함께 어울리고 다시 가까워질 수 있는 공동체를 만들어 보세요. 당신은 누군가의 하루를 특별하게 만들 수 있습니다."

스타벅스가 지향하는 가치는 '공동체'였다. 스타벅스는 그 가치에 헌신할 사람을 직원으로 훈련하여 새로운 문화를 창조하고 있었다. 앤디 스탠리는 스타벅스 현상은 관계를 갈망하는 현대인들의 문화에 기인한다고 결론을 내렸다.[217]

"나는 생각한다. 고로 나는 존재한다"라는 데카르트의 유명한 명제를 패러디한 문장이 있다. "나는 접속한다. 고로 나는 존재한다"이다. 현대인은 사유하는 존재에서 관계 맺는 존재가 되었다. 개인주의 사회가 될수록 연결되고자 하는 인간의 갈망은 더 강렬해질 것이다. 왜냐하면 공동체에 대한 욕망은 인간의 본질과 맞닿아 있기 때문이다. 따라서 교회는 사람들 안에서 들리는 소리 없는 아우성을 들어야 한다. '나는 연결되고 싶다'는 아우성이다. 그것은 깊은 차원의 변화를 일으키는 공동체에 대한 열망이다.

공동체에 대한 사람의 열망을 담기 위해 교회는 반드시 제3의 공간인 소그룹을 고민해야 한다. 소그룹을 고민하면 반드시 던져야 할 질문이 있다. 어떻게 평신도들이 소그룹 안에서 관계 맺는 사역의 전문가가 될 수 있을지를 연구해야 한다. 왜냐하면 소그룹은 방법론이나 구조의 문제가 아니라 사람의 문제이기 때문이다.

소그룹, 교회의 심장으로 만들라

목회데이터연구소 지용근 소장은 <2023 한국교회 소그룹 활동 실태조사 결과 발표>를 보고했다. 소그룹이 교회의 성장과 개인의 영성에 미치는 영향에 대한 조사였다. 설문 조사는 성장하는 교회와 성숙하는 성도의 결정적 열쇠가 건강한 소그룹에 있다는 사실을 통계적으로 증명했다.

하지만 소그룹은 단지 교회 성장을 위한 프로그램이 아니다. 소그룹은 프로그램으로 접근하면 실패한다. 소그룹이 교회의 본질이라고 확신하는 목회 철학이 먼저다. 선교적 교회론을 가르치는 이상훈 교수는 그의 책 『리뉴처치』에서 "선교적 교회의 초기 주창자들은 보다 본질적인 접근을 전개했다. 즉, 교회가 무엇을 행하느냐doing 의 문제가 아닌 교회가 무엇이냐being의 문제에 초점을 맞췄다"라고 말했다.[218]

소그룹을 교회 성장의 방법론으로 생각하지 말고 교회의 본질과 연결해야 한다. 교회의 본질은 예배와 선교다. 예배란 '에클레시아'로서의 교회를, 선교란 '디아스포라'로서의 교회를 의미한다. '에클레시아'란 부름받은 공동체, 곧 소명의 공동체이다. '디아스포라'란 보냄

받은 공동체, 곧 사명의 공동체이다.

하나님은 예배와 교제를 위해 세상으로부터 교회를 부르시고 선교를 위해 다시 세상에 교회를 파송하신다. 따라서 교회의 본질을 말할 때 예배, 교제, 양육, 선교가 있다. 이 4가지 교회의 본질이 자라나는 토양이 소그룹이다.

소그룹 안에서 우리는 하나님의 임재를 경험하고, 예수를 주로 고백하는 사람들의 진실한 사귐을 누린다. 제자 양육은 교실이 아닌 소그룹에서 삶을 함께하는 과정에서 이루어진다. 교회는 역동적인 소그룹 안에서 예배와 교제와 양육 그리고 선교를 경험한다.

소그룹의 중요성에 대해 강조한 볼프강 짐존은 "부흥과 개혁은 교회의 DNA, 곧 내부로부터 나오는 초자연적 성장 잠재력을 부여받은 하나님의 유전자 코드를 재발견하고 이를 확립할 때만이 실제로 시작될 수 있다"[219]고 했다.

교회의 DNA가 무엇일까? 성령 안에서 사람과 사람이 만나는 인격적 사귐이 핵심이다. 왜냐하면 교회란 건물이나 조직이 아니라 예수의 사람들이 만들어 가는 새로운 형태의 사귐이기 때문이다. 그런데 교회론의 왜곡이 역사의 과정 안에서 교회의 DNA를 손상한 것이다.

마이클 프로스트는 손상된 DNA를 '끌어모으기식, 이원론적, 계층적'이라고 규정한다.[220] '끌어모으기 식' DNA를 가지면 교회는 사람을 양육하여 파송하는 것보다 소비자의 구미를 당기는 건물과 프로그램에 승부수를 던진다. 또한 '끌어모으기식'의 선교 방식은 필연적으로 세상을 불타 버릴 '저 바깥세상'으로 규정하고 교회를 안전한 '여기 이곳'으로 규정하는 이원론의 늪에 빠지게 한다. 이것은 연쇄적으로 신앙과 일상의 균열을 만들고 세상과 소통하는 교회의 능력을 근본적으로 퇴화시킨다.

『새로운 교회가 온다』는 책에서 프로스트는 "역동적이고 혁명적이며 사회적이고 영적인 운동이었던 기독교가 구조와 사제 조직과 성례식을 갖춘 종교 제도가 되어 버렸다"고 한탄한다.[221]

그래서 교회 성장가인 슈바르츠는 제3의 종교개혁이 필요하다고 주장한다. 첫 번째 종교개혁은 이신칭의 복음을 천명한 루터의 '신학의 개혁'이다. 두 번째 종교개혁은 18세기 경건주의 운동과 대각성 운동을 통해 일어난 '영성의 개혁'이다. 그러나 루터 이후 개신교 안에 등장한 다양한 종교 운동들은 여전히 구약의 종교 시스템을 바꾸지 못했다. 그것은 새 술인 하나님 나라 복음을 성전 건물 중심주의, 안식일 일요일 중심주의, 제사장 목회자 중심주의 이라는 옛 부대에 담는 어리석음이었다. 슈바르츠는 제3의 종교개혁은 '구조의 개혁'이라고 보았다.[222]

구별된 장소, 구별된 시간, 구별된 사람이라는 구약의 시스템이 아니라 성령의 능력 안에서 각 처에서 모든 사람을 통해 일하는 교회로의 갱신이다.

예수님께서는 마태복음 28장 19절에서 "너희는 가서" 제자를 삼으라 하셨다. 교회는 'Come to us'의 구조가 아니라 'Go to them'의 구조로 바뀌어야 한다. 즉, 사람들을 교회로 데려오지 말고 교회를 사람들에게 가져가야 한다.

시애틀 형제교회 권준 목사는 『교회만 다니지 말고 교회가 되라』는 책을 썼다. 교회론의 본질을 드러내는 통찰력 있는 제목이다. 제목에 나오는 첫 번째 "교회"는 '건물'로서의 교회고 두 번째 "교회"는 '공동체'로서의 교회다. 즉, 주일날 건물이라는 공간 안으로 모여드는 옛 패러다임을 극복해야 한다. 교회만 다니는 신앙으로는 세상을 변화시킬 수 없다. 가정과 삶터에서 함께 모여 움직이는 공동체가 되어 세상 안으로 침투해야 한다.

마이클 프로스트는 선교적 교회론을 다음과 같이 3가지로 정리한다.

"자신의 종교적인 영역을 떠나서 교회에 가지 않는 사람들과 편안히 지내면서 그들의 문화 속으로 빛처럼 소금처럼 스며드는 것이다. 그것은 침투하는 변혁적 공동체가 될 것이다. 두 번째로 선교적 교회는 이원론적이 아니라 메시아적 영성을 받아들일 것이다. 이것은 메시아가 하셨던 것처럼 문화와 세상에 참여하는 영성이다. 그리고 세 번째로 전통적이고 위계적인 리더십 모델이 아니라 섬김의 리더십을 발전시킬 것이다."[223]

그렇다면 프로스트가 제안하는 선교적 교회를 위한 실제적 전략은 무엇인가? 프로스트는 선교적 교회의 실제적 전략으로 '근접 공간'이라는 개념을 소개한다. 교회가 세상과 소통할 수 있는 '근접 공간'을 만들어 세상과 만나야 한다는 뜻이다.

앞에서 제시한 레이 올덴버그의 제3의 공간을 교회가 창의적으로 선점해야 한다. 가정에서 모이는 진실한 공동체는 교회가 선교적 교회로 나아가는 일차적 '근접 공간'이 될 수 있다. 가정에서 모이는 선교적 소그룹은 한국교회가 다양하면서도 창의적인 '근접 공간'을 만들어 내는 전초기지가 될 것이다. 왜냐하면 건물로서의 교회에서 가정에서 모이는 선교적 소그룹으로 패러다임을 전환할 때 평신도들의 역량이 살아나기 때문이다.

평신도가 움직이면 교회가 살아난다

성경에는 '평신도'라는 단어도 '성직자'라는 단어도 없다. 성직자와 평신도의 구분은 콘스탄틴 대제가 기독교를 공인하면서 구약의 시스템을 기독교와 혼합하면서 만든 결과다.

"콘스탄티누스 대제 이후 시작되어 점점 심화된 교회의 전문화는 하나님의 백성을 유아적인 평신도와 전문적인 성직자로 나누고 교회 안에 권력지향적인 사고방식을 심고 피라미드 구조를 고착화시키는 등 오랫동안 교회에 지대한 영향을 미쳤다."[224]

성직자와 평신도의 계층적 구조는 예수님께서 세우신 교회의 형태가 아니다.

21세기를 위한 평신도 신학에서 폴 스티븐슨은 평신도와 성직자 개념을 재정립하는 것이 성경적 교회를 세우는 열쇠라고 보았다.

"오늘날 교회에 들어가면 두 '백성'을 보게 되는데 하나는 사역을 받는 '평신도' 층이고 또 하나는 사역을 베푸는 '성직자' 층이다. 그러나 우리가 신약성경의 세계로 들어가 보면 오직 한 백성, 곧 참 하나님의 백성밖에 없음을 발견하게 된다."[225]

구약에서 제사장과 선지자와 같은 소수의 리더십이 신약에 와서 만인 제사장의 개념으로 변화된 이유는 그리스도의 주 되심과 성령의 은사에 기인한다. 모든 성도에게 임하는 성령으로 말미암아 모든 그리스도인이 교회를 세우는 사역의 주체로 부르심을 받는다.

사도행전이나 서신서에서 등장하는 "감독"과 "장로" 역시 오늘날 우리가 이해하는 개념과는 다르다. 바울은 순회 전도자였다. 새로운 지역에 가면 회심한 사람의 가정에서 교회를 개척했다. 첫 회심자의 가정에서 교회가 성장했다. 바울은 개척한 교회가 자생력을 갖추었다고 판단하면 새로운 지도자를 세우고 교회를 떠났다.

신학교도 교단도 없던 그 시대에 목사와 감독은 어디에서 배출되었을까? 바울은 개척된 교회 안에서 성령과 지혜가 충만한 평신도들 가운데 감독과 장로를 세워 양 무리의 목양을 맡긴 것이다. 오늘날로 보면 가정교회, 구역, 목장, 순과 같은 소그룹을 이끌어 가는 평신도 지도자들이다. 바울에게 있어 '교회 개척'이란 오늘처럼 건물을 세우고 조직을 만드는 일이 아니었다. 바울에게 '교회 개척'은 예수를 주로 고백하는 성도들의 모임 안에서 자생적으로 지도자들이 세워지고, 평신도들 안에 목양적 구조가 유기적으로 만들어지는 것을 의미했다.

오늘날 한국교회는 군중에 머물러 있는 성도를 목양의 주체로 세워야 한다. 평신도가 목양의 수혜자로 머물러 있으면 평생 목회자에게 의존하는 맹신도가 되거나 목회자를 비판하는 대적자가 되기 쉽다. 하지만 성도가 목양의 주체가 되면 목회자의 동역자가 된다.

에베소서 4장 11-12절을 보자.

'그가 어떤 사람은 사도로, 어떤 사람은 선지자로, 어떤 사람은 복음 전하는 자로, 어떤 사람은 목사와 교사로 삼으셨으니 이는 성도를 온전하게 하여 봉사의 일을 하게 하며 그리스도의 몸을 세우려 하심이라.'

이 구절에는 '사도, 예언자, 복음 전도자, 목사와 교사'라는 5중 리더십을 소개한다. 각각의 리더십이 의미하는 바를 신학적으로 분석하는 것은 여기서 다룰 주제가 아니다. 다만 오늘날의 상황에 적용한다면 5중 리더십은 풀타임 목회자라 할 수 있다.

본문은 목회자의 사역을 "성도를 온전하게 하여 봉사의 일을 하게 하며 그리스도의 몸을 세우는"것으로 소개한다. 그렇다면 이 3가지 일이 다 목회자의 사역인가? 아니다. 성도를 온전하게 하는 일만 목회자의 사역이다. 봉사의 일을 하고, 그리스도의 몸을 세우는 것은 평신도의 사역이다. 그래서 개역한글에서 개역개정으로 바뀔 때 딱 한 글자를 바꾸었다. 개역한글은 "성도를 온전하게 하며 봉사의 일을 하게 하며 그리스도의 몸을 세우려 하심이라"고 번역한다. 그런데 개역개정에서는 "성도를 온전하게 하여 봉사의 일을 하게 하며 그리스도의 몸을 세우게 하려 하심이라"고 번역한다. 개역개정이 원문에 더 가까운 번역이다.

무엇이 달라졌는가? "성도를 온전하게 하며"에서 "성도를 온전하게 하여"로 바뀌었다. 한 글자의 차이가 가진 함의가 무엇인가? 뒤에 나오는 봉사의 일과 교회를 온전케 하는 일의 주체가 달라진 것이다.

개역한글로 이해하면 '성도를 온전하게 하는 일과 봉사의 일과 그리스도의 몸을 세우는 일' 모두가 목회자의 몫이다. 하지만 개역개정을 보면 목회자는 '성도를 온전하게'하는 양육에 집중한다. 그러면 목회자의 양육을 받아 온전해진 성도가 봉사의 일과 그리스도의 몸을 세우는 사역을 감당하게 된다.

영어성경 ESV는 "봉사의 일을 하게 하며"에서 "봉사"를 'ministry'목양으로 번역한다. 목양하는 것은 성도의 몫이다. 그동안 한국교회는 그리스도의 몸인 공동체를 세우는 목양의 사역을 목회자들이 점유했다. 성도를 심방하고 말씀으로 개인적 권면을 하고 성도를 위해 기도해 주는 모든 목양 사역을 목회자의 전유물로 여겼다. 반면, 성도들은 목양의 수동적인 수혜자와 방관자로 전락했다. 하지만 성도의 영혼 안에는 교회에 대한 사명이 용광로처럼 끓어오른다. 그것이 그리스도의 몸 된 교회의 지체가 된 성도들 안에 심어지는 DNA이다.

선교적 소그룹에서는 본래 성도들의 몫이었던 목양 사역을 성도들에게 되돌려 줌으로써 모든 성도가 교회를 세우고 성도들을 양육함으로써 그리스도의 몸이 함께 자라게 되는 기적을 경험하게 된다.

제자 양육에서 목회 동역자 양성으로 – 새로운 리더십으로 전환하라

평신도가 목양의 주체가 되어야 한다. 목회자는 평신도가 목양의 주체가 되어야 한다는 말을 들으면 정체성에 혼란을 느낄 수 있다. 그러면 이런 질문이 뒤따른다.

목양을 평신도들에게 위임한다면 과연 교회에서 목회자가 필요할까? 폴 스티븐슨은 이에 대해 새로운 관점을 제공한다.

"'불필요하게' 되는 것이 선물일 수도 있다. 그로 인하여 목회자는 참으로 반문화적이 되고 하나님과의 깊은 관계로 들어가며 진정한 목회자가 되어 사람들을 믿음 가운데 양육하며 그들로 하나님을 향하도록 지도함으로써 교회의 머리에 의존하도록 만들 수 있을 것이다. 그것은 또한 목회자로 하여금 하나님의 온 백성을 위한 사역을 바라보게 하면서 타인 속에 있는 은사들을 파악하고 사람들로 하나님을 온전히 사랑하고 섬기도록 만들 수 있을 것이다."[226]

목회자는 하나님과 깊은 관계로 들어간다. 하나님의 온 백성을 위한 사역을 바라보게 한다. 평신도들로 하나님을 온전히 사랑하고 섬기도록 만들 수 있다.

무슨 말인가? 목회자는 더 이상 모든 것을 책임지는 자가 아닌 평신도 리더들을 양성하는 코치로서의 역할을 맡아야 한다.

성경적 리더는 카리스마로 교회를 홀로 부흥시키는 슈퍼맨이 아니다. 성경적 리더는 예수님의 방식을 따르게 만든다. 평신도가 목회 동역자가 되는 것은 예수님의 제자 삼기와 같은 길을 걷는 것과 같다. 예수님은 섬김의 본을 통해 작은 예수들로 구성된 팀을 만들어 자신을 대신하여 자신의 사역을 하게 하셨다.

우리는 성직주의와 반성직주의 모두를 배격해야 한다. 성직주의란 훈련받고 안수를 받아 특권과 권력을 가진 소수가 지배하는 교회 구조다. 성직주의가 지배하는 교회에서 평신도는 쓸모없는 존재로 정체된다. 반면, 반성직주의는 모든 형태의 권위와 질서에 저항하면서 목회자 무용론을 외치는 어리석음에 빠진다. 성경은 성직자와 평신도의 공존 관계를 강조한다. 성직자와 평신도가 상호보완적으로 협력하여 각각 자기 위치에서 몸 된 교회를 함께 세워 가는 것이다.

최영기 목사는 『가장 오래된 새 교회: 가정교회』라는 책에서 가정교회의 7대 사명 선언문을 소개한다. 7개 중의 하나가 목회자와 평신도의 '관계 설정'에 대한 것이다.

"목회자와 평신도 각자가 본연의 사역을 되찾도록 한다. 목회자는 성도를 온전하게 하는 일(엡 4:11-12), 곧 리더십 발휘에 집중한다(행 20:28). 성도는 목양과 교회를 세우는 일을 한다(엡 4:12)."[227]

전통적으로 목양과 교회를 세우는 일은 목회자의 전유물이었다. 그러나 성경적 교회에서 목사는 성도가 목양과 교회를 세우는 일을 하도록 훈련하고 권한을 위임하고 감독한다. 그것이 리더십의 핵심이다.

최영기 목사는 평신도를 목양의 주체로 세우는 일에 있어서 담임목사의 리더십이 결정적이라고 말한다. 성도들이 목양의 주체가 되어 교회를 세우는 헌신을 가능케 하는 힘이 담임목사의 종이 되는 리더십이라고 강조한다.[228]

담임목사가 종의 리더십을 보여 줄 때 평신도 목양자들의 양성이 가능하다고 본 것이다. 결국, 목회 리더십의 목표는 목사에게 순종하는 성도를 양육하는 것이 아니라 주님의 몸 된 교회를 목양하는 지도자를 양성하는 것이다.

평신도 양성의 핵심은 "듣고 배우는 것이 아니라 보고 배운다"는 원리이다. 영적 성장은 보고 배우는 소그룹의 인격적 관계라는 토양에서 이루어진다. 오늘날 제자 훈련과 같은 말은 교회의 일상 언어가 되었다. 이전과는 비교되지 않을 만큼 정교하고 풍성한 양육 훈련들이 교회마다 차고 넘친다. 하지만 프로그램은 넘치는데 제자는 만들어지지 않는다. 목회자가 평신도에게 제자의 삶을 보여 주지 못하는 것이 그 원인이다. 보여 주지 못하고 강의 듣는 방법으로 가르쳤다.

그 원인에 대해 이상훈 교수는 "언제부터인가 현대 교회의 제자 훈련은 강의와 학업을 통한 형식화된 교육 방식이 주를 이루게 되었다. 삶이 결여된 정보와 지식을 제공하고 이론과 원리를 가르치는 교육이 주가 되었다. 참된 제자는 정보와 지식으로 만들어지지 않는다. 제자는 가르치는 자의 삶을 통해 전수되고 형성된다. 그것이 예수가 보여 주신 방식이다. 그는 일상의 삶을 통해 배울 수 있는 환경을 구축하셨고 실천을 통해 습득해 나가는 일종의 담금 교육과 도제 교육 방식을 사용하였다. 예수님을 제자들과 함께 사셨고 가르치셨고 능력을 부여하셨다"[229] 라고 지적한다.

삶을 통한 제자 양성은 전체로서 모이는 대그룹 안에서는 불가능하다. 삶을 공유하고 삶을 함께 경험하는 자리가 필요하다. 가까이서 예수를 따르는 제자의 삶을 보고 배워야 한다. 그 환경이 소그룹이다.

소그룹 안에서 예배를 배우고, 기독교 가치관으로 살아내는 삶의 선택을 배운다. 믿지 않는 사람들을 향한 섬김과 사랑을 배운다. 이 과정을 통해서만 사람은 변한다.

소그룹은 하나님의 선물이다

교회란 생명을 공유하는 유기체다. 몸은 아픔과 기쁨을 공유하면서 함께 성장한다. 감기에 걸리면 온몸에 열이 나는 이유는 무엇일까?

감기에 걸리는 이유는 세균이나 바이러스가 몸에 침투했기 때문이다. 바이러스와 세균이 증식할 수 있는 조건은 저체온이다. 정상체온에서 1-2도만 체온이 떨어져도 면역력이 무너지면서 바이러스가 증식한다. 그런데 왜 감기바이러스가 침투하면 몸에서 열이 날까? 체온이 38도 이상으로 올라가면 바이러스의 증식이 억제된다. 따라서 바이러스가 몸을 공격하기 때문에 열이 나는 것이 아니라 몸이 바이러스를 공격하기 위해 스스로 열을 내는 것이다. 이것이 바로 유기체이다. 바이러스와 싸우기 위해 몸의 지체들이 함께 열을 받아 가면서 몸을 지켜내는 싸움을 하는 것이다.

다시 말해서 교회가 그리스도의 몸이라고 할 때, 교회의 중요한 특징은 함께 느끼고 함께 생각하고 함께 자라고 함께 성장하는 것이다. 그러므로 유기체인 교회로 존재하기 위해서 가장 중요한 것은 사람들 사이의 인격적인 만남이다.

교회의 핵심은 사람이며 사람들의 인격적 만남 안에 교회가 존재한다. 아무리 큰 건물과 많은 회중이 있어도 그 안에 진실한 사귐이 없다면 그 안에 교회가 존재하지 않는다. 반면에 비록 건물은 없어도, 사람들이 그리스도 안에서 깊은 교제와 나눔을 갖는다면 그곳에 교회가 존재한다.

『행복의 기원』이라는 책에서 저자는 "인간은 행복을 위해 사는 것이 아니라 생존을 위해 행복의 경험들이 필요한 존재"라고 한다.

생존을 추구하는 인간은 행복을 위해 사회화를 추구하면서 사람들과의 관계를 구축한다. 인간은 외로움과 결핍 때문에 타인과의 관계를 구축하고 그 안에서 행복을 확보한다. 그래서 사람들이 경험하는 가장 강력한 행복의 감정과 가장 극심한 불행의 감정은 대부분 인간관계로부터 온다.

문제는 물질문명 사회가 되면서 사람은 타인과의 관계없이 생존할 수 있는 수단을 얻었다. 돈이다. 현대 사회는 사람이 없어도 홀로 생존할 수 있는 방법을 찾았고 돈이 주는 물질 안에서 행복을 추구하게 되었다. 결과는 역설이다. 돈과 물질 때문에 사람과 관계를 잃었다. 그 결과, 인간은 물질세계 안에서 더욱 불행을 느낀다. 저자의 결론은 단순하다. 인간의 뇌는 도파민과 같은 행복 호르몬을 통해 행복을 느낀다. 그런데 행복 호르몬이 가장 강력하게 흘러나오는 때가 언제인

가? 저자는 "다른 사람과 맛있는 음식을 함께 먹으면서 진솔한 대화를 나눌 때"라고 말한다.[230]

놀랍게도 이 책은 진화생물학자인 저자가 내린 결론이다. 그러나 관계 안에서 행복을 경험하는 것은 진화의 결과물이 아니라 삼위 하나님의 형상대로 창조된 인간의 존재 속에 새겨진 DNA다.

모든 사람은 건강한 소그룹 안에서 삶을 나누고, 서로를 향한 섬김과 사랑 안에서 하나가 될 때 생의 의미와 행복을 찾게 된다. 이 시대가 간절히 찾는 제3의 공간은 교회가 제공하는 소그룹만이 줄 수 있는 진정한 선물이다.

———◆——— PASTORAL MINISTRY TREND 2025

권오국 목사

이리신광교회 담임이다.
영락교회, 서교동교회, 번동제일교회에서 부목사, 시애틀 안디옥장로교회 담임을 역임했다.
Liberty University에서 석사과정을 공부했고 San Francisco Theological Seminary에서 목회학 박사 과정을 공부했다. 박사논문은 '그리스도인의 정체성과 세례교육'에 대해 연구했다. '하나님 나라를 실현하는 예수님의 제자공동체'라는 비전을 품고 선교적 소그룹을 세우기 위해 힘쓰고 있다.

에필로그

교회는 올바른 방향을 찾아야 한다

급변하는 세상은 밝은 미래로 나아갈 방향을 찾고 있다. 한국호도 세상을 선도하기 위한 방향 찾기에 분주하다. 방향을 찾는 이유는 방향을 잃었기 때문이다. 세상은 방향을 잃었다. 사이먼 시넥은 『나는 왜 이 일을 하는가』에서 세상이 방향을 잃었다고 한다.[231] 방향을 잃었다면 그 방향을 찾는 것이 시급하다.

교회는 어떤가? 교회도 방향을 잃었다. 교회가 잃은 방향은 급격한 쇠락을 막을 방향이다. 2025년 교회는 영적 부흥의 방향과 방법을 찾고 있다. 쇠락을 멈추고 영적 부흥으로 나가야 한다.

2024년도 통합 교단의 통계를 보면 교인 수가 10만 명 정도 줄었다. 이런 상태로 몇 년간 가면 100만 명, 즉 100명 규모 교회가 10,000개가 사라진다. 교회는 쇠락의 길에서 바른 방향을 물어야 한다. 하나님의 뜻에서 방향을 물어야 한다. 말씀에서 방향을 찾아야 한다. 목회자는 텍스트와 콘텍스트를 연구·분석함으로 그 방향으로 나가야 한다.

박주용은 『미래는 생성되지 않는다』에서 "미래는 우리가 열어 가야 한다. 그 열쇠는 과학과 문화에 있다"[232]고 했다. 세상이 그 방향을 과학과 문화에서 찾는다면, 교회는 어디서 찾아야 하는가? 하나님에서 찾아야 한다. 그리고 새로운 트렌드를 읽고 남다른 지적 탐구와 영성에서 찾아야 한다. 『목회트렌드 2025』는 그 방향을 네 가지를 통해 찾으려 한다.

첫째, 목회자의 리더십.
둘째, 교회에서 여성의 적극적 참여.
셋째, 목회자의 문해력 향상.
넷째, 하나님의 선물인 소그룹의 활성화.

세상은 교회에 많은 것을 기대한다. 교회가 세상의 희망적인 등불이 되어 주길 원한다. 교회는 그 기대를 충족시켜 주기 위해 2025년도 목회의 방향을 위에서 제시한 네 가지에서 찾아야 한다.

교회가 세상의 등대 역할을 하지 못한 지 오래되었다. 교회가 다시 세상의 희망이 되려면 예수님과 바울에게서 배워야 한다. 예수님의 섬김의 정신, 희생의 정신, 사랑의 정신을 배워야 한다. 사도 바울의 소통할 수 있는 지력, 복음에 대한 열정, 세상을 두려워하지 않는 마음 등을 배워야 한다. 그리고 목회트렌드 연구소에서 제시하는 2025년도 목회트렌드로부터도 배워야 한다.

세상에서도 배워야 한다. 특히 광고에서 배울 것이 있다. 오두환은 다음과 같이 『광고의 8원칙』을 말한다.[233]

1원칙: 그것을 바라보게 하라.   2원칙: 그것이 다가오게 하라.

3원칙: 그것을 생각하게 하라.   4원칙: 그것을 필요하게 하라.

5원칙: 그것을 소망하게 하라.   6원칙: 그것을 구매하게 하라.

7원칙: 그것에 만족하게 하라.   8원칙: 그것을 전파하게 하라.

여기서 우리가 배울 것은 7원칙의 '만족하게 하라'이다. 사람이 만족하면 교회가 세상의 등대 역할을 할 수 있다. 교회는 하나님은 물론, 세상에게도 겸손하게 배워야 한다. 겸손하게 배우려 할 때 교회의 올바른 방향을 찾을 수 있다.

교회다움을 찾아가야 한다

교회를 교회다움으로 만들어야 한다. 한국교회의 문제는 교회다움이 아니라 세상의 어떤 단체보다 못함으로 인식됨에 있다. 사람들이 교회를 비판한다. 교회는 늘 비판의 대상이 된다. 과거에도 교회는 비판을 받아 왔다. 그래도 지금처럼 비판받지는 않았다.

소설가 줄리언 반스는 『우연은 비켜 가지 않는다』리는 소설에서 교황청을 신랄하게 비판한다. 수석 재판관 펨버턴이 이렇게 선언한다.

"교황교가 모든 이교 미신보다 열 배는 나쁘다."[234]

그리고 기독교에 대해서도 이에 못지않게 비판한다.

"기독교 세계는 불과 800여 년 사이에 모든 악 가운데 하나님이 가장 혐오하는 악이자 인간에게 가장 큰 저주를 내릴 수 있는 악인 끔찍한 우상 숭배에 잠겨 버렸다."[235]

세상은 교회, 교황청을 비판한다. 교회는 우상 숭배에 잠겨 버렸고, 교황청은 이교나 미신보다 열 배는 나쁘다고 한다. 나쁜 이미지를 좋은 이미지로 바꾸려면 교회다움을 회복해야 한다. 오두환의 『광고의

8원칙』에서 2원칙인 "그것이 다가오게 하라"[236]는 말처럼 돼야 한다.

교회다움을 회복하면 사람들이 다시 교회를 찾아 줄 것이다. 교회가 다가오게 했기 때문이다. 한국교회는 사람들이 스스로 다가와 다시 찾는 교회여야 한다. 사람들이 교회를 다시 찾게 하려면 하나님께 만족을 드려야 하고 사람들에게도 만족을 줄 수 있어야 한다.

기업은 '고객 만족'을 중시한다. 교회는 하나님 만족만을 중시하는 경향이 짙다. 교회가 급격하게 쇠락하는 상황에서는 사람 만족시키는 것을 무시하면 안 된다. 교회는 하나님 만족과 사람 만족 둘 다 중요하게 여겨야 한다. 그것이 교회다움의 표지이기 때문이다.

교회가 사람을 만족시키는 것은 신학적으로 맞지 않다고 말한다. 하나님을 먼저 만족시켜야 한다고 말한다. 교회는 늘 하나님을 만족시키려고 노력한다. 사람을 만족시키는 일은 하지 않으려 한다. 앞으로의 교회는 하나님 만족과 사람 만족을 동시에 중요하게 여겨야 한다.

교회는 세상 사람들의 중요 관심사에서 밀렸다. 이제 쇠락하는 한국교회는 영적인 것으로만 해결책을 찾지 말고 사람들의 관심사로부터 멀어진 것에서도 해결책을 찾아야 한다.

가와카미 데쓰야는 『무조건 팔리는 스토리 마케팅 기술 100』에서 대기업 가맹점과 작은 회사와 가게를 비교하며 이렇게 말한다.

"대기업 가맹점은 어디를 가도 매장이 있으니 잊어버려도 다시 생각이 난다. 하지만 작은 회사나 가게는 다르다. 단순한 '고객 만족'만으로는 인상이 강하게 남지 않는다. 그래서 잊어버리고 다시 찾지 않는다."[237]

작은 회사나 가게는 단순한 고객 만족으로는 안 된다고 한다. 교회도 신뢰를 회복하려면 사람 만족으로는 안 된다. 교회다움을 먼저 보여 주어야 한다.

교회가 교회다움을 먼저 보여 주면 사람들은 교회를 다시 생각하기 시작한다. 마음이 외로울 때 교회를 생각한다. 삶에 문제가 발생할 때 교회를 생각한다. 주위 친구가 종교를 가지려 할 때 교회를 생각한다.

교회는 교회다워야 한다. 한국교회는 하나님의 교회다움이 있어야 한다. 사람들의 눈에 교회다움이 있어야 한다. 교회가 교회답지 않으면 사람들은 교회를 외면한다.

사람들 눈에 교회가 교회답지 않은 부분이 많다. 교회의 세습, 교회 지도자의 성추문, 교회의 재정 남용, 교회의 이웃 외면, 세상과 격리된 조직이라는 이미지 등 교회가 더 이상 세상에 도움이 되지 않는다는 생각 등으로 외면받고 있다. 교회가 사람으로부터 외면받는 것은 하나님으로부터 외면받았다는 말이다. 교회가 교회다워지는 것은 하나님으로부터 인정받는 교회라는 의미다.

교회가 교회다워지려면 사람들에게 영적 만족을 주어야 한다. 하나님을 만난 감격, 교회를 통해 얻는 삶의 만족, 신앙생활로부터 오는 기쁨, 교회 공동체의 좋은 평가 등을 통해 신앙생활 하기를 잘했다는 자부심을 느낄 수 있게 해야 한다.

사람은 물건을 구입할 때도 필요를 느끼지 않으면 구매하지 않는다. 구매를 한다는 것은 그다음 뒤따라오는 것이 있기 때문이다. 짐 에드워즈는『스토리 설계자』에서 이렇게 말한다.

"사람들이 무언가를 구매하는 것은 바로 다음을 원하기 때문이다."[238]

즉, '칭찬을 듣는다. 더욱 사랑을 받는다. 인기를 얻는다. 사회적 지위를 얻는다'는 등이다.

교회는 교회다움을 회복해 잘했다는 칭찬을 듣게 해야 한다. 사람들이 신앙생활을 하면 사회적으로도 참 잘했다는 인정을 받아야 한다. 교회가 교회다움을 회복하면 하나님으로부터 칭찬을 받는다. 교회 다니지 않는 사람들이 교회 다니는 사람들을 부러워한다.

오스트리아의 작곡가인 알반 베르크는 가곡에서 시작해 오페라를 썼다. 오페라를 쓰면서 그가 야심차게 한 말이 있다.

"내가 오페라를 쓰기로 결심했을 때 내 목적은 단 한 가지였다. 극장에 있어야 할 것을 극장에 돌려주는 것!"[239]

오페라로 극장에 있어야 할 것을 극장에게 돌려주어야 하듯, 교회는 교회다움을 회복해 하나님의 교회로 하나님께 되돌려 드려야 한다. 교회다움의 실행으로 세상에 답을 주어야 한다.

이스마일 카다레의 소설 『부서진 사월』에 이런 문장이 있다.

"내가 뭘 하려는 거지? 그는 생각했다.", "내가 뭘 하려는 거지? 그는 다시금 자문했다."[240]

교회다움을 회복하려면 실행해야 한다. 그 실행은 즉각적이어야 한다. "내가 뭘 하려는 거지?"라고 질문한다고 실행되지 않는다. 실행되지 않으면 소용없다. 즉각 실행되어야 한다. 나폴레옹 보나파르트처럼 행동하는 행동파가 돼야 한다.

그가 행동하는 데는 두 가지 동기가 있었다. 하나는 자기 이익이다. 다른 하나는 공포다. 그가 행동한 동기는 선하지 않다. 아무튼 행동을 통해 정복자가 되었다. 교회가 교회다움을 세상에 보여 주려면 행동해야 한다.

교회의 행동 동기는 두 가지다. 하나는 하나님의 영광이다. 다른 하나는 교회다움의 회복이다. 교회가 교회다움을 회복하려면 주저하지 말고 과감하게 실행해야 한다.

교회가 교회다움을 회복하는 동기는 영적이어야 한다. 교회가 영적으로 실행하는 것은 두 가지 이유 때문이다. 하나는 교회가 하나님 교회이기에 그렇다. 다른 하나는 세상 모든 문제의 답은 교회 안에 있기에 그렇다.

교회는 교회다움을 하나님 안에서 해결해야 한다. 그렇다고 하나님 안에서만 해결하려고 하면 안 된다. 교회 스스로 해결하고자 하는 남다른 열의가 있어야 한다. 그 답이 교회 안에 있기 때문이다. 교회다움을 회복하는 방법은 교회 밖에 있지 않고 교회 안에 있다. 사이먼 시넥은 『나는 왜 이 일을 하는가』에서 "답은 밖이 아니라 안에 있다"고 한다.[241]

언제나 답은 교회 안에 있다. 해결 방안이 교회 안에 있으므로 교회의 교회다움 회복을 위한 실행은 교회, 목회자의 실행으로 가능하다.

톨스토이의 단편선인 『사람은 무엇으로 사는가』에서는 하나님께서 사람들에게 하나가 되어 살라고 노동을 만들었다고 한다. 사람이 노동으로 하나가 되지 못하면 하나님은 더 안 좋은 상황으로 만들어 가셨다.

"노동이 사람들을 하나로 만들 것이라고 신은 생각했다. 혼자서는 나무를 베어 넘어뜨리거나, 통나무를 옮기거나, 집을 지을 수 없으니 말이다. 또 혼자서는 연장을 만들 수도, 씨앗을 심을 수도, 수확할 수도, 실을 뽑아 천을 짜고 옷을 지을 수도 없다. 사람들은 사이좋게 일할수록 더 많이 수확하고 더 잘살게 된다는 것을 깨닫게 될 것이다. 그래서 서로 연합하게 될 것이다. 또 얼마간의 시간이 흐르자 신은 사람들이 어떻게 살고 있는지 보려고 다시 왔다. 하지만 사람들은 전보다 더 나쁘게 살고 있었다. 그들은 함께 일하고 있었지만(그렇지 않고는 불가능했다), 모두가 다 같이 하는 게 아니라 작은 무리로 나뉘어졌고, 각각의 무리는 다른 무리로부터 일을 빼앗아 오려고 했다. 계속 서로를 방해하고, 싸우는 데에 시간과 힘을 써 버리니 모두가 기분이 나빴다."[242]

실행하되 하나가 된 상태에서 실행해야 한다. 하나가 되지 못하면 교회다움을 이루지 못한다. 교회는 서로를 방해하고, 싸우는 데에 시간과 힘을 써 버린다.

목회자는 하나 됨으로 교회다움을 만들어야 한다. 교회다움을 만들어 세상이 관심을 가질 만한 교회가 돼야 한다. 그러면 하나님으로부터 칭찬을 받는다.

바울은 빌립보교회에 칭찬받을 만한 것을 생각하라고 한다.

'끝으로 형제들아 무엇에든지 참되며 무엇에든지 경건하며 무엇에든지 옳으며 무엇에든지 정결하며 무엇에든지 사랑받을 만하며 무엇에든지 칭찬받을 만하며 무슨 덕이 있든지 무슨 기림이 있든지 이것들을 생각하라'(빌 4:8).

교회는 교회다움의 면모를 지녀야 한다. 그중 중요한 것은 교회다움을 드러낼 만한 교회 콘텐츠를 만드는 것이다. 성경이라는 교회 콘텐츠가 세상에 교회를 알렸다. 교회는 인공지능 시대에 맞게 온 교회가 하나가 되어 교회 콘텐츠를 만들어야 한다. 그 콘텐츠는 세상의 것보다 탁월한 교회 콘텐츠여야 한다. 세상이 감동할 콘텐츠여야 한다.

교회가 교회다운 콘텐츠를 만들 때 하나님께서 칭찬하신다. 존 밀턴은 『실낙원 1』에서 이렇게 칭찬한다.

"어떤 자는 건축물을 또 어떤 자는 건축가를 칭찬한다. 하늘에서도 그의 솜씨는 높이 치솟는 수많은 건축물로 알려져 있다."[243]

교회는 하나님께로부터 콘텐츠를 탁월하게 만들어 잘 했다고 칭찬받아야 한다. 그것이 교회다움을 회복하는 길이다.

참고 자료

1   김애란, 『이중 하나는 거짓말』(서울: 문학동네, 2024), 27, 30.

2   아노미(anomie)란 사회적 혼란으로 인해 규범이 사라지고 가치관이 붕괴되면서 나타나는 사회적, 개인적 불안정 상태를 뜻하는 말이다.

3   조너선 하이트, 『불안 세대』(경기: 웅진지식하우스, 2024), 288-289.

4   레프 니콜라예비치 톨스토이, 『사람은 무엇으로 사는가』, 김선영 역(서울: 새움, 2024), 242.

5   김성현, 『오늘의 클래식』(경기: 아트북스, 2020), 244.

6   김성현, 『오늘의 클래식』, 23.

7 김경민, 『세상을 바꾼 질문들』(서울: 을유문화사, 2015), 17.

8 김선태, 『홍보의 신』(경기: 21세기북스, 2014), 85.

9 김선태, 『홍보의 신』, 87.

10 이근상, 『이것은 작은 브랜드를 위한 책』(서울: 몽스북, 2024), 97.

11 러셀 로버츠, 애덤 스미스, 『내 안에서 나를 만드는 것들』, 이현주 역(경기: 세계사, 2024), 27.

12 조세희, 『난장이가 쏘아 올린 작은 공』(경기: 이성과힘, 2000), 80.

13 존 밀턴, 『실낙원 1』, 조신권 역(경기: 문학동네, 2010), 21.

14 오두환, 『광고의 8원칙』(경기: 대한출판사, 2020), 77.

15 https://blog.naver.com/igoodnewsnet/220376625107 (2024년 9월 15일 접속).

16 김금희, 『복자에게』(경기: 문학동네, 2020), 52.

17 이근상, 『이것은 작은 브랜드를 위한 책』, 28.

18 https://blog.naver.com/igoodnewsnet/220376625107 (2024년 9월 15일 접속).

19 마태복음 28장 18-20절.

20 이근상, 『당신의 브랜드는 브랜드가 아닐 수 있다』(서울: 몽스북, 2023), 149.

21 박현정, 『인사이트 카피라이팅』(서울: 핑크플래닛, 2022), 41-42.

22 허준, 『저는 브랜딩하는 사람입니다』(서울: 필름, 2024), 80.

23 이근상, 『당신의 브랜드는 브랜드가 아닐 수 있다』(서울: 몽스북, 2023), 51.

24 최재천, 『숙론』(서울: 김영사, 2024), 29-30.

25 이근상, 『이것은 작은 브랜드를 위한 책』, 30.

26 이근상, 『이것은 작은 브랜드를 위한 책』, 85.

27 「조선일보」, 2024년 8월 2일.

28 허준, 『저는 브랜딩하는 사람입니다』, 23.

29 허준, 『저는 브랜딩하는 사람입니다』, 24.

30 김금희, 『복자에게』, 10-11.

31 지형은 외 21명, 『격차의 시대 정이 있는 교회와 목회』(서울: 글과길, 2022), 63.

32 박영호, 『시대를 읽다, 성경을 살다』(서울: 복있는사람, 2023), 300.

33 사이먼 시넥, 『나는 왜 이 일을 하는가』, 이영민 역(서울: 타임비즈, 2013), 107.

34 지형은 외 21명, 『격차의 시대 정이 있는 교회와 목회』, 48-49.

35 허정원, 『생각의 공간』(서울: 북스톤, 2024), 60.

36 이근상, 『당신의 브랜드는 브랜드가 아닐 수 있다』, 31.

37 허준, 『저는 브랜딩하는 사람입니다』, 100.

38 이근상, 『당신의 브랜드는 브랜드가 아닐 수 있다』, 59.

39 허준, 『저는 브랜딩하는 사람입니다』, 123.

40 조너선 하이트, 『불안 세대』, 178.

41 자청, 『역행자』(서울: 웅진씽크빅, 2023), 18.

42 가와카미 데쓰야, 『무조건 팔리는 스토리 마케팅 기술 100』(서울: 동양북스. 2024), 29.

43 가와카미 데쓰야, 『무조건 팔리는 스토리 마케팅 기술 100』, 29.

44 조너선 하이트, 『불안 세대』, 96.

45 존 밀턴, 『실낙원 1』, 149.

46 김도인, 『인문학, 설교에 어떻게 활용할 것인가』(경기: 목양, 2021), 13.

47 조너선 하이트, 『불안 세대』, 112.

48 김애란, 『이중 하나는 거짓말』, 174-175.

49 정유정, 『영원한 천국』(서울: 은행나무, 2024),

50 정유정, 『영원한 천국』, 522.

51 한재욱, 『인문학을 하나님께 4』, 14.

52 사이먼 사이넥, 『나는 왜 이 일을 하는가』, 83-84.

53 정체봉, 『간장종지』(서울: 샘터사, 1996), 43.

54 앤 나폴리타노, 『헬로 뷰티풀』(서울: 복복서가, 2024), 54.

55 정유정, 『영원한 천국』, 147-148.

56 이광주, 『교양의 탄생』(경기: 한길사, 2009), 355.

57 최재천, 『숙론』, 64-65.

58 최재천, 『숙론』, 160.

59 레프 니콜라예비치 톨스토이, 『사람은 무엇으로 사는가』, 42.

60 도로시 세이어즈, 『창조자의 정신』, 강주헌 역(서울: IVP, 2007), 41.

61 박주용, 『미래는 생성되지 않는다』(서울: 동아시아, 2024), 315.

62 김애란, 『이중 하나는 거짓말』, 13.

63 최재천, 『숙론』, 71-72.

64 요한 하리, 『도둑맞은 집중력』, 김하현 역(서울: 어크로스, 2024), 148.

65 요한 하리, 『도둑맞은 집중력』, 148.

66 허정원, 『생각의 공간』, 76-77.

67 최재천, 『숙론』, 73.

68 박주용, 『미래는 생성되지 않는다』, 316.

69 김애란, 『이중 하나는 거짓말』, 14-15.

70 최재천, 『숙론』, 74-75.

71 박현정, 『창의성의 결정적인 순간 33가지』(서울: 핑크플래닛, 2024), 62.

72 박현정, 『창의성의 결정적인 순간 33가지』, 87.

73 김범준, 『예쁘게 말하는 네가 좋다』(서울: 포레스트북스, 2022), 227.

74 최재천, 『최재천의 곤충사회』(경기: 열림원, 2024), 328.

75 최재천, 『최재천의 곤충사회』, 330.

76 정근하, 「국민일보」, "재외한인연구", 2022년 9월 21일.

77 제임스 쿠제스, 베리 포스너, 『크리스천 리더십 챌린지』(디모데, 2009). 9.

78 존 맥스웰, 『성경에서 배운 21분 리더십』(생명의 말씀사, 2007). 249.

79 존 맥스웰, 『리더십 불변의 법칙』(비지니스북스, 2010). 209.

80 김누리, 『우리의 불행은 당연하지 않습니다』(해냄, 2020), 166.

81 김누리, 『우리의 불행은 당연하지 않습니다』, 166.

82 박윤성, 『정의로운 교회』(글과 길, 2022), 37.

83 월터 브루그만, 『하나님, 이웃, 제국』(성서 유니온, 2020), 17-18.

84 록산 게이, 『나쁜 페미니스트』(서울: 사이행성, 2016), 127.

85 버지니아 울프, 『자기만의 방』(서울: 민음사, 2005), 167.

86 이민경, 『탈코르셋: 도래한 상상』(서울: 한겨레출판사, 2019), 304.

87 https://www.hankookilbo.com/News/Read/A2024031715090004162 "아이 돌봄에 여성은 13.1시간, 남성보다 3배 많아", (2024년 9월 1일 접속).

88 https://www.sedaily.com/NewsView/29N6DQGRYD, (2024년 9월 1일 접속).

89 한민, 『선을 넘는 한국인 선을 긋는 일본인』(서울: 부키, 2022), 177.

90 조선미, 『조선미의 현실 육아 상담소』(서울: 북하우스, 2023), 4(전자책).

91 타라 포터, 『소녀들의 감정 수업』, 백지선 역(서울: 또다른우주, 2024), 96(전자책).

92 백소영, 『엄마 되기 힐링과 킬링 사이』(서울: 대한기독교서회, 2013), 133(전자책).

93 앤 나폴리타노, 『헬로 뷰티풀』, 234(전자책).

94 정민, 『다산선생 지식경영법』(경기: 김영사, 2006), 32(전자책).

95 정민, 『다산선생 지식경영법』, 36(전자책).

96 프란츠 카프카, 『변신 선고 외』, 김태환 역(서울: 을유문화사, 2023), 186.

97 김이경, 『책 먹는 법』(경기: 유유, 2015), 65.

98 이옥란, 『편집자 되는 법』(경기: 유유, 2019), 73(전자책).

99 리처드 마우, 『버거킹에서 기도하기』, 강봉재 역(서울: IVP, 2024), 17.

100 니코스 카잔자키스, 『그리스인 조르바』, 유재원 역(서울: 문학과지성사, 2018), 99.

101 데이비드 포스터 월리스, 『이것은 물이다』, 김재희 역(서울: 나무생각, 2023), 100(전자책).

102 최진석, 『생각하는 힘, 노자 인문학』(서울: 위즈덤하우스, 2015), 9(전자책).

103 최진석, 『탁월한 사유의 시선』(경기: 21세기북스, 2018), 65(전자책).

104 파울로 프레이리, 『페다고지』, 남경태, 허진 역(서울: 그린비, 2018), 92.

105 타라 포터, 『소녀들의 감정 수업』, 80(전자책).

106 박총, 『듣기의 말들』(서울: 유유, 2023), 178(전자책).

107 이정일, 『소설 읽는 그리스도인』(서울: 샘솟는기쁨, 2024), 127.

108 요한 하리, 『도둑맞은 집중력』, 177(전자책).

109 「복음기도신문」, https://gpnews.org/archives/92428, 2024년(9월 22일 접속).

110 패트릭 브링리, 『나는 메트로폴리탄 미술관의 경비원입니다』, 김희정, 조현주 역(경기: 웅진지식하우스, 2023), 192.

111 정철, 『카피책』(서울: 블랙피쉬, 2023), 316(전자책).

112 국립정신건강센터, https://www.mentalhealth.go.kr/portal/disease/diseaseDetail.do?dissId=66

113 정현종, 『광휘의 속삭임』(서울: 문학과지성사, 2008), 45(전자책).

114 2018년 7월 27일부터 2018년 9월 15일까지 JTBC에서 방영된 금토 드라마.

115 2020년 12월 9일부터 2021년 2월 4일까지 방영된 tvN 수목 드라마.

116 사무엘상 16장 7절, 잠언 31장 10절 등.

117 존 밀턴, 『실낙원 1』, 135(전자책).

118 김지혜, 『선량한 차별주의자』(경기: 창비, 2019), 33(전자책).

119 나오미 울프, 『무엇이 아름다움을 강요하는가』, 윤길순 역(경기: 김영사 2020), 56.

120 '너희는 유대인이나 헬라인이나 종이나 자유인이나 남자나 여자나 다 그리스도 예수 안에서 하나이니라'(갈 3:28).

121 이승우, 『고요한 읽기』(경기: 문학동네, 2024), 74(전자책).

122 박웅현, 『여덟 단어』(경기: 인티N, 2023), 155(전자책).

123 사이토 다카시, 『일류의 조건』, 정현 역(서울: 필름, 2024), 82(전자책).

124 게리 켈러, 제이 파파산, 『원씽』, 구세희 역(서울: 비즈니스북스, 2013), 138(전자책).

125 필리스 체슬러, 『여성과 광기』, 임옥희 역(경기: 위고, 2021), 303(전자책).

126 미셸 톨레프슨 외 2명, 『빛나는 여성의 웰니스를 위하여』, 이승현 외 2명 역(경기: 청아출판사, 2024), 121.

127 플라톤, 『플라톤 국가』, 박문재 역(서울: 현대지성, 2023), 320.

128 강돌고래 중에서 가장 큰 종으로 분홍색을 띠며 희귀 돌고래로 지정되어 있다.

129 페터 비에리, 『자기 결정』, 문항심 역(서울: 은행나무, 2015), 20(전자책).

130 낸시 슬로님 애러니, 『내 삶의 이야기를 쓰는 법』, 방진이 역(경기: 돌베개, 2023), 95.

131 헤르만 헤세, 『데미안』, 전영애 역(서울: 민음사, 2023), 11.

132 최윤정 외, 『초중등 성평등 교육의 요구 현실과 활성화 방안』(서울: 한국여성정책연구원, 2019), 221.

133 김재인, 「여성교육과 여성의 지위 변화」 제48호(서울: 한국여성정책연구원, 1995), 6.

134 https://krim.org/한국선교연구원(krim.org) '세계선교기도제목' 2024년 7월호 www.americansurveycenter.org/

135 비벌리 엔젤, 『자존감 없는 사랑에 대하여』, 김희정 역(서울: 생각속의집, 2020), 18~21(전자책).

136 창세기 1장 26-31절.

137 김세윤, 『그리스도가 구속한 여성』(서울: 두란노, 2016), 14(전자책).

138 창세기 2장 18절, 20절.

139 백소영, 『페미니즘과 기독교의 맥락들』(서울: 뉴스앤조이, 2018), 146.

140 도로시 세이어즈, 『창조자의 정신』, 40.

141 박종순, 『나의 사랑 아프가니스탄』(서울: 기독교문서선교회, 2024), 193.

142 「국민일보」, https://www.kmib.co.kr/article/view.asp?arcid=0924323458

143 「국민일보」, https://www.kmib.co.kr/article/view.asp?arcid=0924323458

144 래리 크랩, 『영혼을 세우는 관계의 공동체』, 김명희 역(서울: IVP, 2013), 277.

145 침례교신학연구소, 『교회와 여성의 리더십』(대전: 침례신학대학교출판부, 2018), 228.

146 최재붕, 『AI 사피엔스: 전혀 다른 세상의 인류』(서울: 쌤앤파커스, 2024), 페이지.

147 조병영, 『읽는 인간 리터러시를 경험하라』, 202-203.

148 마태복음 6장 24절.

149 조병영, 『읽는 인간 리터러시를 경험하라』, 31.

150 프롬프트는 챗GPT에 입력하는 단어나 문장, 즉 '명령어'나 '질문'을 말한다. 내가 얻고자 하는 목적을 위해 정교하고 정확한 프롬프트를 입력하면 챗GPT 역시 더 높은 수준 답변을 제공한다.

151 조병영, 『읽는 인간 리터러시를 경험하라』, 30-31.

152 송숙희, 『일머리 문해력』(경기: 교보문고, 2023), 27.

153 https://blog.naver.com/PostView.nhn?blogId=harmsen&logNo=220742738148 (2024년 8월 4일 접속).

154 김종원, 『문해력 공부』(서울: 알에이치코리아, 2020), 10.

155 조병영, 『읽는 인간 리터러시를 경험하라』, 113.

156 조병영, 『읽는 인간 리터러시를 경험하라』, 18.

157 김종원, 『문해력 공부』, 20.

158 김종원, 『문해력 공부』, 25.

159 김도인, 『설교는 인문학이다』(서울: 두란노서원, 2018), 109.

160 안광복, 『A4 1장 쓰는 힘』(서울: 어크로스, 2021), 15.

161 송숙희, 『일머리 문해력』, 24.

162 장주희, 『들리는 설교』(경기: 이른비, 2019), 37.

163 김윤정, 『EBS 당신의 문해력』(서울: EBS한국교육방송공사, 2021), 184

164 강원국, 『강원국의 결국은 말입니다』(서울: 더클, 2022), 10-20.

165 손현, 『글쓰기의 쓸모』(서울: 북스톤, 2021), 102.

166 월터 브루그만, 『마침내 시인이 온다』(성서 유니온, 2018), 27.

167 유진 피터슨, 『비유로 말하라』(IVP, 2022), 12-13.

168 데이비드 고든, 『우리 목사님은 왜 설교를 못할까』(홍성사, 2023), 52-53.

169 김윤정, 『EBS 당신의 문해력』, 41.

170 이지성, 『리딩으로 리드하라』(문학동네, 2011), 27.

171 리처드 포스터, 『영적 훈련과 성장』(생명의 말씀사, 2023), 127.

172 이정일, 『소설 읽는 그리스도인』, 10.

173 「내일경제」, 2024년 9월 8일.

174 이주윤, 『요즘 어른을 위한 최소한의 문해력』(서울: 빅피시, 2024), 6.

175 조병영, 『읽는 인간 리터러시를 경험하라』, 33.

176 조병영, 『읽는 인간 리터러시를 경험하라』, 355.

177 한재욱, 『인문학을 하나님께 4』, 94.

178 조지은, 『미래 언어가 온다』(서울: 미래의창, 2024), 99.

179 조지은, 『미래 언어가 온다』, 100.

180 박주용, 『미래는 생성되지 않는다』, 236.

181 한재욱, 『인문학을 하나님께 4』 88.

182 조너선 하이트, 『불안 세대』, 216.

183 조너선 하이트, 『불안 세대』, 181-182.

184 조너선 하이트, 『불안 세대』, 179.

185 짐 에드워즈, 『스토리 설계자』(경기: 월북, 2024), 258.

186 송숙희, 『일머리 문해력』, 37.

187 김성우, 『인공지능은 나의 읽기- 쓰기를 어떻게 바꿀까』(경기: 유유, 2024), 14.

188 김진두, 『존 웨슬리의 생애』(서울: KMC, 2010), 317.

189 소그룹 명칭은 다양하다. 감리교는 '속회'라고 부르고, 교회와 교파에 따라 '구역',
    '목장', '셀', '순' 등 다르게 부른다.

190 김진두, 『존 웨슬리의 생애』, 319.

191 톰 레이너, 『살아나는 교회를 해부하다』(서울: 두란노, 2022), 82-85.

192 신동식, 『빠름에서 바름으로』(경기: 우리시대, 2015), 122.

193 속회연구원,『소그룹, 속회를 주목하라』(하늘공작소: 서울, 2010), 80-81.

194 속회연구원,『소그룹, 속회를 주목하라』, 90-91.

195 속회연구원,『소그룹, 속회를 주목하라』, 92.

196 스티브 글레이든,『목적이 이끄는 소그룹』(서울: NCD, 2014), 53-55.

197 스티브 글레이든,『목적이 이끄는 소그룹』, 55-59.

198 곽재선,『간절함이 열정을 이긴다』(서울: 미래의창, 2013), 13.

199 김진두,『존 웨슬리의 생애』, 316-317.

200 조엘 코미스키,『소그룹이 희망이다』, 주지현 역(서울: NCD, 2011), 90-103.

201 김철환 외 4인,『소그룹 회복과 부흥』(서울: 하늘공작소, 2009), 17-21.

202 케빈 리,『온라인 사역을 부탁해』(서울: 두란노, 2021), 143-144.

203 이상화,『건강한 교회 성장을 위한 소그룹 리더십』(서울: 소그룹하우스, 2024), 353.

204 방유성,『잘되는 교회에는 이유가 있다』(서울: 한언, 2021), 90.

205 스티브 글레이든,『목적이 이끄는 소그룹』, 330.

206 주현재,『전지적 셀장 시점』(서울: 글과길, 2024), 111.

207 주현재,『전지적 셀장 시점』, 120-121.

208 주현재,『전지적 셀장 시점』, 143-144.

209 백은실,『보석을 캐는 리더』(서울: 두란노, 2024), 66-67.

210 백은실,『보석을 캐는 리더』, 13-15.

211 김철환 외 4인,『소그룹 회복과 부흥』, 14-15.

212 최윤식, 최현식,『빅체인지 한국교회』(서울: 생명의말씀사, 2021), 303.

213 케빈 리,『온라인 사역을 부탁해』, 75-77.

214 케빈 리,『온라인 사역을 부탁해』, 137-138.

215 케빈 리,『온라인 사역을 부탁해』, 164-169.

216 레이 올든버그,『제3의 장소』, 김보영 역(서울: 풀빛, 2019).

217 앤디 스탠리,『소그룹으로 변화되는 역동적인 교회』, 이중순 역(서울: 디모데, 2006), 20.

218 이상훈, 『리뉴처치』(서울: 교회성장연구소, 2017), 106.

219 볼프강 짐존, 『가정교회』, 황진기 역(서울: 국제제자훈련원, 2004), 59.

220 마이클 프로스트. 엘렌 허쉬, 앨런 허쉬, 『새로운 교회가 온다』, 지성근 역(서울: IVP, 2003), 45.

221 마이클 프로스트. 엘렌 허쉬, 앨런 허쉬, 『새로운 교회가 온다』, 27.

222 볼프강 짐존, 『가정교회』, 50-51.

223 마이클 프로스트. 엘렌 허쉬, 앨런 허쉬, 『새로운 교회가 온다』, 67.

224 볼프강 짐존, 『가정교회』, 22.

225 폴 스티븐슨, 『21세기를 위한 평신도 신학』, 홍병룡 역(서울: IVP, 1999), 37.

226 폴 스티븐슨, 『21세기를 위한 평신도 신학』, 67.

227 최영기, 『가장 오래된 새 교회: 가정교회』(서울: 두란노, 2015), 18.

228 최영기, 『가장 오래된 새 교회: 가정교회』, P.22.

229 이상훈, 『리뉴처치』, 124-125.

230 서은국, 『행복의 기원』(경기: 21세기 북스, 2024),

231 사이먼 시넥, 『나는 왜 이 일을 하는가』, 21.

232 박주용, 『미래는 생성되지 않는다』, 8.

233 오두환, 『광고의 8원칙』, 18-21.

234 줄리언 반스, 『우연은 비켜 가지 않는다』, 정영목 역(경기: 다산책방, 2024), 176.

235 줄리언 반스, 『우연은 비켜 가지 않는다』, 177.

236 오두환, 『광고의 8원칙』, 18-21.

237 가와카미 데쓰야, 『무조건 팔리는 스토리 마케팅 기술 100』, 21.

238 짐 에드워즈, 『스토리 설계자』, 31.

239 김성현, 『오늘의 클래식』, 70.

240 이스마일 카다레, 『부서진 사월』, 유정희 역(서울: 문학동네, 2000), 11.

241 사이먼 시넥, 『나는 왜 이 일을 하는가』, 329.

242 레프 니콜라예비치 톨스토이, 『사람은 무엇으로 사는가』, 222-223.

243 존 밀턴, 『실낙원 1』, 44.